民法学总论课程思政融合推进的路向设计

骆庆国　李永存　蒙　杰◎著

首都经济贸易大学出版社
Capital University of Economics and Business Press
·北　京·

图书在版编目（CIP）数据
民法学总论课程思政融合推进的路向设计 / 骆庆国，李永存，蒙杰著. -- 北京 : 首都经济贸易大学出版社，2025. 3. -- ISBN 978-7-5638-3832-5
Ⅰ. G641
中国国家版本馆 CIP 数据核字第 2025G48X70 号

民法学总论课程思政融合推进的路向设计
MINFAXUE ZONGLUN KECHENG SIZHENG RONGHE TUIJIN DE LUXIANG SHEJI
骆庆国　李永存　蒙　杰　著

责任编辑　胡　兰
封面设计　砚祥志远·激光照排 TEL: 010-65976003
出版发行　首都经济贸易大学出版社
地　　址　北京市朝阳区红庙（邮编 100026）
电　　话　（010）65976483　65065761　65071505（传真）
网　　址　http://www.sjmcb.cueb.edu.cn
经　　销　全国新华书店
照　　排　北京砚祥志远激光照排技术有限公司
印　　刷　北京建宏印刷有限公司
成品尺寸　170 毫米×240 毫米　1/16
字　　数　251 千字
印　　张　14
版　　次　2025 年 3 月第 1 版
印　　次　2025 年 3 月第 1 次印刷
书　　号　ISBN 978-7-5638-3832-5
定　　价　64.00 元

前　言

习近平总书记在全国高校思想政治工作会议上强调，要用好课堂教学这个主渠道，各类课程都要与思想政治理论课同向同行，形成协同效应。专业课与思想政治理论课同向同行的最佳路径就是实现“课程思政”。

课程思政是我国高等教育领域深化综合改革的新生事物，是新时代高等教育的理念创新、制度创新和实践创新，其核心要义是把“做人做事的基本道理、社会主义核心价值观、民族复兴的理想”融入各类课程教学的全过程，在立德树人上实现专业教学与思政教育同向同行。作为一种教学理念的创新，课程思政强调落实立德树人的根本任务，着力发挥各类课程与思政课的协同育人功能，全面提高人才培养能力和质量，努力培养可堪民族复兴大任的时代新人；作为一项教学制度的创新，课程思政强调把课程思政放在中国特色社会主义高等教育制度的改革创新层面来认识，把立德树人内化到大学制度建设的各领域、各方面、各环节，把思想政治教育的“主渠道”从单一的思政课延伸拓展到各类课程，做到以树人为核心，以铸魂为目标，以立德为根本；作为一场教学实践创新，课程思政不仅要求对所有的课程结构、教学内容、教学方法进行重新认识和教学再造，而且强调所有的课堂都是育人的平台，所有的课程都是育人的渠道，所有的教师都是育人的参与者，着力构建德智体美劳全面培养的教育体系和高水平人才培养体系，完善“三全育人”体制机制。

党的十八大以来，以习近平同志为核心的党中央在领导全面依法治国、建设社会主义法治国家的伟大实践中，从理论和实践相结合、历史和现实相贯通、国际和国内相联系上，深刻回答了新时代为什么要全面依法治国、怎样实行全面依法治国等一系列重大问题，提出了一系列全面依法治国的新思想、新理念和新战略，深刻提出：坚持党对全面依法治国的领导；坚持以人民为中心；坚持中国特色社会主义法治道路；坚持依宪治国、依宪执政；坚持在法治轨道上推进国家治理体系和治理能力现代化；坚持建设中国特色社会主义法治体系；坚持依法治国、依法执政、依法行政共同推进，法治国家、法治政府、法治社会一体建设；坚持全面推进科学立法、严格执法、公正司法、全民守法；坚持统筹推进国内法治和涉外法治；坚持建设德才兼备的高素质法治工作队伍；坚持抓住领导干部这个“关键少数”。

习近平法治思想是习近平新时代中国特色社会主义思想的重要组成部分，是马克思主义法治理论中国化的最新成果，是全面依法治国的根本遵循和行动指南。在法学教育领域，习近平法治思想为推动法学教育高质量发展、培养德才兼备的高素质法治人才指明了前进方向，提供了根本遵循。

习近平法治思想内涵丰富、论述深刻、逻辑严密、系统完备，蕴含着丰富而深邃的政理、法理和学理，充分彰显了中国共产党领导全面依法治国的政治定力，始终坚持以人民为中心的根本立场，奉法强国、良法善治的坚定信念，立足国情、求真务实的实践理性，守正创新、继承发扬传统优秀法律文化的理论品格，统筹兼顾、总揽全局的系统观念，历史唯物精准练达的辩证方法，厉行法治、尊法据理的法治思维。一言以蔽之，习近平法治思想蕴含着丰富的课程思政元素，是法学教育课程思政的根本遵循和素材来源。

高等学校是培养德才兼备的社会主义法治人才的主阵地。为此，教育部办公厅早在 2021 年 5 月就发布了《关于推进习近平法治思想纳入高校法治理论教学体系的通知》（以下简称《通知》），要求各地各高校提高责任感、使命感，做到全覆盖学习、原创性研究，抓好融入式教学，加强针对性服务，将习近平法治思想的核心要义和工作要求贯彻落实到法治人才培养的全过程和各方面。《通知》还要求以习近平法治思想为指导，推动法学教育、法学理论研究及法学学科改革创新，形成更加完善的法学学科体系、教学体系、教材体系、课程体系，切实提升法治人才培养质量。

为了推进习近平法治思想纳入高校法治理论教学体系，《通知》特别强调各地各高校在进行法治理论教学过程中要“抓好融入式教学”。所谓“抓好融入式教学”，就是要求各地各高校在进行专业课理论教学过程中，教师要善于通过学理化阐释、学术化表达和实证化标准将习近平法治思想的理论精华、思想精髓和实践精义融入专业课理论教学中，在使专业课理论教学更具内涵和逻辑的同时，全面展现习近平法治思想的引领力、亲和力和传播力，充分彰显习近平法治思想的科学性、真理性和推动世界法治文明进步的强大力量，实现青年学生对习近平法治思想的政治认同、思想认同、理论认同和情感认同。

目　　录

上篇　总　论

下篇　分　论

上篇　总　论

第一章　习近平法治思想融入民法学教学的必要性

第一节　培养德才兼备社会主义法治人才的需要

一、德法兼修是培养社会主义法治人才的应有之义

2017年5月3日，习近平总书记在中国政法大学考察时特别指出，法科生不仅要有实现民族复兴的理想和担当，还要有实现法治中国的信仰和追求，更要有与司法职业相匹配的品格和本领，做到“德法兼修”①。全面依法治国，建设一支德才兼备的高素质法治工作队伍至关重要。首先，法治队伍是法律运行的专门力量。孟子曰“徒法不能以自行”②，海瑞亦云“得其人而不得其法，则事必不能行；得其法而不得其人，则法必不能济。人法兼资，而天下之治成”③。无论国家要实现循法之治理，政府要实现循法之管理，还是社会关系要实现循法之调理，都离不开法治工作队伍，法治工作队伍的素质决定了法治建设的质量和水平。其次，法治工作队伍是推动法治文明进步的重要力量。法治工作队伍通过从事法的实施、适用、教育、研究等工作，不断总结宝贵经验和凝练法治智慧，推动法律制度和司法实践不断创新；法治工作队伍通过传播现代法治之理念、法治之精神、法治之知识，推动中国特色社会主义法治理论不断提升，法治体系不断完善，法治文化不断充实。习近平总书记以其丰富的从政经历、法治实践和法理知识，深刻地总结了法治工作队伍建设的普遍规律和共同要求，并在此基础上明确提出了法治工作队伍的总要求，就是“大力提高法治工作队伍思想政治素质、业务工作能力、职业道德水准，着力建

---

① 《习近平在中国政法大学考察时强调　立德树人德法兼修抓好法治人才培养　励志勤学刻苦磨炼促进青年成长进步》，载《人民日报》2017年5月4日，第1版。

② 孟子《孟子·离娄上》。

③ 〔明〕海瑞《治黎策》。

设一支忠于党、忠于国家、忠于人民、忠于法律的社会主义法治工作队伍，为加快建设社会主义法治国家提供强有力的组织和人才保障”①。

高等院校法学专业是培养法治工作队伍的主阵地和桥头堡，培养忠于党、忠于国家、忠于人民、忠于法律是对高等院校法学专业人才培养的总定位、总要求。培养听党话、跟党走，弘扬社会主义核心价值观，坚定中国特色社会主义法治信仰，坚信中国特色社会主义法治道路，秉持中国特色社会主义法治理念的法学专业人才，是各地各高校法学专业的历史使命和现实任务。

一个德才兼备优秀人才的培养，从宏观角度离不开三维合力——社会的锤炼、家庭的熏陶和学校的塑造，在以上三维中，唯学校视人才培养为专职！学校对人才的塑造，一是通过校园文化润物细无声的浸染，二是通过全体教师循循善诱的教导，课堂教学理所当然成了教师传道（传播理想信仰）授业（讲授专业知识）的重要平台和抓手。民法从它产生的那一天起，就孕育着善的种子，内含着人性的光芒，是引导学生向上向善的重要课程。融入了习近平法治思想的民法学专业课程理论教学，将使民法学理论教学站位更高、理念更新、格局更大、视野更宽、落点更实。

二、明德崇法是培养社会主义法治人才的应有之道

社会由人“群”而构成，在有“私”的社会，有“群”必有争。“争则乱，乱则离，离则弱，弱则不能胜物”②，如何群而不乱，乱而有度？人类的历史经验告诉我们：一要靠道德，二要靠法制（治）。道德体系和法制（治）体系是支撑人类社会生生不息的两大支柱。在中国古代，道德体系和法制（治）体系并没有严格的分野，出礼而入刑，礼和法相互渗透和融合。众所周知，到了近现代，立法和司法作为国家治理体系中的两大独立部门，有着专门的机构和从业人员，法和道德界限分明：道德以观念的形式而存在，以人们的自觉遵守发挥调整社会关系的作用；法以文本或判例的形式而存在，以国家的强制力保证实施发挥调整社会关系的作用。当然，无论道德和法制（治）在形态上如何泾渭分明，它们在本质上都属于社会的意识形态范畴，都需要人们的内心确认方可得到信守。社会主义的法治人才，客观上必须是明德崇法的坚定信仰者。

---

① 《中共中央关于全面推进依法治国若干重大问题的决定》，https：//www.ccdi.gov.cn/special/18jszqh/yw-sizqh/201410/t20141029-29592-4.html，访问日期：2023年1月15日。

② 《荀子·王制篇第九》。

随着法律资格考试的改革，各地各高校培养的法科生将不断地充实到各个层次的政法部门，随着时间的推移，法科生有可能独占政法部门。为了坚持党对政法工作的绝对领导，确保“刀把子”① 牢牢掌握在党和人民手中，培养社会主义法治人才的道德品质和崇法意识，做社会主义道德和社会主义法治的坚定信仰者与坚定守护者，是各地各高校法学专业人才培养过程中的重中之重，也是各地各高校提高政治站位的具体体现。

民法调整的社会关系非常广泛，大至国家和各类社会组织，小至个人和家庭。社会生活中的各个方面几乎都与民法相关联：财产关系、知识产权、商品买卖、租赁借贷、婚姻家庭、财产继承、人格利益、身份关系、个人信息等，都属于民法调整的范围；人的生老病死、衣食住行，各类社会组织的成立、变更、终止所涉及的法律问题，大凡与民法有关。调整民事关系，解决民事问题，民事文本法条和公序良俗均可成为解决民事纠纷的法的渊源，所以民法学理论教学的过程，不单单是专业知识传授的过程，同时也是提高大学生法治意识和道德素质的过程。习近平法治思想不仅蕴含着深邃的政理、法理、哲理，而且始终坚持以人民为中心的根本立场，秉持尊法据理的法治思维，保持守正创新的理论品格。因此，实现习近平法治思想与民法学理论教学的融合，不仅会使民法学在培养明德崇法的社会主义法治人才方面获得更多的理论指导，而且必将使高校大学生在明德崇法的培养中获得更深刻、更丰富、更生动的政理、法理和哲理支撑。

第二节　增强民法学理论教学课程思政的需要

一、课程思政是专业课程为党育人为国育才培根铸魂的应有担当

课程思政指以构建全员、全程、全课程育人格局的形式将各类课程与思想政治理论课同向同行，形成协同效应，把“立德树人”作为教育的根本任务的一种综合教育理念。② 笔者认为，课程思政亦可表述为教育者以专业课程和通识课程为载体，充分挖掘各类课程的育人元素和资源，遵循教育

① “刀把子”喻为专政工具由谁掌握的问题。新时代再提“刀把子”，就是要求政法机关和政法干警坚定理想信念、增强党性、严守党的纪律和政治规矩，听党指挥。

② https：//baike. so. com/doc/29085957-32336481. html。

教学规律而实现立德树人的教育实践活动。为了贯彻落实新时代党的教育方针，培养和造就新时代又红又专的中国特色社会主义建设者，教育部根据新时代人才培养定位和定向的要求，及时发布了《高等学校课程思政建设指导纲要》（以下简称《纲要》），为各级各类学校全面开展课程思政提出了新要求、明确了新任务、指明了新方向。课程思政建设是全面提高人才培养质量的重要手段，是落实培养什么人、怎样培养人、为谁培养人的重要抓手，是培养德才兼备的社会主义事业建设者的重要途径。落实立德树人的根本任务，必须将知识传授、能力培养和价值塑造三者结合起来，并使之成为互相促进、彼此推动的有机整体。为了指导各地各高校有效推动、全面落实《纲要》的具体要求，《纲要》对课程思政建设的目标、任务和内容重点进行了详细说明：一是推进习近平新时代中国特色社会主义思想进教材进课堂进头脑；二是培育和践行社会主义核心价值观；三是加强中华优秀传统文化教育；四是深入开展宪法法治教育；五是深化职业理想和职业道德教育。①

法学专业应该培养什么样的人，是法学学科必须回答的问题。我们认为，法学专业要按照《纲要》培养出符合《纲要》要求的法治人才，必须满足两个要求：首先必须是社会主义法治的弘法者。所谓社会主义法治的弘法者，就是能够为中国特色社会主义法治建设鼓与呼的倡导者，能够为新时代中国特色社会主义法治注入鲜活内容的创新者，能够为中国特色社会主义法治实践提供可供操作方案的建言者，能够为全球化背景下的当代中国提供崭新法治观念的引领者。其次必须做到明德。所谓明德，就是作为一个法治人才，一要明白事理，二要品德端正。具体说就是从大处着眼要忠于党、忠于国家、忠于人民、忠于法律。从小处着手就是要做到宁可清贫一世，不要越雷池半步；不要让我们的执业技巧胜过我们的美德，不要让我们的利益胜过社会正义，不要让我们的个体利益胜过我们的责任和使命。

要实现法学专业的人才培养目标，所有法学专业课程，特别是民法学、刑法学等专业核心课程，必须牢牢抓住课程思政不放松。习近平法治思想是法学专业课程思政的重要素材，这不仅仅是因为法学与习近平法治思想有着天然的亲缘关系，更重要的是习近平法治思想是马克思主义法学在中国改革开放大背景下的继承和发展，是中国式现代化的马克思主义法学。它不仅吸取了人类法治文化的法理精华和法治智慧，而且以唯物史观的视角对中

① 《高等学校课程思政建设指导纲要》之三“明确课程思政建设目标要求和内容重点”。

国传统法律文化进行了学术上的淬炼、学理上的扬弃和理论上的升华，使习近平法治思想成为课程思政的宝藏，其丰富的课程思政要素、丰厚的课程思政元素，将为法学专业课程思政的开展提供源源不断的实践素材和理论素材。

二、习近平法治思想的融入有助于民法学理论教学课程思政走深走实

从教育部《关于推进习近平法治思想纳入高校法治理论教学体系的通知》（以下简称《通知》）所展示的基本内容可知：法治人才的培养离不开高等教育，各级各类高等学校是我国社会主义法治人才培养的第一阵地，是向广大青年学生传播习近平法治思想的主要阵地，是表达、研习、解读习近平法治思想的重要力量。因此，《通知》号召各地各高校要提高传播、研究习近平法治思想的历史责任感和使命感，力争做到学习全员覆盖，研究原创性开展，教学融入专业，特别要将习近平法治思想的核心要义贯彻落实到法治人才培养的全过程和各方面。《通知》特别强调高校要抓好习近平法治思想的“融入式教学”。当前高校就如何将习近平法治思想与各门法学专业课程有机融入尚缺乏应有的教学实践和理论思考，这种情况如果不能得到有效改善，习近平法治思想进教材就缺乏体系化、进课堂就缺乏整体化、进头脑就缺乏最大化，习近平法治思想的基本精神、核心要义、实践要求就得不到经常性的阐释，大学生对习近平法治思想的政治认同、思想认同、理论认同、情感认同就得不到经常性的强化。

《通知》尽管明确要求各地各高校采取有力措施，推动习近平法治思想进教材、进课堂和进头脑，采取有效办法推动习近平法治思想与各门法学专业课程有机融合，但实践中习近平法治思想与法学专业课程的融合问题一直没有得到很好的解决，究其原因，主要有三个方面：一是思想认识不到位，没有充分认识到习近平法治思想与法学专业课程教学融合的重要性；二是教学思维固化，法学专业老师在“融入”上缺乏自觉、自愿、自省；三是融入手段缺举措，没有找到彼此融合的切入点和结合点。

将习近平法治思想与法学专业课程实现融入意义重大：一是将习近平法治思想融入法学专业课程的教学环节，是提升法学专业课程内涵的客观要求；二是将习近平法治思想融入法学专业课程的教学环节，是为法治中国建设培养高素质法治队伍的客观需要；三是将习近平法治思想融入法学专业课程的

教学环节，是努力建设一支忠于人民、忠于国家、忠于党和忠于法律的社会主义法治工作队伍的客观需要。总之，实现习近平法治思想与民法学日常教学相融合，不仅可以为习近平法治思想与法学其他专业课程的融合起到示范和引领的作用，更重要的是这种日常性的不断融合在推进习近平法治思想传播的同时，更有利于民法学理论教学课程思政走深走实。

三、习近平法治思想的融入有助于民法学理论教学课程思政入脑入心

2020 年 11 月召开的中央全面依法治国工作会议最重要的成果，就是确立了习近平法治思想在全面依法治国工作中的指导地位。习近平法治思想深刻的实践逻辑、理论逻辑和历史逻辑，是马克思主义法治理论中国化的最新成果，是中国特色社会主义法治理论的重大创新发展，是习近平新时代中国特色社会主义思想的重要组成部分，是新时代全面依法治国必须长期坚持的指导思想和根本遵循。① 习近平法治思想萌芽和孕育于改革开放和社会主义现代化建设新时期，形成和发展于坚持和发展中国特色社会主义新时代，深化和拓展在全面建成社会主义现代化强国、实现中华民族伟大复兴新征程。② 习近平法治思想在实现“两个一百年”奋斗目标的征程上，在全面建成小康社会的历史进程中不断得到丰富和发展，奠定了我国全面依法治国的共同思想基础，为深入推进全面依法治国、保障中国式现代化建设提供了强大的思想武器。

习近平法治思想与时代同频共振，提出坚持在法治的轨道上推进国家治理体系和治理能力现代化，强调以法治的手段应对重大挑战、抵御重大风险、克服重大阻力、解决重大矛盾。习近平法治思想创造性地提出了坚持依法治国与依规治党有机统一，强调运用法治思维和法治方式巩固党的执政地位、改善党的执政方式、提高党的执政能力，不断推进党的领导制度化、法治化，为我们党在长期执政条件下解决自身问题、跳出历史周期律探索出了一条成功道路，为我们党在长期执政条件下建设成为更加坚强有力的马克思主义政党指明了正确方向。习近平法治思想创造性地提出了坚持统筹推进国内法治和涉外法治有机统一，强调协调推进国内治理和国际治理，更好维护国家主

① 参见中共中央宣传部中央全面依法治国委员会办公室：《习近平法治思想学习纲要》，人民出版社，2021，第 1 页。

② 参见《习近平法治思想概论》编写组：《习近平法治思想概论》，高等教育出版社，2021，第 1-2 页。

权、安全、发展利益；强调强化法治思维，运用法治方式，有效应对挑战、防范风险，综合利用立法、执法、司法等手段开展斗争，坚决维护国家主权、尊严和核心利益；强调以宏阔的视野和全球治理的历史担当，统筹中华民族伟大复兴战略全局和世界百年未有之大变局，深刻把握国内法治和国际治理的形势任务，运用法治思维和法治方式有效应对各种风险挑战、霸权霸凌，切实维护好国家主权、安全和发展利益。

习近平法治思想贯穿经济、政治、文化、社会、生态文明建设各个领域，涵盖改革发展稳定、内政外交国防、治党治国治军各个方面，视野开阔，内涵丰富，理论深刻，是把握时代脉搏应运而生、顺应时代潮流顺势而成的法治理论体系。习近平法治思想融入民法学理论课程教学，不仅可以为民法学理论教学课程思政指明方向，而且可以为民法学理论教学课程思政提供更加丰富的思政素材，更重要的是能够使民法学理论教学课程思政时刻保持与时代同频共振，实现民法理论与中国法治现实相贯通、民法理论与国际大势相关联、民法理论与民法实践相联系，最终实现民法学理论教学课程思政入脑入心。

四、习近平法治思想的融入有助于民法学理论教学课程思政见行见效

《中华人民共和国民法典》（以下简称《民法典》）是新时代我国社会主义法治建设的重大成果。我国在革命、建设、改革各个历史时期都高度重视民事立法工作。在革命战争年代，我们党在中央苏区、陕甘宁边区等局部地区就制定了涉及土地、婚姻、劳动、财经等方面的法律。新中国成立后，我国相继制定实施了土地改革法、婚姻法等重要法律和有关合同、工商业、城市房屋、合作社、户籍等方面的一批法令。改革开放以来，我国民商事法律的立法工作取得了重大进展，先后制定或修订了《中华人民共和国中外合资经营企业法》、《中华人民共和国婚姻法》、《中华人民共和国经济合同法》、《中华人民共和国商标法》、《中华人民共和国专利法》、《中华人民共和国涉外经济合同法》、《中华人民共和国继承法》、《中华人民共和国民法通则》（以下简称《民法通则》）、《中华人民共和国土地管理法》、《中华人民共和国企业破产法》、《中华人民共和国外资企业法》、《中华人民共和国技术合同法》、《中华人民共和国中外合作经营企业法》、《中华人民共和国著作权法》、《中华人民共和国收养法》、《中华人民共和国公司法》（以下简称《公司

法》)、《中华人民共和国担保法》、《中华人民共和国保险法》(以下简称《保险法》)、《中华人民共和国票据法》、《中华人民共和国拍卖法》、《中华人民共和国合伙企业法》、《中华人民共和国证券法》、《中华人民共和国合同法》、《中华人民共和国农村土地承包法》、《中华人民共和国物权法》、《中华人民共和国侵权责任法》等一大批民商事法律。《民法典》的颁布实施,意味着具有中国特色的社会主义法律体系的构建完成。

《民法典》在中国特色社会主义法律体系中具有重要的地位,它整合了新中国成立以来长期实践形成的民事法律法规,汲取了中华民族五千多年的优秀法律文化,借鉴了人类法治文明建设的有益成果,是一部体现我国社会主义性质,符合人民利益和愿望,顺应时代发展要求,体现对生命健康、财产安全、交易便利、生活幸福、人格尊严等各方面权利平等保护的民法典,是一部固根本、稳预期、利长远的基础性法律,对推进全面依法治国、加快建设社会主义法治国家,发展社会主义市场经济、巩固社会主义基本经济制度,坚持以人民为中心、依法维护人民权益、推动我国人权事业发展,推进国家治理体系和治理能力现代化,都具有重大的意义。

长期以来,我国民法学理论教学深受古罗马法、法国民法、德国民法等西方民法的影响,对西方法学家的学术观点趋之若鹜,民法学教师俨然成了西方法学理论的搬运工,部分学者甚至以西方理论为标尺来检视我国法治建设的得失,民法学理论教学不仅未能成为课程思政的增量,反而成了课程思政的"负资产"。习近平法治思想融入民法学理论教学,不仅可以扭转民法学教师充当西方法学理论搬运工的局面,而且可以实现民法学课程思政见行见效的效果。习近平法治思想融入民法学理论教学课程之所以有助于课程思政见行见效,主要是因为以《民法典》为依托的民法学理论教学必将围绕"权益"以及"权益保护"而展开,这与习近平法治思想所坚持的以人民为中心的核心要义、所主张的用法治积极回应新时代人民群众新要求新期待的群众观念、所倡导的德治与法治相结合的治国理念高度吻合。

第二章　习近平法治思想融入民法学教学的可行性

第一节　习近平法治思想与民法学价值体系彼此相通

理国要道，在于公平正直。① 公平正义是中国特色社会主义的内在要求，是中国特色社会主义法治的基本属性，是习近平法治思想的核心要义。② 公正是法治的生命线。法治不仅需要完备的法律体系、完善的执法机制、普遍的法律遵守，更要求公平正义得到维护。③ 习近平总书记指出："司法公正对社会公正具有重要引领作用，司法不公对社会公正具有致命破坏作用。必须完善司法管理体制和司法权力运行机制，规范司法行为，加强对司法活动的监督，努力让人民群众在每一个司法案件中感受到公平正义。"④ "必须牢牢把握社会公平正义这一法治价值追求，努力让人民群众在每一项法律制度、每一个执法决定、每一宗司法案件中都感受到公平正义。"⑤ 改革开放以来，我国经济社会发展取得了巨大成就，为促进社会公平正义提供了坚实的物质基础，以习近平同志为核心的党中央全面审视和科学分析了我国社会发展的现状和态势，明确提出公平正义是中国特色社会主义的内在要求，全面深化改革、全面依法治国必须以促进社会公平正义、增进社会福祉为出发点和落脚点。

习近平总书记指出："实现社会公平正义是由多种因素决定的，最主要的

---

① 出自唐代吴兢的《贞观政要》。

② 习近平法治思想核心要义中的第八个坚持就是"全面推进科学立法、严格执法、公正司法、全民守法"。

③ 参见中共中央宣传部中央全面依法治国委员会办公室：《习近平法治思想学习纲要》，人民出版社，2021，第 31 页。

④ 参见 2014 年 10 月 23 日中国共产党第十八届中央委员会第四次全体会议通过的《中共中央关于全面推进依法治国若干重大问题的决定》。

⑤ 参见 2021 年 11 月 11 日中国共产党第十九届中央委员会第六次全体会议通过的《中共中央关于党的百年奋斗重大成就和历史经验的决议》。

还是经济社会发展水平。”① 这是符合历史唯物主义的科学论断。我国现阶段存在的有违公平正义的现象，许多是发展中的问题，是能够通过不断发展，通过制度安排、法律规范、政策支持加以解决的。② 公平正义是中国共产党追求的非常崇高的价值，中国共产党把全心全意为人民服务作为自己的宗旨，这就决定了我们必须把追求公平正义、保护人民权益、伸张正义作为自己的努力方向。党的十九届四中全会明确提出“健全社会公平正义法治保障制度”③。全面依法治国必须紧紧围绕保障和促进社会公平正义来进行，必须把公平正义的法治价值追求贯彻到立法、执法、司法和守法的各个环节。习近平法治思想指导下的法治是“科学立法、严格执法、公正司法、全民守法”为一体的法治，是“良法善治”的法治。科学立法和良法善治必须将公平正义融入全面依法治国之中，必须将人民的利益实现好、维护好、发展好。民法的产生离不开自由、平等、公平、等价有偿、诚实信用等价值观念的形成，离不开以平等、公平、诚信为基础的价值确立。《民法典》作为 21 世纪世界民事立法的典范，是在习近平法治思想的指导下，在以人民为中心和良法善治的引导下制定的闪烁着人性光芒的法典。其内容不仅贯彻了民法的基本价值，而且将社会主义核心价值观深深地融入了立法的各环节、深深地渗透到了《民法典》的具体条文中。

《民法典》的颁布和实施，必然会成为民法学教学的重要依托。《民法典》不仅传承了现代民法所确立的价值体系，而且还确立了绿色原则。同时，作为具有社会主义性质的民法典，它宣示了自己的人民属性和政治使命，将弘扬社会主义核心价值观作为自己的使命担当。《民法典》第 1 条就开宗明义表明了自己的存在价值和基本立场：它的基本职能一是调整民事关系以保护民事主体的合法权益，二是适应中国特色社会主义发展要求维护社会和经济秩序，三是坚守民法的基本价值以弘扬社会主义核心价值观。弘扬社会主义核心价值观作为《民法典》的基本立场和基本使命，在《民法典》的各篇章中得到了充分表达，并镶嵌于《民法典》的具体条文中。民法所蕴含的法治情怀和价值表达是民法学必须传承、民法学教学必须传播的思想精髓。

习近平法治思想作为当代中国的马克思主义法治理论，成长于实践，证

---

① 习近平：《切实把思想统一到党的十八届三中全会精神上来》，载中共中央文献研究室编《十八大以来重要文献选编》（上），中央文献出版社，2014，第 553 页。

② 参见《习近平法治思想概论》编写组：《习近平法治思想概论》，高等教育出版社，2021，第 107 页。

③ 参见 2019 年 10 月 31 日中国共产党第十九届中央委员会第四次全体会议通过的《中共中央关于坚持和完善中国特色社会主义制度 推进国家治理体系和治理能力现代化若干重大问题的决定》。

立于实践，归依于实践；在法治的意识形态领域发挥着传承法律文化、传播法治文明、传递法理精神的功能，在法治的实践领域发挥着擘画法治蓝图、引领法治化治理方向的作用。总之，习近平法治思想是引领新时代法治中国建设实现更大发展的思想旗帜和根本遵循，其所倡导的“民主、法治、公平、正义、安全、环境等”的价值观与传统民法所倡导的平等、公平、等价、诚信、善良等价值观深度契合、高度统一。

第二节　习近平法治思想与民法学实践诉求彼此融通

人民对美好生活的向往，就是我们党的奋斗目标。习近平总书记指出：“推进全面依法治国，根本目的是依法保障人民权益。随着我国经济社会持续发展和人民生活水平不断提高，人民群众对民主、法治、公平、正义、安全、环境等方面的要求日益增长，要积极回应人民群众新要求新期待，坚持问题导向、目标导向，树立辩证思维和全局观念，系统研究谋划和解决法治领域人民群众反映强烈的突出问题，不断增强人民群众获得感、幸福感、安全感，用法治保障人民安居乐业。”① 随着我国经济和社会的不断发展，人民对美好生活的向往更多向民主、法治、公平、正义、安全、环境等方面不断拓展，但由于历史和现实的多方面原因，目前立法、执法、司法等方面还存在不少问题，还存在不少薄弱环节，甚至还存在一些人民群众意见很大的问题，比如涉及人们生产生活方面的部门保护主义和地方保护主义、知识产权侵权、网络侵权、网络诈骗、生态环境保护、医疗卫生、住房、收入分配、社会保障、食品医药、安全生产等问题，涉及人们政治生活的执法司法不公、公职人员公器私用、以权谋私、贪赃枉法、形式主义、官僚主义、享乐主义问题，等等。这些都是需要在习近平法治思想指导下厉行法治的聚焦点和发力点。

以上所涉及的有关人们的切身利益问题，实际上就是一个“人”的权益保护问题。习近平法治思想坚持以人民为中心，围绕人民权益保护，深刻地阐释了全面依法治国必须坚持党对全面依法治国的领导，必须坚持以人民为中心，必须坚持中国特色社会主义法治道路，必须坚持依宪治国、依宪执政，必须坚持在法治轨道上推进国家治理体系和治理能力现代化，必须坚持建设中国特色社会主义法治体系，必须坚持依法治国、依法执政、依法行政共同

---

① 2020 年 11 月 16 日至 17 日，中央全面依法治国工作会议在北京召开，习近平总书记发表了《坚定不移走中国特色社会主义法治道路 为全面建设社会主义现代化国家提供有力法治保障》的重要讲话。

推进，法治国家、法治政府、法治社会一体建设，必须坚持全面推进科学立法、严格执法、公正司法、全民守法，必须坚持统筹推进国内法治和涉外法治，必须坚持建设德才兼备的高素质法治工作队伍，必须坚持抓住领导干部这个“关键少数”。以上“十一个坚持”充分凸显了习近平法治思想指导下的法治实践，就是维护广大人民群众利益的法治实践，就是践行以人民为中心的法治实践，就是以人为本的法治实践。

众所周知，民法作为权利法，是保护民事权利的宣言书，其最基本的功能是确认和保护民事主体的民事权利，因此，以人为本是现代民事立法的基本价值追求。《民法典》充分体现了以人为本的思想，具体表现在我国民法典与其他国家民法典相比较，有两处根本性的变化：一是在民法典的立法史上第一次将人身关系的调整置于财产关系之前；二是人格权的保护独立成篇。这些立法上的创新不仅彰显了我国民事立法的人民立场和以人为本的法律情怀，而且充分表达了人权高于财产权的价值取向。当今世界，争取人权、尊重人权、保障人权、发展人权已成为人类社会的共识，并成为当代法律关注的重点，体现了人类社会的共同价值。[①] 党的二十大报告明确指出：“坚持走中国人权发展道路，积极参与全球人权治理，推动人权事业全面发展。”我国民法典作为保护民事权利的宣言书，构建了规范全面的人权保护机制：人格权编从一般人格权到具体人格权的全面规定，不仅使我国民事主体享有广泛的人格权，而且民事主体的人格尊严能够得到有效维护；侵权责任编为各类侵权中的受害人提供了充分的救济途径，使关心人、爱护人、保障人的民法价值得到有效落实；监护制度和收养制度的完善和创新，使未成年人的利益保护实现了最大化。正如习近平总书记所指出的，“实施好民法典是坚持以人民为中心、保障人民权益实现和发展的必然要求”[②]。坚持以人为本不仅是我国社会主义民法典的突出特点，同时也是我国社会主义民事立法的鲜明政治底色。

坚持以人民为中心是习近平法治思想的重要内容，是习近平法治思想核心要义的重要组成部分，是习近平法治思想核心要义中的第二个坚持。坚持以人民为中心是社会主义法治有别于资本主义法治的根本所在，习近平法治思想深刻论述了全面依法治国最广泛、最深厚的基础是人民。为此，习近平

---

① 参见《民法学》编写组：《民法学》（第二版）上册，高等教育出版社，2022，第4页。

② 2020年5月29日，中共中央政治局就“切实实施民法典”举行第二十次集体学习，习近平总书记在主持学习时强调：“要讲清楚，实施好民法典是坚持以人民为中心、保障人民权益实现和发展的必然要求。”

法治思想饱含着对人民的关怀，明确提出社会主义法治要充分体现人民的主体地位，要以维护公平正义为法治的生命线，要以依法保障人民权利和利益为根本目的。强调法治建设必须坚持为了人民、依靠人民的根本政治立场；强调法治要把反映人民愿望、增进人民福祉、维护人民权利、体现人民利益、保障人民安全的良法和善政全部落实到依法治国的各领域和全过程；强调法治要积极回应人民群众新要求新期待，不断增强人民群众的安全感、获得感和幸福感；强调法治建设要始终秉持全心全意造福于人民的理念、始终依靠人民群众的观念，把维护好人民利益作为新时代法治建设的出发点和落脚点。党的十八大以来，中国特色社会主义进入新时代，人民希望对生命健康、人格尊严、财产安全、交易便利等各方面的权利保护更加充分，对权利的保护更加有效。顺应新时代的要求，《民法典》以权利保护为主线，健全和充实了民事权利种类，形成了更加完备的民事权利体系，构建了完整的权利保护制度和规则体系。

民事立法坚持以人为本和习近平法治思想坚持以人民为中心的实践追求在本质上是相一致的，彼此相互融通，二者的融合不仅可以进一步深化学生对民法学知识体系的理解，也可以进一步帮助学生提高对习近平法治思想的政治认同、思想认同、理论认同、情感认同。

第三节　习近平法治思想与民法学社会关切彼此贯通

2022 年 10 月 23 日，习近平总书记在第二十届中央政治局常委同中外记者见面时郑重宣示："我们要始终与人民风雨同舟、与人民心心相印，想人民之所想，行人民之所嘱，不断把人民对美好生活的向往变为现实。"党的十八大以来，以习近平同志为核心的党中央在领导全面依法治国过程中高度关注人们的社会关切，不断以法治之力回应人民群众的呼声，不断以法治之力增进人民的福祉。在立法领域坚持科学立法、为民立法、民主立法。从编纂民法典到制定修改食品安全法、个人信息保护法、反家庭暴力法的过程中，立法工作紧紧依靠人民、深深扎根人民。在执法领域坚持依法执法、严格执法、为民执法。从实施减证便民到落实行政执法三项制度①，从加大食品药品、金融服务、教育培训等重点领域的执法力度到雷霆出击扫黑除恶让城乡更安宁，执法工作切实解决了人民群众的许多急难愁盼问题，切实地维护了人民群众

① 关于行政执法的三项制度，具体就是指的行政执法公示制度、行政执法全过程记录制度和重大执法决定法制审核制度。

的基本权益。在司法领域坚持便民司法、为民司法、公正司法。从强化司法人权保障到纠正重大刑事冤假错案，从严惩非法吸收公众存款、网络诈骗等犯罪到全面排查“减假暂”案件[①]，司法工作在优化司法职权配置、规范司法行为、加大司法公开力度、回应人民群众对公平正义的期待等方面不断取得进步。

以科学立法实现善治、为民执法不忘初心、公正司法实现公平是全面实现法治中国进程中面临的重大社会关切。全面依法治国是一个系统的工程，不仅需要整体谋划，更要注重全面依法治国的系统性、整体性和协同性。科学立法、为民执法、公正司法三者相辅相成，共同构成一个有机的整体。科学立法是实现法治中国的前提和基础，为民执法是实现法治中国的目标和任务，公正司法是实现法治中国的重要保障。实现科学立法、为民执法、公正司法是实现全面依法治国的三大任务，为了全面落实三大任务，我们需要在习近平法治思想指导下坚持改革方向、坚持问题导向，通过立法创新制度，运用制度威力应对风险和挑战，把法治作为国家治理最重要的依托和最可靠的保障，以法治思维和法治方式深化改革、优化治理、推进发展、化解矛盾、维护稳定。

以习近平法治思想为指导的民事立法，同样是在回应社会关切、解决现实问题中获得制度创新，从而推动学科和专业发展的。为了回应人民群众对美好生活的向往，《民法典》确立了绿色原则，加强了对人格权的保护；为了回应互联网、高科技、大数据时代信息爆炸和科技进步所带来的社会风险问题，《民法典》加强了个人隐私和个人信息的保护力度；为了回应经济全球化和市场经济发展的需要，《民法典》加强了对电子商务活动的规范。总之，我国民法学的发展始终立足于中国特色社会主义新时代，在保持我国民事法律制度连续性和稳定性的基础上，在不断回应实践之问、时代之问中实现理论创新和制度创新。《民法典》在回应和落实全面依法治国实践之问、时代之问中处于基础地位。一方面，《民法典》不仅是保障私权的基础性规范，同样通过确认和保护私权也起到了规范公权的作用。正如习近平总书记指出的：“各级政府要以保证民法典有效实施为重要抓手推进法治政府建设，把民法典作为行政决策、行政管理、行政监督的重要标尺，不得违背法律法规随意作出减损公民、法人和其他组织合法权益或增加其义务的决定。”[②] 另一方面，《民法典》规定了基本的民事裁判规则，确立了解决民事纠纷的基本规则，明

① “减假暂”案件指对监狱罪犯实行减刑、假释、暂予监外执行的案件。

② 习近平：《论坚持全面依法治国》，中央文献出版社，2020，第281页。

确了法律适用和法律解释的基本准则，为裁判者正确处理民事法律关系、解决民事法律纠纷提供了基本准则。

习近平法治思想和我国民法学都彰显了求真与务实的实践理性，它们形成和发展于改革开放的伟大实践，完善于我国社会主义现代化建设的新时代，是在不断探索中国特色社会主义法治建设的规律、不断深化我国社会主义法治建设的认识、不断强化全面依法治国的意识过程中所获得的重大法治成果。它们在回应社会关切中构建自己的理论体系，具体表现在：一是坚持实践，在实践中深化对法治逻辑和发展规律的认识；二是立足国情，既不罔顾事实去超越，也不因循守旧、故步自封；三是以问题为导向，直面人民群众的期盼，以解决突出问题为着力点；四是坚持理论联系实际的马克思主义学风，不断从理论和实践的结合中取得新成果。总之，民法学与习近平法治思想都是在实践的基础上形成和发展起来的，蕴含着清晰的实践逻辑，二者在回应社会关切中彼此贯通。

第三章　习近平法治思想融入民法学教学的意义

第一节　有助于提升民法学课程思政的高度

一、提高法科生坚持党对全面依法治国领导的认同感

党政军民学，东西南北中，党是领导一切的。中国共产党是中国特色社会主义事业的领导核心，是国家最高政治领导力量，是我国改革和发展取得胜利的根本保证。党的领导地位不是自封的，而是历史的选择和人民的选择，是由党的性质决定的，是由我国宪法明文规定的。我国宪法以国家根本法的形式，确认了中国共产党的执政地位，确认了党在国家政权结构中总揽全局、协调各方的核心地位，为我们党长期执政提供了根本法律依据。

习近平法治思想最显著的特色，就是把坚持党的领导摆在首要位置，深刻揭示了党的领导对社会主义法治的决定性作用。① 习近平总书记在中央全面依法治国工作会议上提出的“十一个坚持”中，第一个就是“坚持党对全面依法治国的领导”，这充分说明了党的领导在全面依法治国中的统领性、全局性和决定性地位。党的领导是中国特色社会主义最本质的特征，是中国特色社会主义制度的最大优势，是社会主义法治最根本的保证。② 习近平总书记指出：“党的领导是我国社会主义法治之魂，是我国法治同西方资本主义国家法治最大的区别。”③ 坚持党对全面依法治国的领导，对实现法治中国具有决定性的作用：首先，坚持党对全面依法治国的领导为我国法治建设明确了正确

---

① 《习近平法治思想概论》编写组：《习近平法治思想概论》，高等教育出版社，2021，第24页。

② 中共中央宣传部中央全面依法治国委员会办公室：《习近平法治思想学习纲要》，人民出版社，2021。

③ 习近平：《坚定不移走中国特色社会主义法治道路 为全面建设社会主义现代化国家提供有力法治保障》，《求是》2021年第5期，第6页。

的政治方向。政治方向问题是法治建设的根本性问题，事关法治事业的前途命运和兴衰成败。① 习近平总书记强调指出："中国是一个大国，决不能在根本性问题上出现颠覆性错误，一旦出现就无法挽回、无法弥补。"② 这个根本性问题就是坚持党的领导，只有在党的坚强领导下，我国法治建设才能克服各种艰难险阻，沿着正确的政治方向顺利推进。其次，坚持党对全面依法治国的领导为我国法治建设做好顶层设计把舵定航。党领导全面依法治国的主要职责就是对全面依法治国作出战略谋划、顶层设计。党的十八大以来，党中央加强了对全面依法治国的战略谋划和顶层设计，出台了《中共中央关于全面推进依法治国若干重大问题的决定》等重要文件，围绕法治中国建设、法治政府建设、法治社会建设、法治文化建设等方面印发了重要规划和实施纲要，引领法治中国建设不断开创新局面。最后，坚持党对全面依法治国的领导为我国法治建设总揽全局、协调各方。总揽全局、协调各方是我党的职责所在、优势所在。面对法治中国建设这一重大而复杂的社会课题，只有在党的领导下统筹协调各方面力量，调动各方面积极因素，整合各方面资源，才能突破法治建设中遇到的各种难点、痛点和堵点。党的十八大以来，在党中央的坚强领导下，我们在全面依法治国的推进中不断突破各种体制或机制障碍，法治领域的改革取得了历史性成果。

总之，通过习近平法治思想与民法学教学的融合，当代大学生不仅可以更进一步地理解"党的领导是我国社会主义法治之魂"的深刻内涵，而且可以通过深刻认识党对全面依法治国领导的重要性，不断增加政治意识、大局意识、核心意识、看齐意识，坚决维护习近平总书记党中央的核心、全党的核心地位，坚决维护党中央权威和集中统一领导，提高坚持党对全面依法治国领导的认同感。

二、提高法科生坚定意识形态正确政治立场的自觉性

"法治工作是政治性很强的业务工作，也是业务性很强的政治工作。"③ 习近平法治思想立足于中国法治建设的具体实践，深刻论述了中国特色社会

① 《习近平法治思想概论》编写组：《习近平法治思想概论》，高等教育出版社，2021，第25页。

② 习近平：《深化改革开放 共创美好亚太——在亚太经合组织工商领导人峰会上的演讲》，《人民日报》2013年10月8日第3版。

③ 习近平：《论坚持全面依法治国》，中央文献出版社，2020，第235页。

主义法治的政治逻辑、全面依法治国的政治方向、法治领域意识形态的大是大非问题。这些重要论述充分揭示了习近平法治思想所蕴含的法治与政治的重大辩证关系。

习近平法治思想深刻地揭示了中国特色社会主义法治的政治逻辑。习近平总书记指出："我们要坚持的中国特色社会主义法治道路，本质上是中国特色社会主义道路在法治领域的具体体现；我们要发展的中国特色社会主义法治理论，本质上是中国特色社会主义理论体系在法治问题上的理论成果；我们要建设的中国特色社会主义法治体系，本质上是中国特色社会主义制度的法律表现形式。"① 这段话深刻地揭示了中国特色社会主义法治的政治逻辑。

习近平法治思想明确地指出了全面依法治国的政治方向。习近平总书记指出："全面推进依法治国这件大事能不能办好，最关键的是方向是不是正确，政治保证是不是坚强有力。"② 全面依法治国的正确政治方向，就是坚持党的领导，坚持以人民为中心，坚持中国特色社会主义法治道路。坚持党的领导就是要确保党的主张通过法定程序上升为国家意志，形成法律，通过法律机制保证党的主张能够得到有效落实，并贯彻到依法治国的全过程和各方面，形成党领导立法、保证执法、支持司法、带头守法的法治局面。坚持以人民为中心，就是把体现人民利益、反映人民愿望、维护人民权益、增进人民福祉落实到依法治国各领域全过程。坚持中国特色社会主义法治道路，就是要从中国的具体国情和实际出发，坚定不移走中国特色社会主义法治道路，绝不照搬别国的模式和做法，绝不走西方所谓"宪政""三权分立""司法独立"的路子。

习近平法治思想深刻论述了法治领域意识形态的大是大非问题，明确了坚持什么、反对什么、倡导什么、抵制什么，是我国法治领域意识形态阵地和社会舆论场的"定星盘"，是批驳错误理论、破除虚伪观点、澄清模糊认识的思想利器。③ 总之，将习近平法治思想融入民法学教学，必将有助于提高学生坚定维护意识形态安全和正确政治立场的自觉性。

---

① 习近平：《坚定不移走中国特色社会主义法治道路 为全面建设社会主义现代化国家提供有力法治保障》，《求是》2021 年第 5 期，第 8 页。

② 习近平：《论坚持全面依法治国》，中央文献出版社，2020，第 91 页。

③ 《习近平法治思想概论》编写组：《习近平法治思想概论》，高等教育出版社，2021，第 32 页。

第二节　有助于增加民法学课程思政的厚度

一、习近平法治思想是马克思主义法学理论的新发展

习近平总书记在党的二十大报告中强调指出：“中国共产党人深刻认识到，只有把马克思主义基本原理同中国具体实际相结合、同中华优秀传统文化相结合，坚持运用辩证唯物主义和历史唯物主义，才能正确回答时代和实践提出的重大问题，才能始终保持马克思主义的蓬勃生机和旺盛活力。”① 习近平法治思想是马克思主义法学理论中国化的最新成果，是对中国特色社会主义法治的重大创新发展，是当今时代最鲜活、最具原创性的马克思主义法治理论。

马克思主义法治理论是马克思主义理论体系的重要组成部分，是中国共产党人一直忠诚信奉、坚定实践、不断发展的科学理论。这一理论深刻揭示了法的本质特征、价值功能、历史起源、发展规律等根本问题，把对法的认识第一次真正建立在科学的世界观和方法论基础上，在人类法治思想史上产生了广泛而持久的影响。党的十八大以来，习近平总书记顺应党心民心和时代要求，高度重视全面依法治国，根据马克思主义法治理论的普遍原理，创造性地提出了一系列关于全面依法治国的新理念、新思想和新战略，形成了习近平法治思想，把马克思主义法治理论提高到了一个新的高度。

习近平法治思想扎根中国文化、立足中国国情、解决中国问题、着眼百年未有之大变局，进行了一系列全面、系统、深刻的理论创新，创造性地提出了一系列马克思主义新的法治概念、新的法治范畴、新的理论阐释；论述了过去很多没有论述过的重大命题，讲清了过去很多没有讲清的理论难题，回答了过去很多马克思主义经典作家没有涉及的问题，解决了西方法治理论无法解决的许多重大法治理论和实践问题，形成了一个完整原创的法治思想体系。习近平法治思想进一步丰富和拓展了中国特色社会主义法治的理论体系和发展路径，开辟了中国特色社会主义法治理论的新境界，实现了马克思主义法治理论中国化时代化的历史性飞跃和创造性升华。习近平法治思想是我们党对社会主义法治建设和人类法治文明发展规律性认识集大成的思想体

① 参见党的二十大报告《高举中国特色社会主义伟大旗帜 为全面建设社会主义现代化国家而团结奋斗》之“开辟马克思主义中国化时代化新境界”。

系，是引导我们党在21世纪全面依法治国的开创性的思想体系。[①]

二、习近平法治思想深刻回答了全面依法治国的重大理论问题

习近平法治思想以高超的政治智慧和敏锐的战略眼光，把马克思主义法治的普遍原理同中国法治的具体实践相结合，以新的视野和新的思维创造性地总结了我国社会主义法治建设的经验教训，全面深化了对共产党依法执政规律、社会主义法治建设规律、人类社会法治发展的认识，深刻揭示了社会主义法治的生命力和优越性，成为新时代引领我国全面依法治国沿着正确方向前进的思想旗帜。

习近平法治思想是习近平新时代中国特色社会主义理论的重要组成部分，是马克思主义法治理论同当代中国具体实际相结合的重大理论成果，习近平法治思想的诞生，标志着中国特色社会主义法治理论发展进入一个崭新阶段。

首先，习近平法治思想内涵丰富。习近平法治思想不仅提出了认识和分析法治问题的根本观点，而且提供了推进全面依法治国的科学方法，体现了世界观与方法论的有机统一；习近平法治思想不仅注重加强对事关全面依法治国根本性、全局性、长远性重大问题的战略谋划，而且注重分析解决法治领域突出问题的路径选择，体现了战略与策略的相互协调；习近平法治思想不仅强调全面依法治国对于实现中华民族伟大复兴的保障作用，而且在当今世界百年未有之大变局中重视运用法治方式参与全球法治，推动构建人类命运共同体，体现了推进国内治理和国际治理的内在关联。其次，习近平法治思想学理深邃。习近平法治思想运用生产力与生产关系、经济基础与上层建筑的辩证关系，牢牢把握新时代对法治建设的新要求，对全面依法治国进行深刻的思考和战略设计，总揽全局统筹谋划，对中国特色社会主义法治理论作出了原创性的理论贡献。再次，习近平法治思想学理严密。习近平法治思想紧紧围绕新时代推进全面依法治国的重大历史课题，充分运用马克思主义的世界观和方法论，科学阐释了中国特色社会主义法治的实践特色、理论特色、时代特色和民族特色，深入分析了中国特色社会主义法治的基本性质、价值取向、正确道路、首要任务、重点任务、迫切任务、根本保证、根本立场、时代使命、功能作用、发展方向、实现目标、工作布局和重大创新。各

---

① 中共中央宣传部中央全面依法治国委员会办公室：《习近平法治思想学习问答》，人民出版社，2023，第11页。

个单元思想逻辑有机联结、相互联系、内在统一，构成了一个严谨而开放、具有深刻科学真理性的法治理论系统。① 最后，习近平法治思想系统完备。习近平法治思想涵盖了全面依法治国的各领域、各环节和各方面，不仅基于新时代治国理政的战略考量提出了一系列重要的法治概念、法治论断和法治命题，而且系统阐释了中国特色社会主义法治道路的坐标定位；不仅基于中国特色社会主义法治的基本规律系统阐释了全面依法治国的重要意义、重要地位、重要作用，而且基于百年未有之大变局的历史背景提出了一系列重要的关于政治、经济、文化、社会、生态文明、国家安全、国防外交等领域的法治问题。

习近平法治思想承前启后，谱写了马克思主义法治理论中国化时代化的新篇章。在当代中国，坚持和发展习近平法治思想，就是真正坚持和发展马克思主义法治理论，就是真正坚持和发展中国特色社会主义法治理论。由此可见，将习近平法治思想融入民法学教学，不仅是培养德才兼备社会主义法治人才的客观需要，而且是增强民法学课程思政厚度的客观需要。

第三节　有助于拓展民法学课程思政的宽度

一、习近平法治思想为全面依法治国擘画宏伟蓝图

习近平总书记以中华民族伟大复兴的宏阔视野，以全球治理的历史担当，统筹中华民族伟大复兴和世界百年未有之大变局，以马克思主义政治家、思想家、战略家的深刻洞察力和理论创造力，创立了习近平法治思想。这一思想的创立和发展，为新时代全面依法治国提供了根本遵循和行动指南，推动了中国特色社会主义法治理论和实践的新发展。

在习近平法治思想的引领下，党的十九大报告明确提出到2023年基本建成法治国家、法治政府、法治社会，为全面依法治国确立了新时代法治中国建设的路线图、时间表、任务书。② 2020年，党的十九届五中全会通过《中共中央关于制定国民经济和社会发展第十四个五年规划和二〇三五年远景目

---

① 《习近平法治思想概论》编写组：《习近平法治思想概论》，高等教育出版社，2021，第49页。

② 参见党的十九大报告《决胜全面建成小康社会　夺取新时代中国特色社会主义伟大胜利》之四“决胜全面建成小康社会，开启全面建设社会主义现代化国家新征程”。

标的建议》，再次就全面依法治国作出了部署，对立足新发展阶段贯彻新发展理念、构建新发展格局中的法治建设提出了新要求新期待，明确提出了“推进法治中国建设”的奋斗目标。2021 年 1 月，中共中央印发《法治中国建设规划（2020—2025 年）》，明确提出坚定不移走中国特色社会主义法治道路，奋力建设良法善治的法治中国。《法治中国建设规划（2020—2025 年）》充分体现了习近平法治思想对法治中国建设宏伟蓝图的擘画。法治中国建设的总体目标是：法律规范科学完备统一，执法司法公正高效权威，权力运行受到有效制约监督，人民合法权益得到充分尊重保障，法治信仰普遍确立，法治国家、法治政府、法治社会全面建成。

2021 年，十三届全国人大四次会议通过《中华人民共和国国民经济和社会发展第十四个五年规划和 2035 年远景目标纲要》，专章规定“全面推进依法治国”：坚定不移走中国特色社会主义法治道路，坚持依法治国、依法执政、依法行政共同推进，一体建设法治国家、法治政府、法治社会，实施法治中国建设规划。健全保障宪法全面实施的体制机制，加强宪法实施和监督，落实宪法解释程序机制，推进合宪性审查。完善立法体制机制，加强重点领域、新兴领域、涉外领域立法，立改废释纂并举，完善以宪法为核心的中国特色社会主义法律体系。实施法治政府建设实施纲要，坚持和完善重大行政决策程序制度，深化行政执法体制改革，严格规范公正文明执法，规范执法自由裁量权，推进行政复议体制改革。深化司法体制综合配套改革，完善审判制度、检察制度、刑罚执行制度、律师制度，全面落实司法责任制，加强对司法活动的监督，深化执行体制改革，促进司法公正。实施法治社会建设实施纲要，加强社会主义法治文化建设，深入开展法治宣传教育，实施“八五”普法规划，完善公共法律服务体系、法律援助和国家司法救助制度。全面加强人权司法保护，促进人权事业全面发展。加强涉外法治体系建设，加强涉外法律人才培养。①

习近平法治思想站在坚持和发展中国特色社会主义的战略高度，为全面依法治国布局谋篇，系统提出并回答了全面依法治国的总抓手、全面依法治国的工作布局、全面依法治国的重点任务和全面依法治国的基本面向。只有坚定不移贯彻实施习近平法治思想所擘画的法治蓝图，才能实现全面建成法治中国的目标。

① 参见《中华人民共和国国民经济和社会发展第十四个五年规划和 2035 年远景目标纲要》第五十九章“全面推进依法治国”。

二、习近平法治思想为人类法治文明贡献中国智慧

习近平法治思想坚持运用马克思主义唯物史观的基本原理，深刻揭示了世界历史进程中法治文明发展的多样性和交流互鉴的规律，以天下为公的远见卓识对人类文明发展进程所沉淀的共同价值进行了提炼和概括。

首先，习近平法治思想深刻揭示了世界法治文明发展的多样性。文明是人类社会发展到一定阶段的历史产物，是人类进步的最显著的标志，但它总是以多样的方式存在和发展。习近平总书记强调："阳光有七种颜色，世界也是多彩的。一个国家和民族的文明是一个国家和民族的集体记忆。人类在漫长的历史长河中，创造和发展了多姿多彩的文明。"① 人类社会中的每一种文明（包括法治文明）的成长，都离不开特定民族、特定国家所处的特定环境。"世界上不存在完全相同的政治制度，也不存在适用于一切国家的政治制度模式。"② 国情不同和民族禀性各异，会催生出不同的政治和法治发展模式，各国各民族会设计出不同的政治与法治体系，发展出各具特质的法治文明系统。

其次，习近平法治思想深刻揭示了世界法治文明交流互鉴的规律。人类文明的多样性决定了人类文明交流互鉴的必然性。习近平总书记以海纳百川的博大胸襟，大力倡导和推动人类文明交流互鉴，指出："文明因交流而多彩，文明因互鉴而丰富。文明交流互鉴，是推动人类文明进步和世界和平发展的重要动力。"③ 文明的交流互鉴必须秉持相互平等、相互尊重和相互包容的理念，唯有如此，才能推动人类文明兼容并蓄，交流交融，互学互鉴，共同提高。"就法治问题开展交流、相互借鉴，共同提高"④ 是当今世界法治文明交流互鉴的一个重要领域。习近平法治思想为世界法治文明的发展指明了方向。

最后，习近平法治思想对人类文明沉淀的共同价值进行了提炼和概括。人类社会的各个文明体系尽管有不同的内涵和禀性，但无疑都存在着某些相通或近似的价值因素。习近平法治思想精准概括、精辟阐述了人类文明的共

① 习近平：《论坚持推动构建人类命运共同体》，中央文献出版社，2018，第 76-77 页。

② 习近平：《在庆祝全国人民代表大会成立 60 周年大会上的讲话》，人民出版社，2014，第 16 页。

③ 习近平：《论坚持推动构建人类命运共同体》，中央文献出版社，2018，第 76 页。

④ 习近平：《论坚持推动构建人类命运共同体》，中央文献出版社，2018，第 237 页。

同价值，指出“和平、发展、公平、正义、民主、自由是全人类的共同价值”①。这一重要思想不仅是对人类社会交往活动的理性总结、对当今国际关系状况的深刻反思，而且为全球化时代世界法治文明发展指明了方向，彰显了习近平法治思想致力于构建公平公正新型国际关系的价值理念。

三、习近平法治思想为全球治理体系提供中国方案

在新科技革命和产业革命的有力推动下，当今世界正处于全球治理体系重构的历史进程中。习近平总书记以大国领袖的世界胸怀和责任担当，深入思考和洞察当今世界百年未有之大变局的历史方位和时代走向，秉持构建人类命运共同体的理念，提出了共同推动国际关系民主化、法治化、合理化的主张，为推动全球治理体系变更提供了中国方案。

首先，习近平法治思想深刻揭示了全球治理体系变更的历史必然。以互联网为代表的信息技术日新月异，引领社会生产生活方式深刻变革；经济全球化促进了各生产要素的跨境流动，国际市场的空间不断拓展；国家或地区力量此消彼长，国际格局加速演进，世界多极化进程势不可挡。“国际力量对比发生深刻变化，新兴市场国家和一大批发展中国家快速发展，国际影响力不断增强，是近代以来国际力量对比中最具革命性的变化。”② 习近平总书记高瞻远瞩，指出“全球治理格局取决于国际力量对比，全球治理体系变革源于国际力量对比变化”③，因此，为了维护国际关系公平公正，使之“符合变化了的世界政治经济，满足应对全球性挑战的现实需要，顺应和平发展合作共赢的历史趋势”④，改革与国际公平正义相悖的国际规则和制度安排，是全球治理体系变更的历史必然。

其次，习近平法治思想为构建更加公平合理的国际关系指明了方向。面对百年未有之大变局，世界不稳定、不确定因素的增多，全球发展深层次矛盾日益突出，要求改革和完善全球治理体系的呼声愈益高涨。习近平总书记审时度势，准确把握了这一世界大势，提出“公平正义的全球治理是实现各国共同发展的必要条件”⑤，强调世界各国应该共同推动国际关系民主化、法

① 习近平：《论坚持推动构建人类命运共同体》，中央文献出版社，2018，第253页。

② 习近平：《论坚持推动构建人类命运共同体》，中央文献出版社，2018，第259页。

③ 习近平：《习近平谈治国理政》第2卷，外文出版社，2017，第449页。

④ 习近平：《习近平在联合国成立75周年系列高级别会议上的讲话》，人民出版社，2017，第11页。

⑤ 习近平：《论坚持推动构建人类命运共同体》，中央文献出版社，2018，第389页。

治化、合理化，共同致力于建设公平正义的全球治理体系。共同推动国际关系民主化，就是在国际事务中必须坚持和平共处五项原则，国家不论大小、贫富、强弱，都是国际社会的平等一员，都有参与国际事务的权利，反对霸权和霸凌。共同推动国际关系法治化，就是在国际事务中，必须坚持世界只有一个体系，即以联合国为核心的国际体系；只有一个秩序，即以国际法为基础的国际秩序；只有一套规则，即以联合国宪章宗旨和原则为基础的国际关系基本准则。不能搞双重标准，不能合则用、不合则弃。共同推动国际关系合理化，一是要适应国际力量对比新变化，推进全球治理体系改革，努力使全球治理体系更加平衡大多数国家的意愿和利益；二是全球治理体系的改革必须反映国际格局的深刻变化，坚定维护发展中国家的共同利益，提高发展中国家在全球治理体系中的地位和作用。

最后，习近平法治思想提出了共商共建共享的全球治理观。党的十八大以来，习近平总书记基于推动构建人类命运共同体的战略考量，深入思考当代全球发展的根本问题，深度挖掘中华文化中积极的处世之道和治理理念同当今时代的共鸣点，明确提出了要“弘扬共商共建共享的全球治理理念”①。习近平总书记指出：“现在，世界上的事情越来越需要各国共同商量着办……”“很多问题不再局限于一国内部，很多挑战也不再是一国之力所能应对，全球性挑战需要各国通力合作来应对。”② 面对全球性的难点和热点，面对国家间的争端和纠纷，以协商代替胁迫，以共建代替战争，以共享代替零和，能够确保人类文明成果惠及各方，能够确保人类发展成果惠及全球。弘扬共商共建共享的全球治理理念，彰显了人类命运共同体意识，反映了人类社会共同的价值追求，凝聚了人类社会新的共识，有力地推动了世界政治文明的发展进步。

习近平法治思想站在现实的高度为我国全面依法治国擘画了宏伟蓝图，站在世界历史的高度深刻揭示了人类政治文明的发展趋势，站在全球思维的高度创造性地提出了共商共建共享的全球治理理念，为人类政治文明的进步贡献了中国智慧，为全球治理体系的改革提供了中国方案。习近平法治思想立足现实、纵横历史、跨越国度，内涵丰富、理论深厚、充满哲理，将其融入民法学的教学之中，必将为民法学课程思政提供海量的事例、法例和案例，不仅将大大提高民法学课程思政的高度和深度，也必将大大拓宽民法学课程思政的宽度。

---

① 习近平：《论坚持推动构建人类命运共同体》，中央文献出版社，2018，第 261 页。
② 习近平：《论坚持推动构建人类命运共同体》，中央文献出版社，2018，第 259-260 页。

下篇　分　论

第四章　民法的基本原理

第一节　民法的概念和调整对象

课程思政路向设计

我国民法在中国特色社会主义法律体系中居于基础地位，民法通过确立民事主体、民事权利、民事法律行为、诉讼时效和民事责任等民事法律制度，实现对各类民事法律关系的调整，支撑国家治理体系和治理能力现代化建设，是保证国家治理体系正常有效运行的基础性法律规范。《民法典》将民法调整的对象由“平等主体之间的财产关系和人身关系”修改为“平等主体之间的人身关系和财产关系”，将“人身关系”置于“财产关系”之前，一改民法定义的传统表达，充分体现了我国立法对“人”的重视与尊重，其所蕴含的价值取向与习近平法治思想关于“法治的根基在人民”的思想相契合，这是本节课程进行课程思政设计可供选择的切入点和着力点。

首先，习近平法治思想是我国民事立法的根本遵循。习近平法治思想的形成经历了三个阶段：第一个阶段为2012年12月4日至2018年8月24日，这个阶段是习近平法治思想形成的重要论述阶段；第二阶段为2018年8月24日至2020年11月16日，这个阶段是习近平全面依法治国新理念、新思想和新战略的形成阶段；第三阶段始于2020年11月16日中央全面依法治国工作会议的召开，是习近平法治思想的最终形成阶段，其标志是习近平法治思想关于“十一个坚持”的系统阐释。纵观《民法典》的编纂过程，作为总则编的《中华人民共和国民法总则》的起草过程正好与习近平法治思想形成的第一阶段相吻合，这充分说明了习近平法治思想是新时代我国全面依法治国的根本遵循和行动指南。

其次，习近平法治思想以人民为中心的思想与《民法典》以“人”为中心的思想相契合。《民法典》关于民法的调整对象将人身关系置于财产关系之前，充分表明了《民法典》关于“人”重于“物”和“人权”高于“财产权”的价值取向；习近平法治思想关于以人民为中心的法治思想，以尊重人、保护人、爱护人、幸福人为目标的法治观点，不仅为《民法典》的编纂提供了根本遵循，而且为《民法典》的价值取向指明了方向。

框架·内容

一、民法的概念

根据《民法典》第 2 条“民法调整平等主体的自然人、法人和非法人组织之间的人身关系和财产关系”的规定，民法的概念可以表述为：民法是调整平等主体的自然人、法人和非法人组织之间的人身关系和财产关系的法律规范的总和。根据以上表述，民法实际上包括形式意义上的民法和实质意义上的民法。形式意义上的民法就是我们通常所说的《民法典》；实质意义上的民法就是所有调整民事法律关系的法律规范，不仅包括《民法典》，而且包括散见于其他部门法中的民事法律法规。

从民法的概念可以看出，民法的核心问题是两个“关系”——人身关系和财产关系，因此，实务中要解构民法问题，破解问题的路径是找准关系和善于分析关系，解决问题的关键是对民事关系的准确定位。与此相对应，刑法的核心问题是对“行为”的定性，即要解决刑法中的问题，路径是对行为人的行为性质进行准确定位。为了准确理解以上观点，下面举例说明。

案例 4–1 国家机关工作人员甲利用掌握公款的便利条件，挪用了其中的 40 万元资金购买福利彩票，事发不久即被发现。为减轻处罚及时返还（两个星期后返还）。《中华人民共和国刑法》第 384 条规定：“国家工作人员利用职务上的便利，挪用公款归个人使用，进行非法活动的，或者挪用公款数额较大、进行营利活动的，或者挪用公款数额较大、超过三个月未还的，是挪用公款罪，处五年以下有期徒刑或者拘役；情节严重的，处五年以上有期徒刑。挪用公款数额巨大不退还的，处十年以上有期徒刑或者无期徒刑。”根据以上法条，构成挪用公款罪有三种情形：一是从事违法活动无数额上的规定、无返还期限上的规定；二是从事营利活动有数额上的规定（数额较大），但无返还期限上的规定；从事其他活动既有数额上的规定（数额较大），又有返还期限上的规定（超过三个月未还）。从民法的角度分析，甲与福利彩票机构的关系是买卖关系（或捐赠关系），以此推出甲既没有从事违法行为，也没有从事营利行为，当属第三种情形——从事其他活动。从事其他活动要构成挪用公款罪需要满足三个月未返还的构成要件。如此，从民法的角度（法律关系）分析，最后的结论是甲的行为不构成挪用公款罪。

案例 4–2 甲去超市购物，趁导购员没有注意，将一箱方便面纸盒中的方便面掏空，迅速装满某进口奶粉封存，然后到出口结账带走。本案例用民法解决只有一个结论：侵犯财产权。但从刑法的角度只定性在“侵权”上是不够的，需要对甲的侵权行为性质在“盗窃”和“诈骗”中作出选择。

综合以上例子我们可以得出以下结论：不能用学习民法的思维去解决刑法中的问题，也不能用学习刑法的思维去解决民法中的问题。

难点突破：对平等主体的判断

民事领域的平等，从本质上讲是主体之间的表达平等，即主体之间彼此可以不受限制地、自由地对相对方表示同意或不同意。

案例 4–3 某县政府为鼓励县属酒厂多创税利，县长与酒厂厂长签订合同约定：酒厂如果完成年度税收 100 万元的指标，第二年厂长和全厂职工都可以加两级工资。本案县政府与县属酒厂之间是否通过签订合同的行为实现了平等？

从案例给出的“县属”二字可以确定，本案的主体之间存在管理与被管理的关系。签订合同的行为是否使二者在合同领域成为民事主体了呢？答案是否定的，理由是该合同并非民事合同，而是行政管理合同。作出这一判断的依据，首先要看县属酒厂有没有拒绝订立合同的权利；其次对于“加两级工资”这一条件，县属酒厂在订立合同时是否有任意拒绝的权利。如果以上回答是否定的，就意味着二者在订立合同的过程中地位是不平等的，就意味着二者存在一种管理与被管理的关系，就意味着酒厂“县属”的身份地位并不因该合同而改变。由此可以推出二者所从事的并非民事活动，二者在订立合同过程中的地位是不平等的。

案例 4–4 某乡政府所属的前卫小学教师办公用房因年久失修成为危房，被乡政府纳入危房改造项目。乡政府与某建筑公司签订了前卫小学教师办公用房改造施工合同。合同约定：危房改造不得改造原有房屋的结构，房屋抗震能力为八级，暑假结束前完工并清理完建筑材料和垃圾，全部改造费用为 10 万元整。

某乡政府与某建筑公司因危房改造而联系在一起，因危房改造施工合同而结合在一起。二者在订立合同的过程中关系是否平等，可以通过以下两点来判断：一是在订立合同过程中它们对彼此的选择是否是自由的（彼此有没有选择的自由)；二是对合同内容的确定存不存在一方将自己的意志强加给另一方的情形（彼此有没有意志自由)。二者并不存在隶属的先前条件，根据常识，二者在订立危房改造施工合同过程中，既有彼此选择的自由，也有彼此意志的自由。因此，二者所从事的活动属于民事活动，二者在订立合同过程中的地位是平等的。

二、民法的调整对象

《民法典》第 2 条规定，“民法调整平等主体的自然人、法人和非法人组织之间的人身关系和财产关系”。《民法通则》（于 2021 年废止）第 2 条规定，“中华人民共和国民法调整平等主体的公民之间、法人之间、公民和法人之间的财产关系和人身关系”。《民法典》和《民法通则》均将平等主体之间的人身关系和财产关系作为自己的调整对象。所不同的是，前者将人身关系置于财产关系之前，而后者将财产关系置于人身关系之后。需要说明的是，在大陆法系的民事立法中，关于民法的调整对象别无二致，而且均将财产关系置于人身关系之前。将人身关系置于财产关系之前肇始于我国《民法典》。

思政园地

习近平法治思想中的“人民观”

课程思政思路一：法治的阶级属性。习近平法治思想博大精深、内涵丰富，其核心要义和理论精髓集中体现在习近平总书记在中央全面依法治国工作会议上明确提出并深刻阐述的“十一个坚持”中。“十一个坚持”中的第二个坚持就是“坚持以人民为中心”。坚持以人民为中心，坚持人民的主体地位，是我们的制度优势，是中国特色社会主义法治区别于资本主义法治的根本所在。

课程思政思路二：习近平法治思想中的人民立场。习近平总书记指出，全面依法治国最广泛、最深厚的基础是人民，人民群众是历史的创造者，人民立场是中国共产党的根本政治立场，全面依法治国是顺应历史潮流和人民意愿作出的必然选择。习近平法治思想明确提出要坚持人民的主体地位，强调社会主义法治必须坚持以依法保障人民权益为根本目的，必须坚持以维护社会公平正义为生命线；强调社会主义法治建设必须坚持为了人民、依靠人民的根本政治立场；强调推进全面依法治国要把体现人民利益、反映人民愿望、维护人民权益、增进人民福祉落实到全面依法治国各领域全过程，积极回应人民群众新要求新期待，不断增强人民群众的获得感、幸福感、安全感。习近平法治思想的人民立场，是习近平法治思想坚持以人民为中心的逻辑起点。

第二节　民法基本原则

课程思政路向设计

要求学生充分理解和掌握《民法典》所规定的各项原则（保护民事权益原则、平等原则、自愿原则、公平原则、诚信原则、公序良俗原则、绿色原则）的基本内涵（第3~9条），充分理解民法基本原则的价值取向和裁判补充功能。以公序良俗原则为切入点，将习近平法治思想“法安天下，德润人心”融入本节的教学；以绿色原则为切入点，用法治积极回应新时代人民群众新要求新期待。

民法是人类理性和道德观念的凝结，民法的基本原则是人类基本道德最集中的体现。平等、公平、自愿、诚信、良俗不仅是人类最古老的道德观念和道德准则，而且也是人类亘古绵延共同的道德执念。从某种意义上讲，人类的基本道德准则对民法的产生和发展起到了奠基作用，毫不夸张地说，民法是在人类道德的基础上建立和发展起来的。在讲授民法基本原则的过程中，加强对学生道德品格的塑造是本节课程思政的一个重要任务。当然，鉴于平等、公平、自愿、诚信、公序良俗在法律改造下的内涵扩张，切莫使民法基本原则的讲授偏离法律视野下的特殊规定。例如：民法下的平等，不是抽象观念下的平等，而是具体民事法律关系下的平等；民法下的平等，不是“生而平等”中的平等。从宏观的角度看，民法中的平等是一种具有差异性的平等，是容忍某些特权存在的平等，是不包含立法在内的平等。从微观的角度看，民法中的平等是特定法律关系下的具体民事主体之间的平等，是特定法律关系下法律适用上的平等。民法中的公平不是等价有偿中的公平，也不是付出与回报下的平衡，其本质是当事人之间彼此发自内心地坦然接受对方的给付结果。民法下的自愿不是普通生活下的“任意”，当事人一旦进入民事法律关系之中，民法下的自愿就是受到法律和相对人双重约束下的自愿。民法中的诚信不是通常意义上的赤诚之心，不是童叟无欺的为人品格，而是特定法律关系中的“与人为善”。民法中的公序良俗是民法基本原则中最高的道德要求和法律要求，它表明民事主体从事民事活动不仅要对特定法律关系中的相对人负责，还要对道德负责、对法律负责、对社会负责。民事主体是否违反公序良俗，通常的评价标准是当事人之间所形成的民事法律关系用人们公认的道德标准去衡量是否会得出负面的评价。

框架·内容

一、民法基本原则的概念

什么是民法的基本原则？魏振瀛教授主编的《民法》（面向21世纪课程教材第六版）从三个方面对民法的基本原则进行了概括：民法基本原则是民事立法、民事行为和民事司法的基本准则，是贯穿于民事法律规范整体的基本准则，是民法调整的社会关系和民法观念的综合反映。[①] 马克思主义理论研究和建设工程难点教材《民法学》（第二版）将民法基本原则定义为“贯穿整部法典，对各项民事制度起统帅作用的基本准则”。[②] 民法的基本原则是贯穿整个民法并对各项民事法律制度起统帅和引领作用的基本准则。《民法典》总则编第一章第3条至第10条对民法的基本原则作出了具体规定，具体包括民事权益受法律保护原则、平等原则、自愿原则、公平原则、诚实信用原则、公序良俗原则和绿色原则。

二、民法基本原则的功能

关于民法基本原则的功能，魏振瀛教授主编的《民法》将其概括为指导、约束、补充三大功能。[③] 马克思主义理论研究和建设工程难点教材编写组将民法基本功能概括为价值宣示和裁判补充两个方面。价值宣示指民法基本原则体现了民法的主旨，是制定、解释、适用和研究民法的出发点；它贯彻于整个民法制度和规范中，是民法本质和特征的集中体现，也是高度抽象、最一般的民事行为规范与价值判断标准。裁判补充是指民法基本原则虽不直接涉

① 魏振瀛主编：《民法》（第六版），北京大学出版社，2016，第9页。

② 《民法学》编写组：《民法学》（第二版），高等教育出版社，2022，第31页。

③ 魏振瀛主编：《民法》（第六版），北京大学出版社，2016，第20-21页。

及当事人的具体权利、义务，但仍然具有广泛的适用范围。当具体民事法律规则出现漏洞，不足以解决诉讼纠纷时，裁判机关可以援用基本原则作为漏洞补充的法律依据。①

案例 4–5 甲公司与乙公司具有长期的煤炭交易业务往来，但乙公司近期发生了重大生产安全事故，无法按约定向甲公司提供某品质的煤炭。甲公司为了维持正常的经营，转而向丙公司求购同品质的煤炭，丙公司以高于原价格 3 倍的价格向甲供货。一年半后，甲公司的法人代表发生变更，新上任的法人代表以该合同违反公平原则为由，起诉到法院主张该供货合同无效。

本案甲丙的供货合同无疑违反了民法关于公平的基本原则。但我们必须注意：解决本案的路径应该首先是去寻找有关立法的具体规定，只有在立法没有具体规定的情况下，才能寻求基本原则作为纠纷解决的补充。

三、民法基本原则的内容

（一）保护民事权益的原则

何谓保护民事权益？根据《民法典》第 3 条“民事主体的人身权利、财产权利以及其他合法权益受法律保护，任何组织或者个人不得侵犯”的规定，保护民事权益的概念可以表述为民事主体的人身权利、财产权利以及其他合法权益受法律保护，任何组织或者个人不得侵犯。根据《民法典》第 3 条的规定，保护民事权益原则的内涵可以总结为以下几个方面：民法主要保护人身、财产等民事权益；民法不仅保护权利而且保护利益；对新型民事权益提供保护机制；权利人可以请求义务人履行相应的法律义务。

（二）平等原则

平等原则是由民法所调整的社会关系的性质决定的，没有平等就没有民法存在的根基，平等原则在民法诸多原则中具有基础性的地位。根据《民法典》第 4 条“民事主体在民事活动中的法律地位一律平等”的规定，平等原则的概念可以表述为民事主体在民事法律关系中的地位是平等的，其合法权益受到法律平等的保护。平等原则主要体现在以下三个方面：民事权利能力平等，民事主体地位平等，民事权益平等地受法律保护。② 平等原则的内容主

① 《民法学》编写组：《民法学》（第二版），高等教育出版社，2022，第 32 页。

② 魏振瀛主编：《民法》（第六版），北京大学出版社，2016，第 22 页。

要包括以下内容：人格平等，当事人在具体法律关系中法律地位平等，民法的救济方法充分贯彻平等性，法律地位上的平等不等于法律地位的等同。①

难点突破：对平等原则的理解

什么才是平等？对平等的理解可以从正反两方面去理解。从正面理解，平等是法律面前的平等，即对生效法律适用上的平等，但不包括立法上的平等。立法上不要求平等并非对平等原则的违反，恰恰相反，立法上不要求平等正是为了实现真正的平等，将法律的天平向弱势一方倾斜以纠正业已存在的事实上的不平等。例如，在劳动关系领域，劳动者有劳动合同的任意解除权，但用人单位并不享有劳动合同的任意解除权。从反面理解，平等的反面就是特权和歧视。当然，并非所有的特权都是恶的，部分特权是良性的，比如孕妇专座、老人免费乘车等。最后需要指出的是，我们所强调的平等原则，通常只限于民事法律关系领域，或需要参照适用民法的领域。

（三）自愿原则

《民法典》第5条规定，民事主体从事民事活动，应当遵循自愿原则，按照自己的意思设立、变更、终止民事法律关系。马克思主义理论研究和建设工程难点教材《民法学》（第二版）将民法的自愿原则表述为：自愿原则又称意思自治原则，是指民事主体依法享有法定范围内广泛的行为自由，可以根据自己的意志设立、变更、终止民事法律关系。② 自愿原则是民法的核心原则，是私法自治的具体表现，体现了民法最基本的价值理念：自愿原则集中体现了私法的任意性特质；自愿的实质是自主决定的法定性；意思自治是相对的、有限制的自由。③ 民法的自愿原则主要体现在以下三个方面：民事主体根据自己的意愿自主行使民事权利，民事主体之间自主协商设立、变更或者终止民事关系，当事人的意愿优于任意性民事法律规范。④

难点突破：对自愿原则的理解

所谓自愿原则本质上就是意思表达的自由。因此，在现实生活中，我们判断一个民事法律关系中是否违反了自愿原则，需要分两步走：一是当事人

---

① 《民法学》编写组：《民法学》（第二版），高等教育出版社，2022，第33-34页。
② 《民法学》编写组：《民法学》（第二版），高等教育出版社，2022，第35页。
③ 《民法学》编写组：《民法学》（第二版），高等教育出版社，2022，第35页。
④ 魏振瀛主编：《民法》（第六版），北京大学出版社，2016，第23页。

有没有进行意思表达，这是判断是否违反自愿原则的前提；二是当事人的意思表达是否是自由的。

案例 4–6 甲需出国访学一年，特将自己的房屋委托同事乙保管，乙在没有征求甲同意的情况下，以房屋所有权人自居，擅自将该房屋出租给不知情的丙。在本案中乙是否违反了自愿原则？

在本案中，乙虽然未征得房屋主人甲的同意而擅自出租给丙，但乙的行为并不违反自愿原则，原因就是在房屋出租的过程中，甲并没有意思表达，无所谓自愿不自愿。因此，乙无违反自愿原则的空间。

（四）公平原则

《民法典》第 6 条规定："民事主体从事民事活动，应当遵循公平原则，合理确定各方的权利和义务。"根据《民法典》第 6 条的规定，民法的公平原则可以表述为：民事主体应本着利益均衡的价值判断标准合理确定民事主体的权利义务，实施民事法律行为。公平原则包括以下内容：公平原则是民事活动的基本遵循，公平原则是民事活动的目的性平价标准，公平原则是法官适用民法遵循的重要理念。[①] 公平原则在民事领域通常体现在以下几个方面：一是当事人权利与义务的平衡；二是当事人承担民事责任的平衡；三是风险负担的平衡。[②]

难点突破：对公平原则的理解

在民事法律关系中，判断民事主体是否违反公平原则，一个重要的衡量标准就是民事行为的结果在当事人之间所分配的权利义务是否平衡。当然，在笔者看来，这不应该是唯一的标准，更重要的判断标准应该是在有自由选择的情况下，一方当事人自由地选择了某当事人为实施某种民事法律行为的对象，此时最后的结果在旁人看来即便不公平，但只要当事人本人发自内心地愿意接受这一"不公平"的结果，就不应该判定对方当事人违反了公平原则。

案例 4–7 春运期间，乘车人数倍增，铁路部门将座位票和无座位票均按同一价格出售，且均上涨 30%。甲、乙急需购票回家陪父母过年，连续排队数日购票均无功而返，最后，甲托关系终于购得一张回家站票，甲见票后喜极而泣；乙则从票贩子手中以自己可以接受的高价购得一张回家站票。

---

① 《民法学》编写组：《民法学》（第二版），高等教育出版社，2022，第 35 页。

② 魏振瀛主编：《民法》（第六版），北京大学出版社，2016，第 27 页。

本案的甲见票后喜极而泣充分说明了甲对这一结果的发自内心的高度认可，但基于其无选择自由的现实，我们仍然认为甲以座位票的价格购得站票的结果是不公平的。乙表面来看是自由地选择了票贩子，先不讨论这种选择本身合不合理，就其高价购得回家站票的结果，一个正常人绝不会发自内心地接受这种表面上的你情我愿。因此，笔者认为甲、乙的相对方均有违公平原则。

（五）诚信原则

《民法典》第7条规定："民事主体从事民事活动，应当遵循诚信原则，秉持诚实，恪守承诺。"因此，所谓诚实信用是指民事主体在民事活动中应该本着讲求诚实、恪守信用的态度，依照善意的方式行使权利、履行义务。诚信原则是诚实信用原则的简称。诚信原则是民法的重要原则，其适用范围不断扩大，被称为民法上的"帝王条款"。诚信原则主要体现在以下几个方面：在设立或者变更民事法律关系时，不仅要求当事人诚实，不隐瞒真相，不作假，不欺诈，还应该给对方提供必要的信息；民事法律关系建立后，当事人应当恪守诺言，履行义务，维护对方的利益，满足对方的正当期待；民事法律关系终止后，当事人应当为维护对方的利益，实施一定行为或者不实施一定行为。① 诚信原则的基本功能主要有确立行为规则、解释、平衡、填补法律和合同漏洞，以及推定交易和增进效率。

难点突破：对诚信原则的理解

理解诚信原则最简单、最直观的判断标准就是行为人所实施的行为是否符合社会公认的道德标准，即是否与人为善、遵约守纪。

案例4-8 甲、乙二人同村，宅基地毗邻。甲的宅基地依山、地势较低，乙的宅基地在上将其环绕。乙因琐事经常与甲争吵而郁闷难解，便沿二人宅基边界线靠己一方建起高5米的院墙，使甲在自己家里有深陷牢狱之感。乙的行为违反了民法的哪一原则？（2017年国家司法考试第三卷第1题）

该题有四个选项，分别是违反了自愿原则、公平原则、平等原则和诚信原则。根据题目给出的信息，甲什么也没有表示，因此不存在违反自愿原则的问题；该案不涉及交易，因此不存在违反公平原则的问题；没有出现特权、歧视的情形，因此不存在违反平等原则的问题；这是一起典型的

① 魏振瀛主编：《民法》（第六版），北京大学出版社，2016，第24页。

与人为恶的案件，违背了社会公认的与人为善的道德标准，因此答案是违反了诚信原则。

（六）公序良俗原则

《民法典》第 8 条规定："民事主体从事民事活动，不得违反法律，不得违背公序良俗。"根据《民法典》第 8 条的表述，公序良俗指民事主体从事民事活动，不得违反法律的强制性规定，不得违背公共秩序和善良风俗。公序良俗是公共秩序和善良风俗的简称。所谓公共秩序，是指因直接涉及公共利益而由全体社会成员共同遵守的基本秩序，包含政治秩序、经济秩序和社会秩序；所谓善良风俗，也称社会公共道德，是指由社会全体成员所普遍认可、遵循的一般道德准则，包括伦理道德和风俗习惯。公序良俗原则不仅具有弥补强行法规定的不足的功能，也有助于弘扬社会公共道德。①

难点突破：对公序良俗原则的理解

民法关于公序良俗原则的提出，意味着从事民事活动既要对法律负责，也要对道德负责。公序良俗包括公共秩序和善良风俗两个方面。对公共秩序的违反通常表现为行为的失范（或不合适），例如法官私下与办案律师会面。对善良风俗的违反通常表现为该行为用人们公认的道德标准去衡量通常会得出负面的评价（消极的评价），例如代孕、婚外情等。

（七）绿色原则

《民法典》第 9 条规定："民事主体从事民事活动，应当有利于节约资源、保护生态环境。"根据《民法典》第 9 条的规定，绿色原则是指民事主体从事民事活动应当遵循节约资源、保护生态环境的准则，必须践行"绿水青山就是金山银山"的发展理念。绿色原则的内容包括有效率地利用资源，即人们在生产、生活等活动中要与资源、环境相协调，有效利用和节约资源；保护环境和生态，建设环境友好、人与自然和谐相处的社会。②

绿色原则是民法相关具体制度的基石，在我国的民事立法中得到了很好的贯彻。例如，《民法典》第 294 条规定：不动产权利人不得违反国家规定弃置固体废物，排放大气污染物、水污染物、土壤污染物、噪声、光辐射、电磁辐射等有害物质。第 326 条规定：用益物权人行使权利。应当遵守法律有

① 《民法学》编写组：《民法学》（第二版），高等教育出版社，2022，第 38 页。
② 《民法学》编写组：《民法学》（第二版），高等教育出版社，2022，第 39 页。

关保护和合理开发利用资源、保护生态环境的规定。所有权人不得干涉用益物权人行使权利。第 346 条规定：设立建设用地使用权，应当符合节约资源、保护生态环境的要求，遵守法律、行政法规关于土地用途的规定，不得损害已经设立的用益物权。第 286 条规定：业主应当遵守法律、法规以及管理规约，相关行为应当符合节约资源、保护生态环境的要求。业主大会或者业主委员会，对任意弃置垃圾、排放污染物或者噪声、违反规定饲养动物、违章搭建、侵占通道、拒付物业费等损害他人合法权益的行为，有权依照法律、法规以及管理规约，请求行为人停止侵害、排除妨碍、消除危险、恢复原状、赔偿损失。第 509 条规定：当事人在履行合同过程中，应当避免浪费资源、污染环境和破坏生态。第 619 条规定：出卖人应当按照约定的包装方式交付标的物。应当采取足以保护标的物且有利于节约资源、保护生态环境的包装方式。第 625 条规定：依照法律、行政法规的规定或者按照当事人的约定，标的物在有效使用年限届满后应予回收的，出卖人负有自行或者委托第三人对标的物予以回收的义务。第 942 条规定：对物业服务区域内违反有关治安、环保、消防等法律法规的行为，物业服务人应当及时采取合理措施制止、向有关行政主管部门报告并协助处理。《民法典》侵权责任编连续用了五个条文（第 1229 条~1234 条）来贯彻落实民法典关于绿色原则的精神。第 1229 条规定：因环境污染、破坏生态造成他人损害的，侵权人应当承担侵权责任。第 1230 条规定：因污染环境、破坏生态发生纠纷，行为人应当就法律规定的不承担责任或者减轻责任的情形及其行为与损害之间不存在因果关系承担举证责任。第 1231 条规定：两个以上侵权人污染环境、破坏生态的，承担责任的大小，根据污染物种类、浓度、排放量，破坏生态的方式、范围、程度，以及行为对损害后果所起的作用等因数确定。第 1232 条规定：侵权人违反法律法规故意污染环境、破坏生态造成严重后果的，被侵权人有权请求相应的惩罚性赔偿。第 1233 条规定：因第三人的过错污染环境、破坏生态的，被侵权人可以向侵权人请求赔偿，也可以向第三人请求赔偿。侵权人赔偿后，有权向第三人追偿。第 1234 条规定：违反国家规定造成生态环境损害，生态环境能够修复的，国家规定的机关或者法律规定的组织有权请求侵权人在合理期限内承担修复责任。侵权人在期限内未修复的，国家规定的机关或者法律规定的组织可以自行或者委托他人进行修复，所需费用由侵权人负担。第 1235 条规定：违反国家规定造成生态环境损害的，国家规定的机关或者法律规定的组织有权请求侵权人赔偿下列损失和费用：（一）生态环境受到损害至修复完成期间服务功能丧失导致的损失；（二）生态功能永久性损害造成的损失；（三）生态环境损害调查、鉴定评估等费用；（四）清除污染、修复生态环境费用；（五）防止损害的发生和扩大所支出的合理费用。从《民法典》系列立法的规定我们可以得出一个基本的结论：绿色原则代表了当今民事立法的基本方向。

思政园地

一、法安天下，德润人心

课程思政思路一：“法安天下，德润人心”是历史经验的总结。民法公序良俗原则与习近平法治思想“法安天下，德润人心”相贯通。习近平总书记在中央政治局第三十七次集体学习时指出，“法律是成文的道德，道德是内心的法律。法律和道德都具有规范社会行为、调节社会关系、维护社会秩序的作用，在国家治理中都有其地位和功能。法安天下，德润人心”，“法治和德治不可分离、不可偏废，国家治理需要法律和道德协同发力”。

课程思政思路二：“法安天下，德润人心”的司法实践。自2015年开始，最高人民检察院每年发布“十大法律监督案例”，以典型案例为引领昭示社会主义核心价值观，弘扬社会主义道德新风尚。2020年5月，最高人民法院发布了第一批“人民法院大力弘扬社会主义核心价值观十大典型民事案例”，选取了近年来涉及英烈保护、见义勇为、公序良俗、诚信友善、孝老爱亲等方面广受社会关注的生动案例释法说理。这是我国最高司法机关利用司法判例弘扬社会主义核心价值观的生动实践，是我们开展课程思政的生动素材。

课程思政思路三：实现“法安天下，德润人心”的路径。首先，要强化道德对法治的支撑作用。坚持依法治国和以德治国相结合，提高全民文明程度，为全面依法治国创造良好的人文道德环境。要在道德体系中体现法治要求，努力使道德体系同社会主义法律体系相互协调和互相促进；要在道德教育中突出法治内涵，在道德教育中注重培养人们的法治信仰、法治观念和规则意识，引导人们自觉履行法定义务、社会责任、家庭责任，营造全社会都讲法治、守法治的文化环境。其次，要将道德要求贯穿法治建设。以法治承载道德理念，把社会主义核心价值观贯穿其中，将实践中人们广泛认可、较为成熟、操作性强的道德规范上升为法律规范，实现良法善治。最后，要坚持严格执法和公正司法。坚决打击假恶丑，弘扬真善美，引导人们崇德向善。党的十八大以来，司法机关通过一系列案例审理，破解了长期困扰我们的“扶不扶”“救不救”“管不管”等法律和道德难题，坚决堵住“不闹不给、小闹小给、大闹大给”的不正常现象。2020年9月，最高人民法院、最高人民检察院、公安部联合印发了《关于依法适用正当防卫制度的指导意见》，进一步明确了正当防卫的界限标准，对于弘扬社会正气、捍卫“法不能向不法让步”的法治精神发挥了重要作用。这些举措让司法有力度、有温度，让群众有温暖、有遵循、有保障。

二、绿色原则反映了新时代广大人民群众对美好生活的向往和追求

课程思政思路一：用法治积极回应新时代人民群众新要求新期待。2022年10月23日，习近平总书记在二十届中央政治局常委同中外记者见面时郑重宣示：“我们要始终与人民风雨同舟、与人民心心相印，想人民之所想，行人民之所嘱，不断把人民对美好生活的向往变为现实。”用法治积极回应新时代人民群众新要求新期待是习近平法治思想的重要思想。

《民法典》是权利保障的宣言书。它的颁布实施，是对习近平法治思想关于用法治积极回应新时代人民群众新要求新期待的重要举措。党的十八大以来，在习近平法治思想的引领下，在以法治之力保护人民权益方面不断释放法治建设新红利。为了充分保障人民的权益，我们始终坚持立法为民，在全面建设法治国家、法治政府、法治社会的征程中始终坚持以人民为中心的司法理念。《民法典》开天辟地地确立了绿色原则。绿色原则的确立充分反映了习近平用法治积极回应新时代人民群众新要求新期待的法治思想。

课程思政思路二：人民的期盼就是我们法治的努力方向。习近平总书记指出：为什么我们的改革发展能够有序推进、社会能够保持长期稳定？很重要的一条就是我们始终坚持以人民为中心的发展思想，把促进社会公平正义、增进人民福祉作为工作的出发点和落脚点，努力让人民群众有更多获得感、幸福感、安全感。要将以人民为中心的思想落到实处，就必须始终将人民群众的期盼作为我们依法治国的努力方向。当前，在保障人民权益方面我们仍然有许多工作要做，执法乱作为、不作为和司法不公平仍然是人民群众意见比较集中的地方，与人民的期待和愿望还有一段距离。站在新的历史起点上，推进全面依法治国，必须积极回应人民群众新要求新期待，让包括《民法典》在内的赋予当事人的各项权利能够在现实生活中得到真正落实。

课程思政思路三：坚持以依法保障人民权益为根本目的。习近平总书记指出，推进全面依法治国根本的目的就是依法保障人民的权益。必须把反映人民愿望、维护人民权益、体现人民利益、增进人民福祉的法律制度落实到全面依法治国的各环节、各领域和全过程。把立法为民、司法为民和执法为民有机地结合起来，真正把社会主义法治大厦建立在维护人民群众利益的基础上。

第三节　民事法律关系

课程思政路向设计

民事法律关系是民法的核心内容。民事法律关系基于民事法律行为而产生，民事法律行为基于意思表示而形成，由此可见民事法律行为具有“任意性的属性”。任意再往前跨一步就是任性，民事法律关系的“任意”是有边界的，其边界就是：一不得违反法律和行政法规中的强制性规定（强制性规定中的效力性规定），二是不得违反社会公序良俗。本节在进行课程思政教学时可以结合习近平法治思想中关于“全民守法”的思想。

全民守法是建设法治国家的基础，也是实现国家治理体系和治理能力现代化的基础。推进全民守法，努力使尊法、护法、守法和用法成为全民的自觉意识和真诚信仰。实现全民守法对实现全面依法治国和社会主义核心价值观的形成具有重要的现实意义。

法律要产生作用，民众对法律的信仰是关键。要实现民众对法律的信仰，首先要做到司法机关公正司法。公正是法治的生命线，只有公正司法才能维护法律的尊严，维护民众的合法权益，增强全体人民对法律的信任感；只有公正司法，人民群众才能相信法律、依靠法律、遵守法律；只有公正司法才能使全体人民都成为社会主义法治的忠实崇尚者、自觉遵守者、坚定捍卫者，使尊法、信法、守法、用法、护法成为全体人民的共同追求。其次，需要持之以恒地开展普法工作。普法是加强法治文化建设，让法律成为人民群众维护自身权益、参与社会管理、追求自由生活的重要工具。最后，领导干部要带头守法。习近平总书记说，各级领导干部在推进依法治国方面肩负着重要责任，全面依法治国必须抓住领导干部这个“关键少数”。各级领导干部要带头依法办事，带头遵守法律，始终对宪法法律怀有敬畏之心，牢固确立法律红线不能触碰、法律底线不能逾越的观念，不要去行使依法不该由自己行使的权力，更不能以言代法、以权压法、徇私枉法。

我国是个人情社会，遇事找关系是许多人的普遍想法。我们要通过公正司法、全民普法、带头守法引导广大民众办事依法、遇事找法、解决问题靠法，使尊法守法成为全体人民的共同追求和自觉行动，让法治成为全体人民的最大公约数和核心价值观。全面推进依法治国是一场深刻而重大的社会变革，全民信法全民守法是实现全面推进依法治国最坚实的社会基础。

框架·内容

一、民事法律关系概述

（一）民事法律关系的概念

德国法学家萨维尼在理论上首次系统地使用法律关系概念，苏联民法学者首创民事法律关系概念。魏振瀛教授主编的《民法》（第六版）从广义和狭义两个角度来定义民事法律关系：广义的民事法律关系是指民法调整社会关系而形成的具有法律意义的社会关系；狭义的民事法律关系是指在现实生活中形成的以民事权利和民事义务为基本内容的社会关系。[①] 马克思主义理论研究和建设工程难点教材《民法学》（第二版）将民事法律关系定义为民事法律规范在调整人们之间社会关系过程中所形成的以民事权利和民事义务为内容的一种特殊的社会关系。[②]

（二）民事法律关系的特征

根据马克思主义理论研究和建设工程难点教材《民法学》（第二版）的表述，民事法律关系的特征包括四个方面：①民事法律关系是民法所调整的社会关系在法律上的表现；②民事法律关系是人与人之间的权利义务关系；③民事法律关系具有平等性；④民事法律关系具有一定程度的任意性。

民事法律关系的发生、变更和消灭均具有一定的任意性。民事法律关系的内容大多数由当事人的意思所决定，当事人的约定优先于法律规定，只要不违反法律的强制性规定和公序良俗，当事人便可以依法协商自由确定其权利义务内容。民事法律关系的这一特点要求我们在确立、变更、消灭民事法律关系时要本着良善的本分和守法的初心，这是每一个民事主体在构建和谐社会和实现法治中国过程中应尽的义务。民事法律关系任意性的内在要求与习近平法治思想关于“全民守法”的理念是相通的。

（三）民事法律关系的类型

以民事法律关系的性质为标准，民事法律关系可以分为人身民事法律关

---

① 魏振瀛主编：《民法》（第六版），北京大学出版社，2016，第 30 页。

② 《民法学》编写组：《民法学》（第二版），高等教育出版社，2022，第 39 页。

系和财产民事法律关系。人身民事法律关系包括人格权民事法律关系和身份权民事法律关系，财产民事法律关系包括知识产权民事法律关系、物权民事法律关系、占有保护请求权民事法律关系、合同（之债）民事法律关系、侵权（之债）民事法律关系、合同（之债）民事法律关系、不当得利（之债）民事法律关系、无因管理（之债）民事法律关系、缔约过失（之债）民事法律关系。

以民事法律关系的义务主体是否确定为标准，民事法律关系可以分为绝对民事法律关系和相对民事法律关系。绝对民事法律关系包括人格权民事法律关系、身份权民事法律关系、知识产权民事法律关系、物权民事法律关系，相对民事法律关系包括占有保护请求权民事法律关系、合同（之债）民事法律关系、侵权（之债）民事法律关系、合同（之债）民事法律关系、不当得利（之债）民事法律关系、无因管理（之债）民事法律关系、缔约过失（之债）民事法律关系。

以权利义务的对应数量为标准，民事法律关系分为单一民事法律关系和复合民事法律关系。例如，物权民事法律关系中只有一方（物权权利人）享有权利，另一方（不特定的义务人）承担义务，因此物权民事法律关系为单一民事法律关系；在买卖关系中，出卖人既享有权利（收取货款），也承担义务（转移买卖标的物所有权），买受人同样既享有权利（要求出卖人转移对买卖标的的占有），也承担义务（支付货款）。在买卖关系中存在两个权利义务关系，因此买卖关系是复合民事法律关系。

以民事法律关系能否独立存在为标准，民事法律关系可以分为主民事法律关系和从民事法律关系。主民事法律关系是指能独立存在，不以他种民事法律关系的存在而存在的民事法律关系；从民事法律关系是指不能独立存在，需以他种民事法律关系的存在而存在的民事法律关系。例如，在借贷抵押关系中，借贷民事法律关系是能够独立存在的民事法律关系，为主民事法律关系；抵押民事法律关系则需以借贷民事法律关系的存在而存在，属于从民事法律关系。

以民事法律关系是否违法而产生为标准，民事法律关系分为调整性民事法律关系和保护性民事法律关系。调整性民事法律关系是指因合法行为而形成，权利人能够正常实现的民事法律关系，如所有权民事法律关系。保护性民事法律关系是指因合法行为而形成的民事法律关系。调整性民事法律关系可以转化为保护性民事法律关系。

二、民事法律关系的要素

（一）民事法律关系的主体

民事法律关系的主体简称民事主体，是指参加民事法律关系，享有民事权利并承担民事义务的人。根据《民法典》第2条的规定，在我国民事主体通常包括自然人（中国人、外国人、无国籍人）、法人（公法人、私法人）和非法人组织（个人独资企业等）、国家，国家在特定场合也可以成为民事法律关系的主体。自然人、法人和非法人组织并非天然的民事主体，只有在参与民事活动，成为民事法律关系中的主体才能成为民事主体。在相对民事法律关系中，每一方民事主体都是特定的，而在绝对民事法律关系中，承担民事义务一方的主体是不特定的。

（二）民事法律关系的内容

民事法律关系的内容，是指民事主体所享有的民事权利和承担的民事义务。民事法律关系的内容包括权利、义务、风险、权能、法律约束等，但以权利、义务为核心。《民法典》坚持以人民为中心的根本立场，全面确认了民事主体所享有的各项权利，并规定了民事权利行使的原则和限制，以及侵害民事权利所应当承担的民事责任。民事义务是一种受到国家强制力约束的法律义务，如果义务人不履行其义务，将依法承担法律责任。

不同的民事法律关系有不同的内容，不同的民事权利义务是不同的民事法律关系的具体表现，也是民事法律关系性质的具体表现。民事法律关系是主体、客体、内容三个要素不可分割的有机整体，主体为权利、义务、责任的所属，客体为权利、义务、责任的所附，内容为权利、义务、责任的具体化。①

（三）民事法律关系的客体

通常认为，民事法律关系的客体是指民事权利和民事义务所指向的对象。但也有学者认为，民事法律关系的客体是指民事权利和民事义务所由发生的事物。② 理由是民事主体因一定的客体而发生联系，才能产生相应的权利义

---

① 魏振瀛主编：《民法》（第六版），北京大学出版社，2016，第33页。

② 魏振瀛主编：《民法》（第六版），北京大学出版社，2016，第33页。

务，是客体决定内容，而不是内容决定客体。由此推出民事法律关系的客体既是民事权利与民事义务的依托，也是确认民事法律关系性质的重要依据。物权法律关系的客体是物和权利，人格权法律关系的客体是人格利益（身体、肖像、姓名等），身份权法律关系的客体是身份利益（同居、忠实、抚养等），知识产权法律关系的客体是无形财产（作品、技术方案等），债权法律关系的客体是给付（债务人的作为与不作为）。物是民事法律关系中最重要、最复杂的客体。[①]

1. 物

通常认为，物是指存在于人身之外，能够满足人们的需要，能够为人力所支配和控制的客体。理解民法上的物要注意两点：一是并非所有客观存在的物皆是民法上的物，客观存在的物必须能够为人力所支配；二是必须存在于人身之外（人身不能成为法律关系的客体）；三是具有稀缺性；四是主要是有体物。关于物权的客体，有学者认为从罗马法到近代私法，物权的客体确立的是以有体物为标准的物权客体范围。[②] 欲使有体物之外的客观存在成为物权客体，则需采用拟制方法使其归入有体物之一种，其共通的内在属性是都具有自然属性，这种对物权客体的界定实际上抹杀了物权客体范围与社会经济发展状况的关系。[③]

难点突破：对民事法律关系的客体“物”的理解

传统德国民法理论强调“物是有体物”，《日本民法典》承袭了《德国民法典》“物必有体”的立法例。但随着社会经济和科技的发展，民法上的物的概念一直呈现扩大化的趋势，在20世纪以来则更多受到社会观念、商业活动和科学技术等多方面的综合影响，在有体物之外例外承认自然力、空间、尸体、人体分离物、虚拟财产等可以视为物，对民法中物的解读呈现“1+X”的模式（“1”代表有体物）。民法对物的解释总体上是随着社会的发展而扩展的：随着医学的发展，“现在必须承认献出的血以及取出的，可用于移植的器官为物”[④]；随着社会经济的发展，土地资源变得稀缺，土地利用向立体化方向发展，空间成为独立利用的对象而成为法律上的权利（空间权）；随着信

---

① 魏振瀛主编：《民法》（第六版），北京大学出版社，2016，第33页。

② 李国强：《时代变迁与物权客体的重新界定》，《北京师范大学学报》（社会科学版）2011年第1期，第125页。

③ 李国强：《时代变迁与物权客体的重新界定》，《北京师范大学学报》（社会科学版）2011年第1期，第126页。

④ ［德］迪特尔·梅迪斯库：《德国民法总论》，邵建东译，法律出版社，2000，第876-877页。

息技术（IT）时代的到来，虚拟财产具有使用价值和交换价值属性；无线电的广泛使用，使无线电频谱成为一种重要的资源。概言之，具有使用价值和交换价值的客观存在即为物。

依据不同的标准可以将物区分为不同的类型，具体如下。

（1）动产和不动产。所谓动产，通常是指能够移动而不损害其价值或用途的物。此外，在法律上各种可以支配控制的自然力[①]在性质上也应认定为动产。[②] 某些物在性质上能够移动，但因价值较高且在交易上需满足一定的程序，在学理上成为“准不动产”。所谓不动产，是指依照其物理性质不能移动或者移动将严重损害其经济价值的有体物，如土地、房屋、林木等。动产和不动产的区别主要表现在：一是是否可以移动。动产通常可以移动，而不动产通常不能移动。二是移动是否在经济上合理。三是是否附着于土地。除土地外，不动产如房屋、林木等都是附着于土地的。将物区分为动产和不动产在法律上有以下意义：一是物权变动的法定条件不同。动产物权的变动通常以转移交付为要件，不动产物权的变动通常以办理转移登记为要件。二是物权类型不同。土地承包经营权、地役权等用益物权以不动产为限，动产质权、留置权以动产为限。三是诉讼管辖地不同。不动产纠纷通常由不动产所在地法院管辖，动产纠纷法院管辖有多种选择。

（2）主物和从物。在两个共同使用的物之间，主物是指发挥主要作用或功能的物；从物是指不作为主物的组成部分，而是为了发挥主物的经济效用，与主物同属一人的物。作为从物，必须具备以下条件：一是从物之使用目的必须具有永久性；二是从物与主物必须同属一人；三是从物必须具有独立性，不是主物的组成部分；四是在交易上视为从物。将物区分为主物和从物在法律上有以下意义：一是从物的所有权随着主物所有权的转移而转移；二是从物的所有权归属于主物的所有人；三是担保物权的效力及于从物；四是解除主物合同的效力及于从物合同，但解除从物合同的效力不及于主物。

（3）单一物、合成物和集合物。单一物是指在形态上能够单独地、个别地存在的物，即单一物是独立成一体的物，如一张桌子、一把椅子等。合成物是指由数个单一物合成为一体，各个组成物之间无主物和从物之分的物，如配上马鞍的马、镶嵌了钻石的戒指等。集合物是指由多个单一物或合成物聚合而成的在观念上视为一物的物的总和，如一群羊、一个图书馆的所有藏书。将物划分为单一物、合成物和集合物的法律意义，就是在法律上或观念

① 自然力是指自然界中客观存在的风力、水力、生物力等。

② 施启扬：《民法总论》，三民书局，1997，第180页。

上对物的整体设定一个所有权或者相容的数个他物权。

（4）原物与孳息。原物是指产生孳息的物，孳息是指原物产生的收益。孳息分天然孳息和法定孳息，天然孳息是指原物因自然规律而产生的收益；法定孳息是指使用他人之物并基于由此产生的法律关系而获得的稳定收益。因此，以下收益不能称为孳息：彩票收益因不具有稳定性不能称为孳息（通常称为射幸所得）；股票收益因投资人失去了投资物的所有权，因此股票收益不是使用他人之物所得，不属于法定孳息（存款利息因存款最终要如数返还，仍视为法定孳息）。

（5）特定物与种类物。根据物是否具有独立的特征或者是否被权利人指定而特定化，可以将物划分为特定物和种类物。特定物是指在特定条件下独一无二的物，或从一类物中根据民事主体的意定而特定化的物，故称为“不可替代物”；种类物是指具有共同属性、能够被替代的物，故称为“可替代物”。

2. 货币

从经济学的角度看，货币是充当一般等价物的商品。从民法的客体理论出发，货币被认为是典型的种类物。货币作为一般等价物具有以下特征：一是货币占有权与所有权合二为一，占有即所有；二是货币所有权的转移以交付为要件，即使是存款、借贷也因交付而转移货币的所有权，同样，无民事行为能力人交付的货币也发生所有权的转移；三是货币不存在返还所有权请求权和返还占有请求权，只能请求返还同等数量的货币或同等数量的货币+相应的利息。

3. 有价证券

有价证券是指设定并保证持券人有权取得一定财产权利的凭证。由于有价证券能够保证持券人有权取得一定的财产权利，因此，有价证券具有交换价值。有价证券既可以作为物权的客体，如实物券（提单、仓单等）；也可以作为债权的客体，如金钱债券（债券、本票、支票、汇票等）和服务债券（机票、电影票、球票等）。有价证券具有下列特征：①有价证券与证券上所记载的财产权利不能分离；②有价证券的债务人是特定的，有价证券的权利人只能向证券上记载的债务人请求实现债权；③有价证券债务人的支付是单方义务，债务人不得请求债权人支付相应的对价。

4. 人格利益

所谓人格利益是指能够满足个人的精神需要、体现个人的人格尊严、专属于民事主体的利益。依据《民法典》的规定，人格利益可以分为具体人格利益和一般人格利益。具体人格利益通常是指具体人格权的客体，一般人格利益是指一般人格权的客体。具体人格利益分为自然人的具体人格利益和法人、非法人组织的具体人格利益。

5. 身份利益

身份利益是指因自然人之间的身份关系以及因知识产权而获得的利益。通常身份利益以一定的社会关系为基础，是基于一定的婚姻关系和家庭关系等身份所取得的利益，主要包括夫妻之间、父母子女之间、兄弟姐妹之间、祖父母外祖父母与孙子女外孙子女之间依法所享有的身份权，以及因监护关系所取得的监护权等。

6. 无体财产

无体财产是“有形财产”的对称，最早是就知识产权而言的。所谓无体财产，主要是指除有体物以外的其他权利和利益。它不能为人们的触觉所感知且不占有一定的空间。① 无体财产在实际运用中常具有三种不同的含义：

（1）无体财产指不具备一定形状，但占有一定空间或能为人们所支配的物。主要是指物理学上的物质形态，如随着科学技术的进步和发展，电、热、声、光等能源以及空间等，在当代已具备了独立的经济价值，并能被人们进行排他性的支配，因而也成为所有权的客体。

（2）无体财产特指知识产权，这主要是基于知识产品的非物质性而作出的界定。在知识产权领域，要特别注意知识产权与载体的区分。例如，甲将自己创作的一幅山水画以 5 000 元卖给乙，在这个案例中，作为知识产权的客体是作品（画），而作为所有权的客体是指这幅画本身。

（3）无形财产沿袭罗马法的定义和模式，将有体物的所有权之外的任何权利称为“无体财产”，知识产权仅是其中一种。

7. 民事权利

《民法典》第 115 条规定：“物包括不动产和动产。法律规定权利作为物权客体的，依照其规定。”例如，在物权抵押权中，抵押权的客体不是物本身，而是设在物上的权利。

三、民事法律事实

（一）民事法律事实的概念

法律事实是一个法理学上的概念，民法学上的法律事实称为民事法律事

① 《民法学》编写组：《民法学》（第二版），高等教育出版社，2022，第 42 页。

实。民事法律事实是指受民法调整，依法能够引起民事法律关系发生、变更或者终止的事实。根据民事法律事实的概念，不是任何事实都能成为民事法律事实，只有纳入民法调整范畴的事实才能成为民事法律事实。例如自然界的潮起潮落、山崩地裂、刮风下雨、地震海啸等，社会生活中的谈恋爱、交朋友、请客吃饭等，都不能成为民法上的法律事实。民事法律事实具有以下特征：

第一，民事法律事实是外在于人的主观意识而存在的客观事实。在法律事实中，有的法律事实与人的意识有关，有的法律事实与人的意识无关，凡是与人的意识有关的法律事实，都必须表示于外、为人所知晓，单纯的内心意识无法产生当事人所追求的法律效果。

第二，民事法律事实是能够产生民事法律效果的事实。民事法律事实所产生的民事法律效果，可能是当事人所预期产生的民事法律效果，也可能不是当事人所预期产生的法律效果。

第三，民事法律事实能够产生何种民事法律效果取决于民事法律的规定。社会生活中的诸多事实，有的归宗教调整，有的归道德调整，有的归法律调整。在现代社会，法律被划分为多个部门法，唯有被民法调整的法律事实，才能产生民事法律效果。

（二）民事法律事实的构成

民事法律事实构成，又称民事法律事实结合，是指引起法律关系发生、变更或者终止的两个以上的民事法律事实的总和。通常，民事法律关系的发生、变更和消灭只需一个民事法律事实，例如人的出生就可以产生父母子女关系、兄弟姐妹关系等民事法律关系。但是在某些情况下，民事法律关系的发生、变更或者消灭需要两个或者两个以上的民事法律事实。例如，遗嘱继承关系的发生，既要有有效的遗嘱行为，又要有遗嘱人死亡的事件，这种情形即为民事法律事实的构成。

（三）民事法律事实的分类

民事法律事实包括行为、事件和状态。行为包括表示行为和非表示行为（事实行为），而表示行为又可以分为民事法律行为和准民事法律行为（意思通知、观念通知和情感表达）；事件分为绝对事件和相对事件；状态分为近亲属关系、成年、未成年、善意、恶意等。下面介绍民事法律事实中的事件和行为。

1. 事件

根据事件是否由人们的行为而引起可以划分为绝对（自然）事件和相对（社会）事件。绝对（自然）事件指由某种自然原因而非人的行为引起的事件，例如人的自然死亡和出生、时间的流逝等自发性质的现象，与人的行为无关，所以是绝对事件。相对（社会）事件由人们的行为引起，但它的出现不是以事件的承受者的意志为转移的。例如，交通事故、凶杀都可以导致人的生命终止，但都不是以死者的意志为转移的事件。

2. 行为

行为是指在人的意识支配下所进行的有关活动。行为可以分为两种类型：一是民事法律行为。这是最主要的民事法律事实，是指行为人旨在产生、变更、终止民事权利和民事义务关系的行为。二是事实行为。它是指行为人实施一定的行为时在主观上并没有产生、变更或终止某一民事法律关系的意识，但基于法律的规定而引起民事法律关系的产生、变更、终止。根据事实行为的概念可以推出两个结论：第一，事实行为并非都能产生相应的民事法律效果，事实行为能否发生相应的民事法律效果取决于民事法律的具体规定。例如，好意施惠不能产生相应的民事法律效果，但侵权行为却能在侵权人与被侵权人之间产生赔偿性民事法律关系。第二，事实行为有合法与不合法之分，例如，创作作品属于合法的事实行为，侵权行为属于非法的事实行为。

难点突破：民事法律事实之“行为”

行为在民事法律事实中占有重要的地位，被认为是最主要的法律事实。[①]

民事法律事实之“行为”，教材通常的界定是“人有意识的活动”。[②] 在民法领域，行为分为民事法律行为、准民事法律行为和事实行为。根据现在通用的马克思主义理论研究和建设工程难点教材，民事法律行为是指“行为人旨在确立、变更、终止民事权利义务关系的行为”[③]。这里有一个模糊的地方：这里的“意识”除了当事人的意思之外，是否还包括当事人以外的第三人的意思？例如诉讼中的确认之诉，法院的判决可以造成双方当事人法律关系的产生、变更或消灭，此时的法院判决是否为民事法律事实？如果是民事法律事实，是民事法律事实中的行为，还是事件？笔者认为，民事法律行为中的“意识”只能来自当事人的“意识”，法院的判决对法院来说是行为，

① 《民法学》编写组：《民法学》（第二版），高等教育出版社，2022，第43页。

② 魏振瀛主编：《民法》（第六版），北京大学出版社，2016，第334页。

③ 《民法学》编写组：《民法学》（第二版），高等教育出版社，2022，第43页。

但对于当事人来说应该将其归人事件更为妥当，由此可以推出战争的爆发对于民事法律关系的当事人来讲属于事件。

（四）下列事实不属于民事法律事实

1. 好意施惠

所谓好意施惠，简单地说就是当事人之间所作出的不产生权利义务关系的承诺或约定。由好意施惠所产生的关系通常又称为情谊关系。好意施惠在现实生活中通常表现为搭乘便车、请人吃饭、约人看电影等。好意施惠在当事人之间产生法律上的权利义务关系，但不排除在当事人之间产生侵权之债。例如我国《民法典》第1217条规定的好意同乘便车交通事故责任（《民法典》第1217条规定：非营运机动车发生交通事故造成无偿搭乘人损害，属于该机动车一方责任的，应当减轻其赔偿责任，但是机动车使用人有故意或者重大过失的除外）。2005年司法考试卷三真题第22题是考查好意施惠的典型考题。①

2. 法外事实

刮风、下雨、日出、日落、地震、海啸等自然现象和睡觉、做梦、起床、散步、喝茶、看报、做饭等日常生活行为，均属于法外事实，不会导致民事法律关系的产生、变动或消灭。此外，导致宗教关系、师生关系、同学关系、同乡关系、同事关系、友谊关系、恋爱关系成立的事实和行为也不属于民事法律事实，不能形成具有民事权利义务内容的民事法律关系。

3. 订婚（婚约）

订婚在中国大陆不属于民事法律事实，在当事人之间不产生民事法律关系。但需要指出的是，赠送彩礼的行为属于民事法律行为，在当事人之间产生赠与关系。何谓彩礼？法律和司法解释从正反两个方面对什么是彩礼作出了具体规定，其核心要义是“以婚姻为目的依据习俗”②。原则上彩礼一旦送出去就不能要求返还，但在下列情况下可以要求返还：双方未办理结婚登记手续；双方办理结婚登记手续但确未共同生活；婚前给付并导致给付人生活困难。彩礼返还涉及诉讼的，彩礼实际支付方或彩礼实际接收方非婚姻当事

---

① 甲、乙在火车上相识，甲怕自己到站时未醒，请求乙在A站唤醒自己下车，乙欣然同意。火车到达A站时，甲沉睡，乙也未醒。甲未能在A站及时下车，为此支出了额外费用。甲要求乙赔偿损失。对此，应如何处理？试题给出四个备选答案：A. 由乙承担违约责任；B. 由乙承担侵权责任；C. 由乙承担缔约过失责任；D. 由甲自己承担损失。司法部公布的参考答案是D，即由甲自己承担损失，从而排除了A合同责任、B先合同责任和C侵权责任的适用。

② 《最高人民法院关于审理涉彩礼纠纷案件适用法律若干问题的规定》法释〔2024〕1号第1条：以婚姻为目的依据习俗给付彩礼后，因要求返还产生的纠纷，适用本规定。

人的，彩礼实际支付方可以作为共同原告提起诉讼，彩礼实际接受方可以作为共同被告被起诉。①

《最高人民法院关于审理涉彩礼纠纷案件适用法律若干问题的规定》摘选

第一条　以婚姻为目的依据习俗给付彩礼后，因要求返还产生的纠纷，适用本规定。

第二条　禁止借婚姻索取财物。一方以彩礼为名借婚姻索取财物，另一方要求返还的，人民法院应予支持。

第三条　人民法院在审理涉彩礼纠纷案件中，可以根据一方给付财物的目的，综合考虑双方当地习俗、给付的时间和方式、财物价值、给付人及接收人等事实，认定彩礼范围。

下列情形给付的财物，不属于彩礼：

（一）一方在节日、生日等有特殊纪念意义时点给付的价值不大的礼物礼金；

（二）一方为表达或者增进感情的日常消费性支出；

（三）其他价值不大的财物。

第四条　婚约财产纠纷中，婚约一方及其实际给付彩礼的父母可以作为共同原告；婚约另一方及其实际接收彩礼的父母可以作为共同被告。

离婚纠纷中，一方提出返还彩礼诉讼请求的，当事人仍为夫妻双方。

第五条　双方已办理结婚登记且共同生活，离婚时一方请求返还按照习俗给付的彩礼的，人民法院一般不予支持。但是如果共同生活时间较短且彩礼数额过高的，人民法院可以根据彩礼实际使用及嫁妆情况，综合考虑彩礼数额、共同生活及孕育情况、双方过错等事实，结合当地习俗，确定是否返还以及返还的具体比例。

人民法院认定彩礼数额是否过高，应当综合考虑彩礼给付方所在地居民人均可支配收入、给付方家庭经济情况以及当地习俗等因素。

第六条　双方未办理结婚登记但已共同生活，一方请求返还按照习俗给付的彩礼的，人民法院应当根据彩礼实际使用及嫁妆情况，综合考虑共同生活及孕育情况、双方过错等事实，结合当地习俗，确定是否返还以及返还的具体比例。

---

① 《最高人民法院关于适用〈中华人民共和国民法典〉婚姻家庭编的解释（一）》第五条：当事人请求返还按照习俗给付的彩礼的，如果查明属于以下情形，人民法院应当予以支持：（一）双方未办理结婚登记手续；（二）双方办理结婚登记手续但确未共同生活；（三）婚前给付并导致给付人生活困难。适用前款第二项、第三项的规定，应当以双方离婚为条件。

思政园地

在实现全面依法治国的征程中努力推进全民守法

课程思政思路一：全民守法是习近平总书记牵挂在心的一件大事。党的十八届四中全会审议通过了《中共中央关于全面推进依法治国若干重大问题的决定》，把全民守法提升到与科学立法、严格执法、公正司法同等重要的地位，共同构成习近平法治思想“十一个坚持”中的第八个坚持，成为习近平法治思想的核心要义之一，充分彰显了全民守法在全面依法治国中的重要作用。

全民守法是习近平总书记牵挂在心的一件大事，他多次在不同场合反复倡导要增强全民守法意识。“让法治成为全社会共同信仰”已成为我们这个时代法治建设中的最强音。实现全民守法，首先要在人民群众心目中树立起法治权威。“法治权威能不能树立起来，首先要看宪法有没有权威。”习近平在《关于〈中共中央关于全面推进依法治国若干重大问题的决定〉的说明》中一语道出宪法在法治中国建设蓝图中的重要地位。2014 年 12 月初，习近平在首个国家宪法日到来之际作出重要指示，要“坚定不移走中国特色社会主义法治道路，坚决维护宪法法律权威”。2012 年 12 月 4 日，在首都各界纪念现行宪法公布施行 30 周年大会上，习近平强调，“要在全社会加强宪法宣传教育，提高全体人民特别是各级领导干部和国家机关工作人员的宪法意识和法制观念，弘扬社会主义法治精神，努力培育社会主义法治文化，让宪法家喻户晓，在全社会形成学法尊法守法用法的良好氛围。我们要通过不懈努力，在全社会牢固树立宪法和法律的权威，让广大人民群众充分相信法律、自觉运用法律，使广大人民群众认识到宪法不仅是全体公民必须遵循的行为规范，而且是保障公民权利的法律武器”。

课程思政思路二：全民守法是实现全民依法治国的关键所在。实现依法治国、依法执政和依法行政的根基在人民、力量在人民、保障在人民。全民守法与法治为民是辩证统一的关系：一方面，我们的法治不是“治民”的法治，而是“为民”的社会主义法治；另一方面，我们的法治又不能脱离民众，相反需要民众的积极参与并在其中发挥模范作用，牢固树立起我为法治、法治为我的“法治主人翁思想”。

追求全民守法，亦不可忘却对道德的追求。法律是成文的道德，道德是内心的法律，法律和道德都具有规范社会行为、维护社会秩序的作用。民事活动是我们日常生活中的重要活动，由民事活动而建立起来的民事法律关系是我们每个人所处社会关系的重要部分。要使我们的生活变得和顺、人际关系保持和谐，摆脱民事法律纠纷所带来的烦扰，守法有德是关键。

课程思政思路三：全民守法是社会财富增长和良好社会关系形成的基础。民事法律关系是人与人之间的关系，民事法律关系以是否违法为标准分为调整性民事法律关系和保护性民事法律关系。调整性民事法律关系是指因合法行为而形成，通过权利人的正常行为而实现的民事法律关系。社会财富的增长和良好社会关系的形成均来自调整性民事法律关系的构建。保护性民事法律关系是在主体的民事权利与主体的民事义务不能正常实现的情况下通过法律制裁而形成的法律关系。因此，保护性民事法律关系的形成过程其实就是社会财富的折损和社会关系和谐状态被破坏的过程。

第四节　民法的渊源

课程思政路向设计

《民法典》第10条规定："处理民事纠纷，应当依照法律；法律没有规定的，可以适用习惯，但是不得违背公序良俗。"《民法典》第10条将习惯纳入民法的正式渊源中，是实现全面依法治国要坚持德治和法治相结合的具体体现。法治和德治相结合是我国传统的治国手段。"礼法并重""德主刑辅""明德慎罚"等思想无不渗透着德治与法治相结合的思想。孔子强调"道之以政，齐之以刑，民免而无耻；道之以德，齐之以礼，有耻且格"并非否定法的作用，而是在治理国家的过程中法与德孰重孰轻的问题。类似的思想有"隆礼重法"（荀子）、"大德而小刑"（董仲舒）。尽管我国古代的思想家大都偏向于"礼法"重于"刑法"，但大部分主张德法并用，德法并重。纵观历朝历代，凡是德治和法治结合好的时期就能出现政治清明、百姓安居乐业的局面，凡是德治和法治结合不好的时期，就会出现朝政废弛、天下大乱的局面。历史经验表明，在治国理政方面，德治与法治二者相辅相成、相得益彰，坚持德治与法治相结合，是推进全面依法治国、建设社会主义法治国家的必然要求，是在法治的轨道上推进国家治理体系和国家治理能力现代化的必然选择。

需要特别指出的是，中国古代无论强调德治还是法治，其本质都是为了更好地"治民"，更好地实现对人民群众的统治，其目的是更好地维护统治阶级的统治。与此相反，习近平法治思想关于坚持依法治国和以德治国相结合思想中的“治”针对的不是人民群众，其治理的主要对象是“官员”，特别是掌握国家公权力的那些“官员”，使他们在各自的工作岗位上真正做到“情为民所系，利为民所谋，权为民所用”，其目的是更好地实现以人民为中心的社会主义法治目标，这是由我国社会主义法治的属性所决定的。

总之，在国家和社会治理中，法治与德治相互补充、相互促进，没有法律的支持道德便失去了张扬的支柱，没有道德的支持法治便难以形成良法之治。习近平法治思想深刻阐释了法律与道德的关系，丰富和发展了中国特色社会主义法治理论。“法安天下，德润人心”是习近平总书记对法律和道德的清晰定位和精准概括，是对我国传统国家治理经验的高度凝练和集中放映。《民法典》将习惯（良俗）上升到习惯法的地位，一方面是对我国传统优秀法治文化的坚守和发展，另一方面是对德治与法治传统国家治理模式的继承和发展。

民法的渊源，亦称“法源”。[①] 民法的渊源有不同的含义，通常在法学上所说的法的渊源是指法的效力来源，[②] 本书关于民法的渊源是指民法的表现形式。有学者将民法的渊源（法源）划分为三个层次：作为裁判依据的渊源，如法律、法律解释、司法解释、行政法规、地方性法规、自治条例和单行条例；作为裁判理由的渊源，即根据案件审理的需要，经审查合法有效的规范性文件；作为自由裁量选择适用的规范。[③]

框架 · 内容

一、民法的直接渊源

（一）制定法

1. 宪法中有关民法的规定

宪法是国家的根本法，具有最高的法律效力，是民事立法的根据。宪法中关于财产所有制和所有权的规定、关于公民基本权利和义务的规定等，都是民事立法的重要根据。《民法典》第 1 条明确规定：“为了保护民事主体的

① 朱庆育：《民法总论》（第二版），北京大学出版社，2016，第 35 页。
② 魏振瀛主编：《民法》（第六版），北京大学出版社，2016，第 14 页。
③ 朱庆育：《民法总论》（第二版），北京大学出版社，2016，第 36 页。

合法权益，调整民事关系，维护社会和经济秩序，适应中国特色社会主义发展要求，弘扬社会主义核心价值观，根据宪法，制定本法。”

宪法中有关基本权利的规定是否可以直接适用于民事法律关系，民法学界有不同的观点。有学者认为，鉴于宪法高于法律，理论上宪法应该能够直接用于私人之间事务。[①] 德国的通说认为，德国《基本法》一般并不直接涉及私人之间的法律行为，只有《基本法》第 9 条第 3 款是例外，该条款旨在限制或排除建立以维护和促进劳动条件或经济条件为宗旨的社团。[②] 最高人民法院 2016 年发布的《人民法院民事裁判文书制作规范》在“裁判依据”中规定：“裁判文书不得引用宪法和各级人民法院关于审判工作的指导性文件、会议纪要、各审判业务庭的答复意见以及人民法院与有关部门联合下发的文件作为裁判依据，但其体现的原则和精神可以在说理部分予以阐述。”按照当前的司法政策，裁判文书能在“裁判说理”中援引宪法，但不能在“裁判依据”中援引宪法。

2. 民事法律

这里说的民事法律是指由全国人民代表大会及其常务委员会制定颁布的民事方面的规范性文件，其效力仅次于宪法。民事法律主要由以下部分组成：民法典、民事单行法、其他法律。有些法律从整体上看其性质属于行政法或者经济法，但是其中有关于民事方面的条款也属于民法规范。例如《中华人民共和国城市房地产管理法》中关于土地使用权出让、房地产转让、房地产抵押、房地产租赁等规定，《中华人民共和国产品质量法》中关于售出产品不合格的损害赔偿、诉讼时效的规定等。在各类民事法律中，《民法典》是基础性法律，是私法的基本法。

3. 民事法规

民事法规，即民事行政法规。根据宪法规定，国务院有权制定行政法规、发布决定和命令。在我国，行政法规专指作为国家最高行政机关即国务院所制定的一种规范性文件。“行政法规”一词因规范文件的制定机关的性质而得名，其内容不限于行政性质的规范，也包括民事规范，其效力次于民事法律。国务院所属各部（委）在各自权限内所发布的规范性文件称为部门规章，其中有些属于民事方面的规定。部门规章规定的事项应当属于执行法律或国务院的行政法规、决定、命令的事项。行政法规是重要的民法渊源，在处理民

---

① ［法］雅克・盖斯旦、古勒・古博：《法国民法总论》，陈鹏、张丽娟、石佳友、杨燕妮、谢汉琪译，法律出版社，2004，第 204 页。

② ［德］迪特尔・梅迪库斯：《德国民法总论》，邵建东译，法律出版社，2000，第 519 页。

事案件时法官可以直接援引行政法规裁判案件。

4. 地方性法规、自治条例和单行条例

地方性法规是指地方人民代表大会及其常务委员会在宪法、法律规定的权限内制定的适用于本地域的规范性法律文件。地方性法规中有些属于民事法规，这些法规不能与宪法、法律和行政法规相抵触，在效力范围上具有从属性，在适用上具有地域性，但它们是地方国家权力机关依据宪法或法律的授权制定的，同样具有法的效力，其中调整民事关系的内容属于民法的渊源。

自治条例和单行条例是民法的渊源。《最高人民法院关于裁判文书引用法律、法规等规范性法律文件的规定》第 4 条规定，“民事裁判文书应当引用法律、法律解释或者司法解释。对于应当适用的行政法规、地方性法规或者自治条例和单行条例，可以直接引用”。自治条例是指民族自治地方的人民代表大会及其常委会依据宪法和法律，结合当地民族自治地方的政治、经济和文化特点制定的、管理自治地方事务的综合性法规。自治条例通常规定民族区域自治地方的基本组织原则、机构设置、自治机关的职权、工作制度及其他重大问题，是民族自治地方实行民族区域自治的综合性的基本依据和活动准则。单行条例是指民族自治地方的人民代表大会及其常委会在宪法和法律规定的自治权范围内，结合当地民族地区的政治、经济和文化特点，就某方面具体问题制定的法规。自治区的自治条例和单行条例，报全国人民代表大会常务委员会批准后生效。自治州、自治县的自治条例和单行条例，报省或者自治区的人民代表大会常务委员会批准后生效，并报全国人民代表大会常务委员会备案。

5. 规章

规章是指国务院各部委以及各省、自治区、直辖市人民政府，以及设区的市、自治州的人民政府，根据宪法、法律和行政法规等制定和发布的规范性文件。一些规章也包含调整民事关系的内容，也能成为民事裁判的依据。当然，根据《最高人民法院关于裁判文书引用法律、法规等规范性法律文件的规定》，规章并不能直接作为民事裁判的依据，而是需要经过法院的审查认定。①

（二）司法解释

根据我国现行法律规定，我国的法律解释分为立法解释和司法解释。司

① 规范性文件根据审理案件的需要，经审查认定为合法有效的，可以作为裁判说理的依据。

法解释是最高人民法院和最高人民检察院作出的属于审判、检察工作中具体应用法律的解释。《中华人民共和国立法法》（以下简称《立法法》）第119条规定："最高人民法院、最高人民检察院作出的属于审判、检察工作中具体应用法律的解释，应当主要针对具体的法律条文，并符合立法的目的、原则和原意。遇有本法第四十八条第二款规定情况的，应当向全国人民代表大会常务委员会提出法律解释的要求或者提出制定、修改有关法律的议案。"在我国有些民事法律内容较为简要的情况下，最高人民法院的司法解释弥补了法律的不足，对实践中出现的新问题的处理起着积极作用。从法理学的角度看，司法解释并不属于法律体系的组成部分，但司法解释已经成为我国各级审判机关在处理案件中的裁判规则，并被当事人直接援引，所以司法解释事实上已经成为法律渊源。① 需要注意的是，最高人民法院所编撰的指导性案例并不是法律的渊源，但它可以成为裁判说理的理由。

（三）国际条约和国际惯例

国际条约是国际法的主要渊源，不属于我国国内法范畴。国际条约是两个或两个以上的国家就政治、经济、贸易、军事、法律、文化等方面的问题确定其相互权利义务关系的协议。② 广义的国际条约除以"条约"为名的协议外，还包括公约、宪章、盟约、规约、协定、议定书、换文、最后决定书、联合宣言等。狭义的国际条约仅指以条约为名的国际协议，如同盟条约、边界条约、通商航海条约等。根据国际法理论，按照条约的参加国数，条约可分为双边条约和多边条约。双边条约是指两个国际法主体间缔结的协议，多边条约是指两个以上国际法主体间缔结的协议。需要注意的是，多边国际条约不同于国际公约，国际公约是多数国家缔结或参加的通常对非缔约国开放的协议。条约可分为造法性条约和契约性条约，前者创设新的国际法原则、规则和制度或修改原有的国际法原则、规则和制度，后者指依照原有的国际法规则规范缔约国间某些具体的权利义务关系。1969年《维也纳条约法公约》对国际条约的缔结、生效、保留、遵守、适用、解释、修正、变更以及条约的无效、终止、中止、退出等制度作了具体的规定。

国际惯例又称为国际通例（general practice），是指在国际实践中反复使用形成的，具有固定内容的，未经立法程序制定的，如为一国所承认或当事人采用，就对其具有约束力的一种习惯做法或常例。国际商事惯例不是国家

---

① 《民法学》编写组：《民法学》（第二版），高等教育出版社，2022，第46页。

② 《民法学》编写组：《民法学》（第二版），高等教育出版社，2022，第46页。

立法，也不是国际条约，不具有当然的法律效力，要取得法律效力必须经过国家的认可。国家认可国际商事惯例的法律效力一般有间接和直接两种途径。间接途径是指国际商事惯例通过当事人的协议选择而间接取得法律拘束力，它是国际商事惯例取得法律效力的主要途径，通过这种途径所取得的法律效力称为契约上的效力；直接途径是指直接通过国内立法或国际条约赋予国际商事惯例以法律约束力。如《日本商法典》第1条规定："关于商事，本法无规定者，适用商习惯法，无商习惯法，适用民法。"《中华人民共和国海商法》第268条第2款规定："我国法律和我国缔结或参加的国际条约没有规定的，可以适用国际惯例。"1964年《国际货物买卖统一法》和1980年《联合国国际货物销售合同公约》直接认可了国际商事惯例的效力。

通常，涉外民商事法律关系的法律适用，除国家订立或参加的国际条约申明保留的外，国际条约的适用优先于国内法的适用。国际惯例的适用只限于中国法律和中国缔结或参加的国际条约没有规定且不违背我国法律规定的情形，显然国际惯例的效力低于我国法律的效力。

（四）习惯

所谓习惯，是指在一定地域或行业范围内长期为一般人从事民事活动时普遍遵守的民间习俗或惯常做法等，包括生活习惯和交易习惯。生活习惯是指人们在长期的社会生活中形成的习惯；交易习惯是指交易当事人在当时、当地或者某一行业、某一类交易关系中普遍采纳的不违反公序良俗的习惯做法。① 《民法典》第10条规定："处理民事纠纷，应当依照法律；法律没有规定的，可以适用习惯，但是不得违背公序良俗。"

《民法典》第10条规定的作为民法渊源的"习惯"和《最高人民法院关于适用〈中华人民共和国民法典〉合同编通则若干问题的解释》（以下简称《民法典合同编解释》）第2条中的"交易习惯"② 具有以下区别：《民法典》中的"习惯"具有补充性，只有在制定法无规定时才能适用。《民法典合同编解释》中的"交易习惯"若作为合同漏洞的填补，应优先于任意法的适用。注意合同漏洞的填补具有递进性，首先由双方协商确定（详见《民法典》第

① 《民法学》编写组：《民法学》（第二版），高等教育出版社，2022，第47页。

② 《民法典合同编解释》第2条：下列情形，不违反法律、行政法规的强制性规定且不违背公序良俗的，人民法院可以认定为民法典所称的"交易习惯"：（一）当事人之间在交易活动中的惯常做法；（二）在交易行为当地或者某一领域、某一行业通常采用并为交易对方订立合同时所知道或者应当知道的做法。对于交易习惯，由提出主张的当事人一方承担举证责任。

510 条[①])；如果不能协商确定，则根据交易习惯确定（详见《民法典》第510 条）；既不能协商又无交易习惯的援用，则对合同进行体系解释（详见《民法典》第 511 条[②]和第 513 条[③]）。《民法典》所称的“习惯”具有法效力的确信，即可以直接作为解决纠纷的依据，在司法实务中，纠纷的裁判者可以直接援引适用。《民法典合同编解释》所称的“交易习惯”不具有法效力的确信。《民法典》所称的“习惯”是否具有法效力的确信通常由原告方提供证据证明，必要时由人民法院依职权主动查明；《民法典合同编解释》所称的“交易习惯”是否存在需由原告方承担证明责任。

二、民法的间接渊源

（一）民法间接渊源的概念

所谓民法的间接渊源，通常是指对民事纠纷的裁判者无法律上的拘束力，但因其具有应然的规范结构，在处理民事纠纷无直接法律渊源时民事纠纷的裁判者可以援用为裁判依据，从而对民事裁判乃至法律自身的发展产生一定影响的民事渊源。民法间接渊源之“间接”表现在：一是不能直接作为解决民事纠纷的直接依据；二是只有在没有法的直接渊源时才能适用。

（二）民法间接渊源的范围

民法的间接渊源最重要者有学理、判例和学界通说。所谓学理就是指法

---

① 《民法典》第 510 条：合同生效后，当事人就质量、价款或者报酬、履行地点等内容没有约定或者约定不明确的，可以协议补充；不能达成补充协议的，按照合同相关条款或者交易习惯确定。

② 《民法典》第 511 条：当事人就有关合同内容约定不明确，依据前条规定仍不能确定的，适用下列规定：（一）质量要求不明确的，按照强制性国家标准履行；没有强制性国家标准的，按照推荐性国家标准履行；没有推荐性国家标准的，按照行业标准履行；没有国家标准、行业标准的，按照通常标准或者符合合同目的的特定标准履行。（二）价款或者报酬不明确的，按照订立合同时履行地的市场价格履行；依法应当执行政府定价或者政府指导价的，依照规定履行。（三）履行地点不明确，给付货币的，在接受货币一方所在地履行；交付不动产的，在不动产所在地履行；其他标的，在履行义务一方所在地履行。（四）履行期限不明确的，债务人可以随时履行，债权人也可以随时请求履行，但是应当给对方必要的准备时间。（五）履行方式不明确的，按照有利于实现合同目的的方式履行。（六）履行费用的负担不明确的，由履行义务一方负担；因债权人原因增加的履行费用，由债权人负担。

③ 《民法典》第 513 条：执行政府定价或者政府指导价的，在合同约定的交付期限内政府价格调整时，按照交付时的价格计价。逾期交付标的物的，遇价格上涨时，按照原价格执行；价格下降时，按照新价格执行。逾期提取标的物或者逾期付款的，遇价格上涨时，按照新价格执行；价格下降时，按照原价格执行。

律的原理，包括民法的基本原则及事物的本质等。此外，民法的间接渊源还包括国家的政策、民众的法理念和民众的法感情等。

难点突破：准确理解“习惯”是我国民法的正式渊源

关于习惯能否成为民法的渊源，各国有所不同，在《民法典》颁布实施之前，习惯并不是我国民法的渊源。《民法典》第10条的规定正式确认了习惯作为民法渊源的法律地位。当然，这种宏观上的规定仅仅给习惯成为民法的渊源提供了可能。个体的习惯要成为民法真正意义上的渊源，还需具备两个条件：一是它必须经过合法性判断，即习惯不得违反法律的强制性规定，不得违背社会主义核心价值观和公序良俗。二是习惯要成为民法真正的渊源还需要经有权国家机关的认可而赋予其民事法律上的效力。

《民法典》正式承认了习惯成为民法渊源的法律地位。将习惯纳入民法的渊源体系，是习近平法治思想关于坚持依法治国和以德治国相结合的具体体现。

案例4–9 1997年12月1日，青岛市李沧区石家村居民石君昌病逝，此前子女都先于他去世。按照习俗，“顶盆”的本家后辈等于过继给了死者，死者的所有家产均归其继子。若找不到人来“顶盆”，死者就不能发丧。石君昌的侄子石忠雪最终被选定，后者同意“顶盆”，死者便入土为安。石忠雪一家便住进了石君昌的房子，直到房屋被拆迁。八年中谁也没有提及房屋产权的归属，也没有发生任何争执。但当房屋拆迁时，其叔石坊昌却拿出了一份石君昌赠与房子给他的公证书。石坊昌认为，从国家法律上说，他是唯一的继承人，应当作为石君昌遗产的法定继承人。2005年9月，石坊昌以非法侵占为由向青岛市李沧区人民法院起诉，将石忠雪告上法庭，请求依法确认自己和石君昌之间的赠与合同有效，并判令被告立即腾出房屋。在诉讼中，石忠雪提出了自己“顶盆”过继的事实，但这个说法被石坊昌一口否认，石坊昌认为“顶盆”不能作为继子。

2005年12月，区法院作出了一审判决：驳回原告石坊昌的诉讼请求。法院经审理认为，本案中赠与合同的权利义务相对人仅为石坊昌与石君昌，原告以确认该赠与合同有效作为诉讼请求，其起诉的对方当事人应为石君昌。因此，原告以此起诉石忠雪于法无据，本院遂不予支持。被告石忠雪因农村习俗，为死者石君昌戴孝发丧而得以入住其遗留的房屋，至今已达八年之久；原告在死者去世之前已持有这份公证书，但从未向被告主张过该项权利，说明他是知道“顶盆”发丧的事实的。因此被告并未非法侵占上述房屋。“顶盆”发丧虽然是一种民间风俗，但并不违反法律的强制性规定，所以法律不应强制地去干涉它。因此，原告主张被告立即腾房的诉讼请求法院不予支持。一审判决之后，原告石坊昌不服，提出上诉。2006 年 3 月，青岛市中级人民法院对本案做出终审判决：维持原判。

这起案件留给我们几个思考：一是法院驳回原告的确认之诉的理由，合同当事人一方死亡是否意味着合同效力的确认之诉走向终结；二是合同当事人死亡情况下的合同效力确认之诉当以何者为被告；三是原告明知权利被侵害长时间不主张权利，是否可以治愈被告非法占有的违法性；四是对于法定继承与风俗继承的效力位阶如何进行法律判断和价值判断。

本案的裁判结果给我们传递的价值指引是：法院的裁判结果必须符合社会朴素的道德观念，必须有助于弘扬社会主义道德风尚。

思政园地

坚持依法治国和以德治国相结合

课程思政思路一：坚持依法治国和以德治国相结合是我国社会主义法治道路的鲜明特点。习近平总书记 2017 年 5 月 3 日在考察中国政法大学时指出：“中国特色社会主义法治道路的一个鲜明特点，就是坚持依法治国和以德治国相结合，强调法治和德治两手抓、两手都要硬。”这既是历史经验的总结，也是对治国理政的深刻把握。法律和道德都具有规范社会行为、调节社会关系、维护社会秩序的作用，在国家治理中都有其地位和功能。法律是准绳，道德是基石；法律是成文的道德，道德是内心的法律。2019 年 10 月，中共中央、国务院印发的《新时代公民道德建设实施纲要》明确提出“坚持德法兼治，以道德滋养法治精神，以法治体现道德理念”。道德是良法善治的重要基础，道德能释放法治的温度和善意。在新的历史条件下，要把依法治国和以德治国紧密结合起来，使法治和德治在国家治理中相互补充，相互促进，推动国家治理体系和治理能力现代化，推动中国式现代化不断迈向新的高度。将习惯纳入民事法律关系调整的范畴体现了习近平法治思想关于法治和德治相结合，法治和德治两手抓、两手都要硬的思想。

课程思政思路二：依法治国和以德治国相结合是我国传统的治国理念。我国历史上有十分丰富的礼法并重、德法合治的思想。周公主张“明德慎罚”“敬德保民”，孔子提出“为政以德”，荀子提倡“化性起伪”“隆礼重法”，董仲舒提出“阳为德，阴为刑”，治国要“大德而小刑”。通观我国古代历史，法治和德治运用得当的时期，大多能出现较好的治理和发展局面。道德是一种约定俗成的行为规范，它广泛存在于人们的日常生活之中，既是一种行为规范，也是一种价值观念。作为一种价值观念，它具有支撑社会秩序和治心化性的功能优势。正因为如此，一个民族、一个国家、一个社群，最持久最深层的力量是全社会共同认可的道德观，所谓“国无德不兴，人无德不立”说的就是这个道理。道德是一定地域的人们在长期的生产和生活过程中不断沉淀而形成的社会规范，具有丰富的道德生活属性，饱含着朴素纯洁的道德情感和道德品质，在调节社会利益冲突中扮演着不可或缺的角色，内聚着不可低估的功能，发挥着不可忽视的作用，因而常常被法学界人士誉为“身边的法”、现实生活中的“活法”等，是国家实施德治的重要手段，是一个国家法律体系的必要补充。

第五节　民法的适用

课程思政路向设计

以“民法的空间效力和民法对人的效力”为切入点，深刻领悟习近平法治思想“坚持统筹推进国内法治和涉外法治”的核心要义。一国之民法其效力及于一国主权所管辖范围内的人与事。然而，随着我国改革开放的进一步深入，特别是“一带一路”的不断推进，我国的自然人、法人和其他非法人组织不断地走出国门，在世界各地开展民商事活动。随着民商事活动的增加，商事纠纷的数量也出现了增多的趋势。更好地维护我国企业、个人在涉外民商事活动中的合法权益，加强涉外法治建设是我们的当务之急。

党的十八大以来，习近平总书记高瞻远瞩、审时度势，强调统筹推进国内法治和涉外法治两个大局，坚定不移维护国家主权、安全和发展利益，坚定不移维护世界和平、促进共同发展。习近平总书记在主持十八届中央政治局第三次集体学习时指出，要“更好统筹国内国际两个大局，坚持开放的发展、合作的发展、共赢的发展，通过争取和平国际环境发展自己，又以自身发展维护和促进世界和平，不断提高我国综合国力，不断让广大人民群众享受到和平发展带来的利益，不断夯实走和平发展道路的物质基础和社会基础”①。在全球

① 习近平：《在十八届中央政治局第三次集体学习时的讲话》，载中共中央党史和文献研究院编《习近平关于总体国家安全观论述摘编》，中央文献出版社，2018，第 257 页。

治理体系发生深刻调整、制度竞争成为国家间最根本竞争的时代背景下，统筹推进国内法治和涉外法治是实现中华民族伟大复兴中国梦的必要保障。通过统筹国内国际两个大局、发展安全两件大事，既聚焦重点又统揽全局，有效防范各类风险叠加，加强海外利益保护，有助于确保海外重大项目和人员机构安全，有效维护国家主权、尊严和核心利益。加强涉外法治工作战略布局，可以不断提升中国法治话语权和影响力，更好地发挥中国负责任大国的作用。

在2020年11月16日召开的中央全面依法治国工作会议上，习近平总书记强调指出，要坚持统筹推进国内法治和涉外法治，加快推进涉外法治工作战略布局，协调推进国内治理和国际治理，更好维护国家主权、安全和发展利益。要正确处理国内法治和涉外法治的关系，运用国内规则和国际规则两个规则体系维护我国的合法利益，为中国的繁荣富强、持续稳定发展和进一步提升对外开放的水平和质量构建一个良好的外部环境。

框架 · 内容

一、民法的适用范围

民法的适用范围是指民事法律规范在何时、何地，对何人发生法律效力。从民法适用范围的定义可以推出，民法的适用范围就是民法的效力范围。正确了解民事法律规范的适用范围，是准确适用民事法律规范的重要条件。从内容上看，民法的适用范围包括时间上的适用范围、空间上的适用范围和对人的适用范围。

（一）民法在时间上的适用范围

民法在时间上的适用范围，是指民事法律规范在时间上所具有的法律效力。它具体包括两个方面的内容：民法的生效和民法的失效。

民法生效的时间是民事法律规范发生法律效力的时间。民法生效的时间根据其性质和实际需要主要有以下两种类型：一是自民事法律规范公布之日起开始生效。有些民事法律规范的施行不需要准备工作，自公布之日起生效。二是民事法律规范公布后经过一段时间生效。有些民事法律规范涉及面广，情况比较复杂，需要经过一定准备时间便于实施的，明文规定法律颁布后的某个时间生效。民法失效的时间是指民事法律规范效力终止的时间。民事法律规范失效的时间主要有以下三种类型：一是新法直接规定废止旧法；二是新法规定旧法与新法抵触的部分失效；三是由国家机关颁布专门的决议宣布某些法律失效。另外，新法与旧法规定相冲突时，应适用“新法优于旧法”“后法优于前法”的原则，以新法、后法为准，这在学理上称为默示废止。

根据《最高人民法院关于适用〈中华人民共和国民法典〉时间效力的若干规定》，我国民事法律规范贯彻法律不溯及既往的原则，一般没有溯及力，但也有例外，通常我国民事法律规范的溯及力具体表现在两个方面：一是有利溯及，即是否有利于保护民事主体合法权益，是否有利于维护社会和经济秩序，是否有利于弘扬社会主义核心价值观；二是空白溯及，即让新法溯及适用于旧法的空白之处（亦称新增规定的溯及）。

（二）民法在空间上的适用范围

民法在空间上的适用范围是指民法在哪些地方发生效力。由于民事法律规范制定的机关不同，其适用的领域也不同，大体有以下几种情形：一是适用于我国全部领域的民事法律、法规。全国人民代表大会及其常务委员会制定的民事法律、国务院制定的民事法规适用于我国全部领域，但法律另有规定的除外。二是地方性民事法规适用于制定者所管辖的区域之内。三是香港特别行政区和澳门特别行政区法规中的民事规范只适用于香港特别行政区和澳门特别行政区。

《民法典》第 12 条规定：“中华人民共和国领域内的民事活动，适用中华人民共和国法律。法律另有规定的，依照其规定。”这里所说的“领域”是指我国领土、领空、领海，还包括我国驻外使领馆，以及在我国领域外航行的我国船舶和飞行于我国领空以外的我国飞行器等。《中华人民共和国涉外民事关系法律适用法》第 2 条规定：“涉外民事关系适用的法律，依照本法确定。其他法律对涉外民事关系法律适用另有特别规定的，依照其规定。本法和其他法律对涉外民事关系法律适用没有规定的，适用与该涉外民事关系有最密切联系的法律。”依据该规定，对于在我国领域内发生的涉外民事关系，在法律有特别规定的情况下也可能适用外国法。

民法在空间上的适用范围一般可以分为域内效力和域外效力。域外效力是指法律在本国以外的领域发生效力。在现代社会，内国法律一般不能发生域外效力，但是随着国际交往的发展，为了更好地对外开展民商事活动并保护好本国民事主体的合法权益，也可以例外地规定本国法的域外效力。例如

《中华人民共和国海洋环境保护法》第 2 条第 3 款规定："在中华人民共和国管辖海域以外，造成中华人民共和国管辖海域污染的，也适用本法。"

深刻理解民法在空间上的效力和对人的效力理论和立法规定，有助于培养我们坚持习近平关于统筹推进国内法治和涉外法治思想的自觉性。

（三）民法对人的适用范围

民法对人的适用范围，是指民事法律规范对于哪些人具有法律效力。关于一国法律的对人效力，存在两种不同的理论：一是属人主义，即不论处于国内还是国外，只要是本国国民，即适用本国的法律。二是属地主义，即以领土主权为原则，以地域为标准，确定法律对人的拘束力。凡是居住在本国领土之内的人，无论其国籍如何，均受本国法律的管辖。《民法典》第 12 条对属地主义作出了规定，但没有对属人主义作出规定。

二、民法适用的基本原则

（一）上位法优先于下位法

上位法优先于下位法，是指在效力较高的规范性法律文件与效力较低的规范性法律文件相冲突的情况下，应当适用效力较高的规范性法律文件。效力较高的规范性法律文件被称为上位法，效力较低的规范性法律文件被称为下位法。在民法的适用中，如果上位法与下位法之间有冲突，应当优先适用上位法。但是，如果上位法规定的原则较为抽象，下位法的规定对上位法作了补充和细化，两者之间又不发生冲突和矛盾，则可以同时适用上位法和下位法。

案例 4-10 2003 年 5 月 27 日，李慧娟在一起民事案件中判决《河南省农作物种子管理条例》的某项条文和《中华人民共和国种子法》相冲突，因此"自然无效"。该案判决引起了河南省人民代表大会的强烈不满，要求撤销李慧娟的法官职务，洛阳中院随即免去了李慧娟助理审判员的职务并撤销其审判长之职。但在学术界的强烈反对下，2004 年李慧娟恢复了工作。

（二）基础性法律优先于一般性法律

基础性法律是指规范公民的基本权利义务，涉及国家政治、经济以及社会生活的基本问题，调整基本社会关系的法律。基本社会关系即具有全局性、长远性、普遍性的社会关系。在民商事领域，基础性法律就是《民法典》。习近平指出，“民法典在中国特色社会主义法律体系中具有重要地位，是一部固根本、稳预期、利长远的基础性法律”①。这就精辟地揭示了《民法典》在中国特色社会主义法律体系中作为基础性法律的地位。在民商事领域，一般性法律是指除《民法典》之外的其他单行民商事法律，如《中华人民共和国公司法》《中华人民共和国保险法》《中华人民共和国企业破产法》《中华人民共和国票据法》《中华人民共和国证券法》等。在司法实务中，我们通常遵循基础性法律优先于一般性法律的司法理念。

难点突破：基础性法律优先于一般性法律

基础性法律和一般性法律之间并非上位法和下位法的关系，因为从立法机构来看，两者都是由全国人大或者其常委会制定的，不存在效力高低的差异。但从法律适用的层面来看，两者又存在差别。从民事的角度来看，《民法典》是基础性法律，也是解决民事纠纷的基本实体法依据，如果《民法典》有规定，原则上应当直接适用《民法典》的规定，只有《民法典》没有规定时，才能援引一般性法律。但是，需要注意的是，同一民事关系，如果一般性法律的规定属于对《民法典》相应规定的细化，则应当适用一般性法律的规定。换言之，如果单行法的规定与《民法典》的规定有冲突，不能适用单行法，而应当适用《民法典》，以体现《民法典》的基础性法律地位；如果单行法的规定属于对《民法典》相应规定的细化，则应优先适用单行法的规定。当然，如果《民法典》明确规定相关的民事关系适用单行法的规定，则应当适用单行法。例如，依据《民法典》第1208条规定，交通事故责任的承担需要适用道路交通安全法律的相关规定，就应当适用该法的规定。

（三）新法优先于旧法

《立法法》第103条②规定了新法优于旧法原则。该原则主要适用于同一位阶的规范，也就是说，是针对两个具有同等级别的法律发生冲突时所适用的规则。当然，如果在新普通法中明文规定修改或废止特别法，则新普通法优于特别法。新法优先于旧法原则适用于两种情况：一是新法颁布后，旧法已经废止，则自然应当适用新法；二是新法颁布以后，旧法没有废止，则旧

① 习近平：《论坚持全面依法治国》，中央文献出版社，2020，第278页。

② 《立法法》第103条：同一机关制定的法律、行政法规、地方性法规、自治条例和单行条例、规章，特别规定与一般规定不一致的，适用特别规定；新的规定与旧的规定不一致的，适用新的规定。

法继续有效。如果两部法律所涉及的内容相同或相似，则应当适用新法。例如，《民法典》第 123 条①扩张了知识产权客体的范围，当涉及相关知识产权法律规定时，应当适用《民法典》的相关规则。

（四）特别法优先于普通法

《民法典》第 11 条规定："其他法律对民事关系有特别规定的，依照其规定。"这就明确确认了特别法优先于普通法的原则。在理论上，根据法律的适用范围有无限制，法律可以分为普通法和特别法。民事普通法是指适用于全国领域、规定一般事项，并且无适用时间限制的民事法律；民事特别法是指适用于特定区域、规定特定的事项，或在适用时间上有限制的民事法律。在具有相同等级效力的法律之间，特别法应当优先于普通法而适用。例如，有关公司法人的取得条件问题，应当先适用《公司法》的规定，在《公司法》没有规定时才适用《民法典》关于法人制度的规定。此外，在《民法典》内部，关于总则和分则之间的关系，如果两者规定的是同一事项，按照特别法优先于普通法原则，分则的规定应当优先于总则的规定。

（五）强行法优先于任意法

法律规范大体可分为任意性规范和强行性规范两种。任意性规范是指当事人可以通过约定排除其适用的规范。任意性规范允许当事人在法律规定的范围内自由作出约定，当事人之间的意思表示具有优先于任意性规范而适用的效力。例如，《民法典》合同编中的规范大多是任意性的。强行性规范是指当事人不能通过约定加以改变的规范，可分为强制性规定与禁止性规定两种。强制性规定指命令当事人应为一定行为之法律规定，禁止性规定指命令当事人不得为一定行为之法律规定。《民法典》第 153 条第 1 款规定："违反法律、行政法规的强制性规定的民事法律行为无效。但是，该强制性规定不导致该民事法律行为无效的除外。"法律、行政法规的强制性规定在性质上属于强行法，在效力上优于任意法，因此，对某一事项，如果强行法已经作出规定的，任意法不得再发挥作用，裁判机关应当直接援引强行法的规定对案件作出裁判。如果强行法、任意法规定的是不同事项，则不存在两种规范冲突的问题，也自然不存在何者优先的问题。

---

① 《民法典》第 123 条：民事主体依法享有知识产权。知识产权是权利人依法就下列客体享有的专有的权利：（一）作品；（二）发明、实用新型、外观设计；（三）商标；（四）地理标志；（五）商业秘密；（六）集成电路布图设计；（七）植物新品种；（八）法律规定的其他客体。

难点突破：宪法作为国家的根本大法是否可以司法化？

2001 年山东省高级人民法院在“齐玉苓诉陈晓琪等侵犯姓名权受教育权”案（以下简称“齐案”）中根据最高人民法院的“批复”（2001 年最高人民法院作出的《关于以侵犯姓名权的手段侵犯宪法保护的公民受教育的基本权利是否应承担民事责任的批复》）直接援引《中华人民共和国宪法》（1982 年）中公民享有受教育的基本权利判决原告胜诉，由此引发宪法司法化的讨论。

有学者认为，宪法是法律的一种，而不仅仅是政治纲领性文件，必须和普通的法律一样成为司法机关在司法判断中认真考虑的对象。概言之，就是要从法律的角度来认真对待宪法。

本书认为，宪法作为国家的根本大法不宜司法化。根据法律只有在解释后才能适用的原理，宪法司法化意味着将现在由全国人大及其常委会掌握的宪法监督实施权和全国人大常委会掌握的宪法解释权都转移到最高法院手中，意味着最高人民法院可以对全国人大或其常委会的立法进行合宪性审查，意味着最高国家审判机关取得与最高国家权力机关相同或平等的宪法地位。这意味着根本改变我国的政权组织体制。

思政园地

坚持统筹推进国内法治和涉外法治

课程思政思路一：新形势下迫切需要运用法治方式推进建设更高水平的开放型经济新体制。随着我国进入新发展阶段，构建以国内大循环为主体、国内国际双循环相互促进的新发展格局，迫切需要运用法治方式推进建设更高水平的开放型经济新体制。随着我国不断发展壮大，日益走近世界舞台中央，我国作为民事主体的企业和自然人越来越多地走向世界。同时，随着我国对外开放的不断扩大和深化，也有了越来越多的外国企业和外国自然人来我国从事民商事活动，在这样的背景下，涉外民商事纠纷的发生势必有增多的趋势。保护我国企业和自然人的合法权益，保护外国企业和自然人的合法权益，根本的途径是要树立起世界眼光，更好把国内发展和对外开放统一起来，把中国发展与世界发展联系起来，把中国企业、自然人和外国企业、自然人的合法权益结合起来，坚持统筹推进国内法治和涉外法治，以更加积极的姿态参与国际事务，坚持用规则说话，靠规则行事，维护我国企业和自然人的合法权益，加快推进我国域内法在域外适用的法律体系建设，加快形成系统完备的涉外法律法规体系，为我国涉外司法和执法提供有效的法律供给。

课程思政思路二：统筹推进国内法治和涉外法治是维护世界和平与发展繁荣的必由之路。面对百年未有之大变局，世界的不稳定性和不确定性明显上升，人类面临的治理赤字、信任赤字、发展赤字与和平赤字有增无减，实现普遍安全和共同发展任重而道远，我们正处于一个充满挑战的时代。通过统筹推进国内法治和涉外法治，加强国与国之间在法治领域的交流与合作，有利于实现国际社会的共治与共享，让和平与发展始终成为世界的主题。

课程思政思路三：国内法治与涉外法治是相互联系和相互促进的辩证关系。统筹推进国内法治和涉外法治是法治中国建设的两个重要方面，二者互相促进、不可或缺。在对外开放新格局下，忽视涉外法治，不利于保护我国国家、企业和公民不断增长的海外利益。加强涉外法治建设是中国日益走近世界舞台中央的必然要求。面对人民日益增长的国际交往需要、海外利益保护要求，统筹推进国内法治和涉外法治，加快涉外法治工作战略布局，可以不断提升中国法治话语权和影响力，更好发挥中国负责任大国的作用。

第五章　民事主体

第一节　自然人

课程思政路向设计

本节关于自然人的内容十分丰富，包括自然人的民事权利能力和民事行为能力，自然人的住所、监护、宣告失踪和宣告死亡，个体工商户和农村承包经营户等内容。整节内容概括了对人的尊重和对自然人权利的保护。自然人民事权利能力、民事行为能力制度和监护制度体现的是对弱势群体的保护，宣告失踪和宣告死亡制度偏重于对当事人权利的保护。对弱势群体的保护体现了一个社会的良心，对当事人民事权利的保护体现了民事永恒追求的价值。本节可供课程思政的元素很多，其课程思政的路向材料有：胎儿在出生前原则上没有民事权利能力。但是作为例外，在涉及遗产继承、接受赠与等有利胎儿利益保护的情况下，胎儿视为具有民事权利能力，但以胎儿娩出时是活体为限。

《民法典》第35条规定：监护人履行监护职责和行使监护权须遵循最有利于被监护人原则，除了维护被监护人利益外，不得处分监护人财产；遵循被监护人真实意愿原则，监护人在履行监护责任时应当根据被监护人的年龄和智力状况，尊重被监护人的真实意思。《民法典》第36条规定：监护人有下列情形之一的，人民法院根据有关个人或者组织的申请，撤销其监护人资格，安排必要的临时监护措施，并按照最有利于被监护人的原则依法指定监护人：实施严重损害被监护人身心健康的行为；怠于履行监护职责或者导致被监护人处于危困状态；实施严重侵害被监护人合法权益的其他行为。居民委员会、村民委员会、民政部门或者人民法院应当尊重被监护人的真实意愿，按照最有利于被监护人的原则在依法具有监护资格的人中指定监护人。

《民法典》第46条第2款规定：因意外事件下落不明，经有关机关证明该自然人不可能生存的，申请宣告死亡不受二年时间的限制。《民法典》第47条规定：对同一自然人，有的利害关系人申请宣告死亡，有的利害关系人申请宣告失踪，符合本法规定的宣告死亡条件的，人民法院应当宣告死亡。《民法典》第51条规定：被宣告死亡的人的婚姻关系，自死亡宣告之日起消除。死亡宣告被撤销的，婚姻关系自撤销死亡宣告之日起自行恢复。但是，其配偶再婚或者向婚姻登记机关书面声明不愿意恢复的除外。

自然人即生物学意义上的人，[1] 是基于出生而取得民事主体资格的人。所谓出生，系指胎儿脱离母体并生存的法律事实，它包括两个要素：一是"出"，即脱离母体；二是"生"，即脱离母体独立生存（不计存活之时间）。根据《民法典》第15条的规定，自然人的出生时间和死亡时间的确定采用以下标准：①以出生有法律证明、死亡证明记载的时间为准；②没有出生证明、死亡证明的，以户籍登记或者其他有效身份登记记载的时间为准；③有其他证据足以推翻以上记载时间的，以该证据证明的时间为准。

我国民法中的自然人外延包括本国公民、外国公民和无国籍人。自然人与公民在概念上有所不同，公民仅指具有一国国籍的人。《苏俄民法典》用公民概念而不用自然人概念，认为用自然人这一概念完全撇开了任何经济和政治因素，不能区别苏维埃法律和资产阶级法律的本质。受《苏俄民法典》的影响，《民法通则》以公民称谓自然人。采自然人概念，与民事主体制度中的法人概念相对应，更加彰显民事主体的特征。

自然人是民法上最重要的主体资格享有者。与法人、非法人组织等仅有法律属性不同，自然人有两种属性：一是自然属性，即自然人根据出生这一自然状态取得主体资格，并享有一些专属于自然人的民事权利，如生命权、健康权等；二是法律属性，即自然人独立地享有权利和承担义务。法律属性是自然人与法人、非法人组织作为民事主体的共同属性。

框架·内容

一、自然人的民事权利能力

《民法典》第13条明确规定："自然人从出时起到死亡时止，具有民事权利能力，依法享有民事权利，承担民事义务。"从该规定可以推出民事权利能

① 朱庆育教授认为，自然人可分为天赋人权观念上的自然人和理性人观念上的自然人，前者民法以自然人民事权利能力平等来回应，后者民法以理性判断能力为前提、以民事行为能力划分来回应。朱庆育：《民法总论》（第二版），北京大学出版社，2016，第397页。

力是民事主体取得主体资格的实质要件。民事权利能力与具体民事权利不同。民事主体享有民事权利能力只是具备了取得具体民事权利和承担具体民事义务的前提和可能性，而享有具体民事权利和承担具体民事义务是其参加民事法律关系、实现民事权利能力的结果。民事权利能力亦不同于当事人能力，当事人能力是诉讼法上的概念，是指能够成为民事诉讼当事人（原告或被告）的能力。通常，拥有权利能力当具有当事人能力，但不具有权利能力未必无当事人能力。《中华人民共和国民事诉讼法》（以下简称《民事诉讼法》）第48条第1款规定："公民、法人和其他组织可以作为民事诉讼的当事人。"关于"其他组织"，《最高人民法院关于适用〈中华人民共和国民事诉讼法〉的解释》第52条的界定是"合法成立、有一定的组织机构和财产，但又不具备法人资格的组织"，具体包括：①依法登记领取营业执照的个人独资企业；②依法登记领取营业执照的合伙企业；③依法登记领取我国营业执照的中外合作经营企业、外资企业；④依法成立的社会团体的分支机构、代表机构；⑤依法设立并领取营业执照的法人的分支机构；⑥依法设立并领取营业执照的商业银行、政策性银行和非银行金融机构的分支机构；⑦经依法登记领取营业执照的乡镇企业、街道企业；⑧其他符合本条规定条件的组织。

（一）民事权利能力的法律特征

第一，民事权利能力具有平等性。《民法典》第14条规定："自然人的民事权利能力一律平等。"自然人权利能力的平等有两个方面的要求：一是自然人享有民事权利不受民族、种族、性别、年龄、职业、职务、家庭出身、宗教信仰、教育程度、财产状况等的限制；二是自然人的人格利益平等地受到法律的保护。

第二，民事权利能力具有不可剥夺性。在现代社会，从事民事活动为自然人生存和发展所必要，而民事权利能力则是从事民事活动的前提和基础。因此，民事权利能力与主体的生存须臾不可分离，剥夺其民事权利能力无异于将其放逐于社会之外，使之失去生存保障，这是任何文明社会所不允许的。

第三，民事权利能力不可放弃和转让。自然人的民事权利能力是自然人成为民事主体的前提条件，放弃或转让民事权利能力意味着民事主体资格的丧失。不允许自然人放弃民事权利能力既是为了维护法秩序，也是文明社会维护人之所以为人的使命所在。

第四，民事权利能力具有法律限制性。根据《民法典》第13条"依法享有民事权利，承担民事义务"的规定，自然人只能在法律赋予其能够享有民事权利和承担民事义务的范围内进行民事活动，否则不能获得其预期的法律效果。

（二）自然人民事权利能力的开始和终止

1. 自然人民事权利能力的开始

自然人的民事权利能力开始于出生。胎儿在出生前，原则上没有民事权利能力。但是，作为例外，在涉及遗产继承、接受赠与等胎儿利益保护的情况下，胎儿视为具有民事权利能力，但以胎儿娩出时为活体为限。《民法典》第16条规定："涉及遗产继承、接受赠与等胎儿利益保护的，胎儿视为具有民事权利能力。但是，胎儿娩出时为死体的，其民事权利能力自始不存在。"胎儿自受胎之时即享有民事权利能力，但附法定解除条件，即若"娩出时为死体的"，所附解除条件成就，胎儿溯及既往地不享有民事权利能力。胎儿的民事权利能力是单向度的，只限于为保护胎儿利益而享有民事权利能力，而不包括负担义务的民事权利能力。

在涉及遗产继承、接受赠与等胎儿利益保护的情形下，尚在母体中的胎儿可以自己的名义享有民事权利，父母可以在胎儿娩出前作为法定代理人主张相应权利，[①] 如可以代理胎儿接受赠与、遗产继承并可以实现财产保全、先予执行；当然，如果胎儿娩出时为死体，就应当由其父母承担返还所取得财产的义务。需要注意的是，如果胎儿所接受之赠与、继承遗产需要办理登记，则只能以其监护人为权利人完成登记，但需附注"实际权利人为胎儿"。

案例5-1 怀孕的甲到医院就诊，县医院主治医生用药不当险些造成甲流产。虽保住了胎儿，但也造成胎儿乙残疾，甲也因此遭受身体伤害。胎儿乙出生后，甲欲主张权利。对此，下列表述正确的是？A. 甲和乙均无权主张侵权损害赔偿；B. 只有甲有权主张侵权损害赔偿；C. 只有乙有权主张侵权损害赔偿；D. 甲乙均有权主张侵权损害赔偿。（2020年法律职业资格考试真题·卷二第1题，答案：D）

2. 自然人民事权利能力的终止

自然人民事权利能力终于死亡。自然人死亡后，其民事权利能力即终止，其原有的民事法律关系或者因身份关系消灭而终止，或者因继承而转移。但是，死者在生前享有的某些人格权和知识产权，基于其亲属利益或社会利益

① 《最高人民法院关于适用〈中华人民共和国民法典〉总则编若干问题的解释》第4条涉及遗产继承、接受赠与等胎儿利益保护，父母在胎儿娩出前作为法定代理人主张相应权利的，人民法院依法予以支持。

的需要，在一定程度上仍受法律保护。

单个自然人的死亡时间，通常以死亡证明记载的时间为准，[①] 但在数人于同一事件死亡且无法确定死亡先后顺序时，《民法典》第 1121 条第 2 款规定：相互有继承关系的数人在同一事件中死亡，难以确定死亡时间的，推定没有其他继承人的人先死亡。都有其他继承人的，辈份不同的，推定长辈先死亡；辈份相同的，推定同时死亡，相互不发生继承。《保险法》第 42 条第 1 款规定：受益人与被保险人在同一事件中死亡，且不能确定死亡先后顺序的，推定受益人死亡在先。需要指出的是，《民法典》第 1121 条是一般法，《保险法》第 42 条相对于《民法典》第 1121 条是特别法，《保险法》第 42 条的规定只限于保险领域。

关于自然人死亡的判断标准问题，目前有心脏停止跳动说、呼吸停止说和脑死亡说等，但每一种单独的死亡标准都不能解释所有的死亡现象，因而各国在死亡的认定上各不相同。现今医学上的通行标准是脑死亡，德国即以脑死亡为通说。以医学上的死亡标准作为法律上的死亡标准，这在法学界并没有得到统一认识。反对者认为，医学和法学是两个不同的学科，况且不同的医生对同一病人的死亡会存在不同的认识。当然，以法律的名义来给死亡下定义也不是明智的选择，因为法律因其稳定性的内在要求而具有保守的特质，而医学日新月异的发展却使二者难以调和。时至今日，立法者基本上已放弃为死亡进行法律定义的企图。[②]

❓难点突破：自然人权利能力是实证法赋予的，还是自然人天然享有的？

对于自然人权利能力是实证法赋予的，还是自然人天然享有的，学界有不同的观点。德国通说认为，自然人并不“自然”，如同法人乃法律创造之物，因而自然人的权利能力及其为人的资格取决于实体法规定。[③] 我国不少学者亦采相同或相似观点。[④] 然而朱庆育教授认为：“自然人的权利能力乃是人性尊严的内在要求，并不依赖于实证法赋予，实证法不过是将自然人本来就

---

① 《民法典》第 15 条：自然人的出生时间和死亡时间，以出生证明、死亡证明记载的时间为准；没有出生证明、死亡证明的，以户籍登记或者其他有效身份登记记载的时间为准。有其他证据足以推翻以上记载时间的，以该证据证明的时间为准。

② 朱庆育：《民法总论》（第二版），北京大学出版社，2016，第 388 页。

③ Ernst Wolf/Naujoks, Anfang und Ende der Rechtsfähigkeit des Menschen, 1955, S. 50 ff.

④ 梁慧星：《民法总论》（第 4 版），法律出版社，2011，第 65 页；马俊驹、余延满：《民法原论》（第 4 版），法律出版社，2010，第 88 页；王利明：《民法总论》（第 2 版），中国人民大学出版社，2015，第 134 页。

具有的权利能力加以实证化，权利能力先于实证法而存在。”本书认为，自然人权利能力的取得应该既基于天然享有，也基于实证法赋予。如果否认天然享有，生命权等人格权就有被随意剥夺的可能；如果否认自然人权利能力的实体法赋予，则无法解释财产权、身份权等权利取得的后天性，亦无法理解自然人何时拥有民事权利能力，皆有各国民法所规定的事实。

难点突破：正确理解《民法典》第 994 条的内涵

关于自然人死亡后的人格利益保护。《民法典》第 994 条规定：“死者的姓名、肖像、名誉、荣誉、隐私、遗体等受到侵害的，其配偶、子女、父母有权依法请求行为人承担民事责任；死者没有配偶、子女且父母已经死亡的，其他近亲属有权依法请求行为人承担民事责任。”对死者的人格利益予以法律保护基本上没有反对意见，但对保护的客体是什么却存在不同的观点。概括起来大体上有四种观点：一是死者和生者一样享有人格权，应当受到法律保护；二是为了保护死者生前的人格利益使生者的名誉不受损害，可以由法律明文规定死者享有准人格权；三是死者的人格直接影响其遗属的名誉，与其说是保护死者的人格利益，毋宁说是对死者近亲属人格利益的法律保护；① 四是人格权只能由活着的人享有，死者受到保护的是人格利益而不是人格权。以上四种观点实质上是对《民法典》第 994 条规定的四种解读，而将其归纳起来实际上就是《民法典》第 994 条规定的意旨是保护死者的利益，还是保护生者的利益。

认为《民法典》第 994 条的规定是为了保护死者利益的学者认为死者具有部分权利能力。② 他们认为将权利能力划分为有权利能力和无权利能力的二分法是不恰当的，其在理论上无法解释胎儿和死者利益的保护。因此，应该将自然人权利能力的划分由有权利能力和无权利能力的“二分法”，发展为完全民事权利能力、部分民事权利能力和无民事权利能力的“三分法”。从“二分法”到“三分法”的理论构建，其逻辑起点是胎儿利益的保护。

本书认为，《民法典》第 994 条的规定实际上蕴含双重保护的意蕴，既包含对死者人格利益的保护，也包含对近亲属人格权的保护。试想一下，如果死者生前既以知晓其人格权受到侵害而听之任之放弃诉讼，死后仍受侮辱诽谤，造成其近亲属精神受到严重伤害，如果此时否认《民法典》第 994 条的

---

① 魏振瀛主编：《民法》（第六版），北京大学出版社，2016，第 55 页。

② 杨立新：《死者人格利益保护请求权的法理依据与适用规则——〈民法典〉第 994 条的关键词评注》，《杭州师范大学学报（社会科学版）》2023 年第 5 期，第 94-108 页。

双重保护功能，其近亲属起诉至人民法院将面临两大障碍：一是请求权可否继承的问题；二是诉讼时效的问题。总之，权利能力的三分法为我们保护死者的人格利益提供了理论支撑，对《民法典》第994条双重保护的解读，解决了死者放弃诉权或丧失时效而给近亲属利益保护所带来的困扰。

二、自然人的民事行为能力

自然人的民事行为能力是指自然人能以自己的行为享有民事权利、承担民事义务的资格。① 自然人的民事行为能力，是指自然人能够通过独立的意思表示，实施民事法律行为的能力。② 前者强调“以自己的行为”，后者强调“以自己的意思”。笔者认为，自然人民事行为能力的取得或划分并非基于人的“行为能力”，而是基于行为能力背后的“意思能力”，这是自然人行为能力划分的核心依据。在现实社会的民事交往中，行为人要能够理智地形成独立判断才能有效地维护自己的利益，并尊重他人和社会的利益。民法设立自然人的民事行为能力制度，基本目的是保护未成年人和不具有辨认自己行为能力的成年人的利益。根据自然人的意思能力，《民法典》第17条至第21条系统地规定了自然人的民事行为能力样态，将自然人的民事行为能力划分为完全民事行为能力、限制民事行为能力和无民事行为能力三个层次。

关于完全民事行为能力人，《民法典》第17条和第18条第2款作出了具体规定。第17条规定：“十八周岁以上的自然人为成年人。不满十八周岁的自然人为未成年人。”第18条第2款规定：“十六周岁以上的未成年人，以自己的劳动收入为主要生活来源的，视为完全民事行为能力人。”根据《民法典》第18条的规定，完全民事行为能力人，可以独立实施民事法律行为。

难点突破：对劳动成年的理解

《民法典》第18条第2款规定：“十六周岁以上的未成年人，以自己的劳动收入为主要生活来源的，视为完全民事行为能力人。”此规定最早见于《民法通则》第11条第2款，最高人民法院《关于贯彻执行〈中华人民共和国民法通则〉若干问题的意见（试行）》对《民法通则》第11条第2款作了进一步阐释：“十六周岁以上不满十八周岁的公民，能够以自己的劳动取得收入，并能维持当地群众一般生活水平的，可以认定为以自己的劳动收入为主

① 《民法学》编写组：《民法学》（第二版），高等教育出版社，2022，第53页。
② 魏振瀛主编：《民法》（第六版），北京大学出版社，2016，第55页。

要生活来源的完全民事行为能力人。”学术界将以上规定称为“劳动成年制”、“拟制成年制”或“未成年人缓冲制度”。

对于劳动成年的立法规定并非我们首创，从比较法的角度观察，《意大利民法典》第2条和《德国民法典》第113条都有类似的规定，但其效果仅限于赋予劳动成年者“部分行为能力”，而我国的劳动成年者不仅获得了与劳动契约相关的权利与诉权，而且获得了与年满十八周岁的自然人无差别的完全民事行为能力。我国的劳动成年制确立的理论基础是什么？笔者认为，背后的理论基础仍然是意思能力理论。一个十六周岁以上的未成年人，能够以自己的劳动收入为主要生活来源，意味着其意思能力的早熟，可以推定其意思能力已达到了一个成年人的水准。因为，劳动以及劳动所产生的结果（收入）均是意思表示下的结果，能以自己的劳动收入为主要生活来源足以证明其意思能力的成年。

如果我们将劳动成年制的确立建立在“收入”或曰“财产”独立的基础上，将会犯下两个低级的错误：一是完全民事行为能力的取得将毫无底线，比如一个婴儿因获得巨额赠与或巨额继承而成年；二是行为能力和责任能力的混同。《民法典》第1188条规定：“无民事行为能力人、限制民事行为能力人造成他人损害的，由监护人承担侵权责任。监护人尽到监护职责的，可以减轻其侵权责任。有财产的无民事行为能力人、限制民事行为能力人造成他人损害的，从本人财产中支付赔偿费用；不足部分，由监护人赔偿。”责任能力不同于行为能力，责任能力的支撑点是财产，行为能力的支撑点是智力。

关于限制民事行为能力人，《民法典》第19条和第22条作出了具体规定。《民法典》第19条规定：八周岁以上的未成年人为限制民事行为能力人。《民法典》第22条规定：不能完全辨认自己行为的成年人为限制民事行为能力人。对于限制行为能力人如何实施民事法律行为，《民法典》第19条和第22条作出了具体规定，即由其法定代理人代理或者经其法定代理人同意、追认；对于未成年人中的限制行为能力人，可以独立实施纯获利益的民事法律行为或者与其年龄、智力相适应的民事法律行为；对于成年人中的限制行为能力人，可以独立实施纯获利益的民事法律行为或者与其智力、精神健康状况相适应的民事法律行为。

关于限制行为能力人独立进行民事行为的情况，我们可以明确以下几点：第一，纯获利益的民事法律行为有效；第二，中性民事法律行为有效（如被授予委托代理权）；第三，实施与其年龄、智力、精神状况相适应的民事法律行为有效；第四，依法不能独立订立的合同效力待定；第五，不能独立实施的单方法律行为（如订立遗嘱、捐助、解除合同、免除债务等）无效；第六，不能独立实施的多方法律行为（如订立合伙协议、设立公司协议）有效。

案例 5-2 甲将 10 000 元的手机以 5 000 元的价格卖与限制行为能力人乙。该买卖属于效力待定。乙居于此买卖的获利不是法律上的纯获利益，而是经济上的纯获利益。

案例 5-3 成年的甲向 15 周岁的乙 6 月 1 日发出要约并于当天到达乙，欲将其 10 000 元的手机以 5 000 元的价格出卖给乙，乙未经法定代理人事先同意，6 月 2 日即向甲作出了同意购买该部手机的意思表示，乙的承诺于当日到达。在该案例中，甲的要约于 6 月 1 日生效，因为甲的行为只给了乙一个承诺的资格，并没有给乙带来法律上的义务；乙的承诺于 6 月 2 日生效，甲乙之间成立买卖手机的合同，但该合同处于效力待定的状态。

案例 5-4 成年人甲向未成年（15 周岁）的乙授予代理权的意思表示，代为购买 20 000 元左右的山地车一辆，乙的父母知道后坚决反对，乙不为所动，仍然以甲的名义从丙处购得一辆 15 000 元的山地车交付于甲。甲丙之间成立有效的买卖合同。理由：甲授予乙代理权，乙不会因此而纯获法律上的利益，但也不会对甲负有法律上的义务，授予代理权是一个中性行为，因此，该代理权的行使无需乙的父母代理，亦无需征得乙的父母事先同意，甲授予乙代理权的意思表示到达乙时即生效，乙因此而享有代理权。

案例 5-5 杂技教练甲发现未满 10 周岁的乙颇有天赋，甲赠与乙 100 万元专用于杂技培训学习，乙欣然同意，乙的父母则坚决反对，希望乙专注于读书。关于甲乙的赠与，下列表述正确的是？A. 未成立，因乙的父母反对；B. 无效，因乙的父母反对；C. 效力待定，因乙因此负担合同义务；D. 有效，因系使乙纯获利益。该案例题应选答案是 D，理由是本案例的限制非限制乙的人身或财产，该限制“专用于杂技培训学习”是对 100 万元财产本身的限制。因此，甲对乙的赠与本质上仍然是纯获利益的赠与。

关于无民事法律行为能力，《民法典》第 20 条和第 21 条作出了具体规定。《民法典》第 20 条规定：“不满八周岁的未成年人为无民事行为能力人，由其法定代理人代理实施民事法律行为。”《民法典》第 21 条规定：“不能辨认自己行为的成年人为无民事行为能力人，由其法定代理人代理实施民事法律行为。八周岁以上的未成年人不能辨认自己行为的，适用前款规定。”需要特别指出的是，“不能辨认自己行为”应从持续性的角度去理解，不是短暂性的“不能辨认”（如病理性醉酒为持续性，心理性醉酒为暂时性）。当然，当事人在心理性醉酒时虽为暂时性的认知能力下降，但其在暂时性认知能力下降时所为的民事法律行为如果符合重大误解或显失公平，醉酒者事后可以主张撤销。关于心理性醉酒的效力问题，通说认为原则上有效，但有两个例外：一是处于暂时性失去意志或精神错乱，比较法上无效。《德国民法典》第 105 条第 2 款规定，在暂时失去知觉或暂时的精神错乱状态下作出的意思表示无效。二是暂时性醉酒未失去知觉或精神错乱，符合重大误解或显失公平构成要件的，醉酒者有权撤销。

无民事行为能力人由其法定代理人代为实施，未经法定代理人代理，无民事行为能力人独立实施的民事法律行为无效，包括纯获法律上利益的民事法律行为。《民法典》第 144 条规定："无民事行为能力人实施的民事法律行为无效。"例如，甲具有音乐天赋，在其成长过程中老师们对他多有馈赠，七岁受赠口琴，九岁受赠小提琴，十五岁受赠钢琴。在以上三个赠与中，第一个赠与因甲为无民事行为能力，需法定代理人代理，故七岁时的赠与无效；接下来的两个赠与皆由限制行为能力人所为，本需法定代理人代为实施或事后追认，但由于均为纯获法律上的利益，因此均为有效。

三、自然人的住所

自然人的住所是自然人长期居住、生活的地点，是自然人生活和进行民事活动的中心处所。一个人为了生活的安定和确立正常的法律关系，往往需要确定一个法律关系的中心地，即需要有一个法律意义上的住所。构成法律意义上的住所往往需要满足两个因素：一是主观因素，即需要有久居之意；二是客观主义，即需记载于户籍登记簿或者其他有效身份登记簿。

在立法上关于住所的规定有单一主义和复数主义。法律规定一人不得同时有两个住所的，称为单一主义，如《瑞士民法典》(第 23 条第 2 款)。法律规定一个人能够同时拥有两个以上住所的，称为复数主义，如《德国民法典》(第 7 条第 2 款)。我国《民法典》第 25 条规定："自然人以户籍登记或者其他有效身份登记记载的居所为住所；经常居所与住所不一致的，经常居所视为住所。"何谓经常居住地，我国立法并没有作出明确的规定，但最高人民法院《关于贯彻执行〈中华人民共和国民法通则〉若干问题的意见（试行）》第 9 条却对此作出了规定："公民离开住所地最后连续居住一年以上的地方，为经常居住地。但住医院治疗的除外。""公民由其户籍所在地迁出后至迁入另一地之前，无经常居住地的，仍以其原户籍所在地为住所。"从我国现有的立法和相关规定来看，我国在住所的规定方面采取了比较谨慎的态度，实行的是单一主义。

住所和居所不同。居所是自然人非以久居之意思居住的处所，通常指自然人为特定目的暂时居住的处所，也可以是自然人经常居住的处所。住所与居所最大的区别是住所被记载于户籍登记簿或者其他有效身份登记簿。自然人由户籍所在地迁出后至迁入另一地点前，无经常居住地的，仍以其原户籍所在地为住所。

住所和户籍不同。户籍是记载自然人姓名、出生、性别、籍贯、民族、结婚、离婚、住址等反映自然人基本情况的法律文件。住所虽然不同于户籍，但二者又有着非常紧密的联系，即一个自然人的处所要变成住所，通常需要被记载于该自然人的户籍簿上。当然，户籍主要产生行政法上的效力，而住所往往产生民法上的效力：确定自然人民事权利的享有地和民事义务的承担地；确定民事诉讼的管辖地；确定宣告失踪和宣告死亡的时间计算；确定涉外民事案件的准据法。

四、监护

（一）监护的概念与设立监护的目的

1. 监护的概念

监护是指对未成年人和无民事行为能力或者限制民事行为能力的成年人的人身、财产及其他合法权益进行监督和保护的民事法律制度。履行监护职责的人，称为监护人；被监护的对象称为被监护人。监护起源于罗马法，后为各国所继承，现为成为民法中的重要制度。在法国、德国、瑞士、日本和我国民国时期的民法中有亲权制度和监护制度之分野。亲权是指“父母基于其身份，对未成年子女以教养保护为目的之权利义务之集合”[①]。《法国民法典》中亲权制度的主要内容为父母对未成年子女的教育权、惩戒权、财产管理权。我国《民法典》尚未确立亲权制度，仅设立了监护制度。从《法国民法典》所规定的亲权制度的主要内容来看，监护制度与亲权制度在内容上多有重合之处。

2. 设置监护的目的

设置监护的目的是保护无民事行为能力人和限制民事行为能力人的合法权益，进而利于社会秩序的稳定。无民事行为能力人或者限制民事行为能力人，其权利能力的实现因民事行为能力不足而受影响，监护制度弥补了被监

① 史尚宽：《亲属法论》，中国政法大学出版社，2000，第658页。

护人行为能力之不足，可有效地保护其合法权益。同时，由于被监护人缺乏对自身行为社会后果和法律意义的正确认识，监护制度的设立有助于监护人对被监护人加以监督和管束，防止他们实施违法行为给他人合法权益造成损害，从而影响社会秩序。

如何达到设立监护的目的？关键的问题在于监护人如何履职。监护人的履职具体包括以下几个方面：一是维护被监护人的财产利益。《民法典》第35条明确规定，监护人应当按照最有利于被监护人的原则履行监护职责。监护人除为维护被监护人利益外，不得处分被监护人的财产。非为维护被监护人利益处分被监护人财产，若以被监护人名义即为无权代理，若以监护人自己的名义，属于无权处分。二是担任被监护人的法定代理人。具体包括代理被监护人进行诉讼，被监护人构成侵权时承担无过错的替代责任①。三是有条件地尊重被监护人的意愿。在作出与被代理人利益相关的决定时，未成年人的监护人应当根据被监护人的年龄和智力状况，尊重被监护人的真实意愿；成年人的监护人应当最大程度地尊重被监护人的真实意愿，保障并协助被监护人实施与其智力、精神健康状况相适应的民事法律行为。对被监护人有能力独立处理的事务，监护人不得干涉。

（二）监护的性质

关于监护的性质，我国学者有不同的观点，主要有权利说、义务说、权利义务一体说和职责说。《民法典》第34条规定："监护人的职责是代理被监护人实施民事法律行为，保护被监护人的人身权利、财产权利以及其他合法权益等。监护人依法履行监护职责产生的权利，受法律保护。监护人不履行监护职责或者侵害被监护人合法权益的，应当承担法律责任。"《民法典》第35条规定："监护人应当按照最有利于被监护人的原则履行监护职责。监护人除为维护被监护人利益外，不得处分被监护人的财产。未成年人的监护人履行监护职责，在作出与被监护人利益有关的决定时，应当根据被监护人的年龄和智力状况，尊重被监护人的真实意愿。成年人的监护人履行监护职责，应当最大程度地尊重被监护人的真实意愿，保障并协助被监护人实施与其智力、精神健康状况相适应的民事法律行为。对被监护人有能力独立处理的事务，监护人不得干涉。"结合《民法典》第34条和第35条的规定，我们认为

① 《民法典》第1188条：无民事行为能力人、限制民事行为能力人造成他人损害的，由监护人承担侵权责任。监护人尽到监护职责的，可以减轻其侵权责任。有财产的无民事行为能力人、限制民事行为能力人造成他人损害的，从本人财产中支付赔偿费用；不足部分，由监护人赔偿。

关于监护的性质采权利义务一体说应该更为妥帖，且监护制度下的监护人义务还具有明显的他益性属性。罗马法上的监护，因历史发展阶段的不同而内容有所不同，其性质也有所不同。现代有的民法学者认为对未成年人的监护为“亲权之补充延长”。[①] 从监护制度的整体看，监护制度与亲属制度既有联系，又有区别。其区别主要表现在：监护的对象既有未成年人，也有成年人中的无民事行为能力和限制行为能力人；监护人既有被监护人的亲属，又有被监护人亲属以外的人，还包括社会组织乃至国家机构，监护人与被监护人的关系不是纯粹的亲属法上的身份关系。

（三）监护人的设定类型

为了充分保护无民事行为能力人和限制民事行为能力人的合法权益，我国民法建立了“家庭监护为基础，社会监护为补充，国家监护为兜底”的多层次监护保障体系。根据《民法典》总则编第二章第二节的规定，监护人的设定，首先在家庭成员和其他近亲属中确定，其次在其他愿意担任监护人的个人或组织中确定，最后由国家民政部门或者被监护人住所地的基层群众性自治组织（简称“基层组织”）担任。根据《民法典》的规定，监护人的设定方式有六种，即法定监护、遗嘱监护、协议监护、指定监护、意定监护和有关组织监护。

1. 法定监护

法定监护是指按照法律规定的范围和顺序直接确定的监护。换言之，法定监护人是指在法律规定的范围内，对无民事行为能力和限制民事行为能力人所进行的监护，在法定监护下，监护人的选定、被监护人的确定以及监护的内容均由法律直接规定。法定监护是监护体系中最主要的监护方式。法定监护主要规定在《民法典》第 27 条[②]、第 28 条[③]、第 32 条[④]。法定监护依被监护人是否成年分为两类：①未成年人监护。《民法典》第 27 条规定，未成

---

① 史尚宽：《亲属法论》，中国政法大学出版社，2000，第 695 页。

② 《民法典》第 27 条：父母是未成年子女的监护人。未成年人的父母已经死亡或者没有监护能力的，由下列有监护能力的人按顺序担任监护人：（一）祖父母、外祖父母；（二）兄、姐；（三）其他愿意担任监护人的个人或者组织，但是须经未成年人住所地的居民委员会、村民委员会或者民政部门同意。

③ 《民法典》第 28 条：无民事行为能力或者限制民事行为能力的成年人，由下列有监护能力的人按顺序担任监护人：（一）配偶；（二）父母、子女；（三）其他近亲属；（四）其他愿意担任监护人的个人或者组织，但是须经被监护人住所地的居民委员会、村民委员会或者民政部门同意。

④ 《民法典》第 32 条：没有依法具有监护资格的人的，监护人由民政部门担任，也可以由具备履行监护职责条件的被监护人住所地的居民委员会、村民委员会担任。

年人的法定监护人由其父母担任。未成年人的父母已经死亡或者没有监护能力的，由下列有监护能力的人按顺序担任监护人：祖父母、外祖父母；兄、姐；其他愿意担任监护人的个人或者组织，但是须经未成年人住所地的居民委员会、村民委员会或者民政部门同意。②成年人监护。《民法典》第28条规定，无民事行为能力或者限制民事行为能力的成年人，其监护人由下列有监护能力的人按顺序担任：配偶；父母、子女；其他近亲属；其他愿意担任监护人的个人或者组织，但是须经被监护人住所地的居民委员会、村民委员会或者民政部门同意。

法定监护的设定实行顺序原则，即顺序在前者优先于顺序在后者。顺序在后者原则上不得超越顺序在前者担任监护人。具体地说，就是顺序在前且有监护能力的人担任监护人；没有前一顺序的监护人或者顺序在前的监护人没有监护能力，自动地由后一顺序且有监护能力的人担任监护人。当然，以上顺序规则也是相对的，有法定监护资格的人也可以通过协议监护的方式确定监护人。需要注意的是，根据《民法典》第26条第1款和第27条第1款的规定，未成年人的父母有监护能力的，其法定监护资格不得为任何人替代，即父母不仅是第一顺序的监护人，而且是天然的监护人。在父母离婚的情况下，没有与未成年人生活在一起的父或母，不影响其第一监护人资格，只是抚养义务的轻重不同而已。因此，协议监护不得及于未成年人的父母。《民法典》所称的"父母"，应作扩大解释，即包括婚生父母、非婚生父母、养父母、形成抚养关系的继父母。与此相对应，民法中的"子女"也应作相应的扩大解释。法定监护的设定的总的原则是按照亲属关系的远近来取舍，理由是关系越密切，生活的关联度越高。

对于人工授精所生之子女该如何处理？对此，《最高人民法院关于适用〈中华人民共和国民法典〉婚姻家庭编的解释（一）》第40条作出了具体规定："婚姻关系存续期间，夫妻双方一致同意进行人工授精，所生子女应视为婚生子女，父母子女间的权利义务关系适用民法典的有关规定。"根据该规定，人工授精所生之子女视为婚生子女要具备以下四个条件：一是男女之间有合法的婚姻关系；二是夫妻双方一致同意人工授精；三是胎儿在婚姻关系存续期间出生或者受精；四是由女方亲自生育（排除代孕）。

2. 遗嘱监护

遗嘱监护是指父母以遗嘱方式为被监护人设定的监护。根据《民法典》第29条的规定，被监护人的父母担任监护人的，担任监护人的父母可以通过订立遗嘱指定监护人，为子女设立未来监护。这里的"子女"，包括未成年人子女和无民事行为能力或者限制民事行为能力的成年人子女。遗嘱指定的监护人，应优先于《民法典》第 27 条、第 28 条规定的法定监护人，并且不限于《民法典》第 27 条、第 28 条规定的法定监护人。遗嘱监护既可以是父母双方共同通过遗嘱指定监护人，也可以是父母中一方通过遗嘱指定监护人，还可以是父母双方分别通过遗嘱指定的监护人。需要指出的是，未成年人父母中的一方通过遗嘱指定监护人的，如果另一方在遗嘱生效时有监护能力，则仍应当由该方父母担任该未成年人的监护人。父母均各自订立遗嘱监护，且指定的监护人不同时，该如何处理？根据通说，以最后父或母一方作出的遗嘱为准。

遗嘱生效后，被指定的监护人不同意指定监护当如何处理？根据《最高人民法院关于适用〈中华人民共和国民法典〉总则编若干问题的解释》第 7 条第 1 款的规定，人民法院应当适用《民法典》第 27 条、第 28 条的规定确定监护人；父母一方通过遗嘱指定监护人，当指定监护的遗嘱生效后，另一方仍然有监护能力的，此时遗嘱监护优先于法定监护的规定要让位于有监护能力的父或者母。[①]

3. 协议监护

协议监护是指依法具有监护资格的人，在尊重被监护人真实意愿的条件下，以协议方式设定的监护。协议监护最大的特点就是协议的主体均有监护资格，是有监护资格人之间的协议。《民法典》第 30 条规定：依法具有监护资格的人之间可以协议确定监护人。协议确定监护人应当尊重被监护人的真实意愿。协议监护可以不按《民法典》第 27 条、第 28 条规定的顺序确定监护人。但需要特别注意的是“未成年人的父母有监护能力的，不适用协议监护”。即针对未成年人的协议监护，其参与协议监护的法定监护人限于第二顺序至第四顺序的监护人；针对成年人的协议监护，其参与协议监护的法定监护人限于第一至第四顺序的监护人（配偶是第一顺序监护人，但不是天然的第一顺序监护人）。[②] 由于协议监护将改变监护人与被监护人之间的身份关系，

---

① 《最高人民法院关于适用〈中华人民共和国民法典〉总则编若干问题的解释》第 7 条第 2 款：未成年人由父母担任监护人，父母中的一方通过遗嘱指定监护人，另一方在遗嘱生效时有监护能力，有关当事人对监护人的确定有争议的，人民法院应当适用民法典第二十七条第一款的规定确定监护人。

② 《最高人民法院关于适用〈中华人民共和国民法典〉总则编若干问题的解释》第 8 条：未成年人的父母与其他依法具有监护资格的人订立协议，约定免除具有监护能力的父母的监护职责的，人民法院不予支持。协议约定在未成年人的父母丧失监护能力时由该具有监护资格的人担任监护人的，人民法院依法予以支持。依法具有监护资格的人之间依据民法典第三十条的规定，约定由民法典第二十七条第二款、第二十八条规定的不同顺序的人共同担任监护人，或者由顺序在后的人担任监护人的，人民法院依法予以支持。

所以参与协议监护人的法定监护人必须亲自订立协议监护，不适用代理的规定。需要指出的是，监护是为无民事行为能力人和限制行为能力人所设立的制度，换言之，该制度是为“意思能力”有缺陷的自然人量身打造的，其“意愿”在协议中的分量如何考量应该是实践中需要认真对待的一个问题。

4. 指定监护

指定监护是法定监护的变种。指定监护是指在有监护争议的情况下，由基层组织或者国家机关指定监护人而设定的监护。所谓监护争议，通常指依法具有监护资格的人因争相担任或相互推卸而致监护人不能确定的情形。指定监护对于未成年人和无民事行为能力或者限制民事行为能力的成年人均可适用。需要注意的是父母有监护能力的，不适用指定监护。《民法典》第 31 条对指定监护作了全面的规定：对监护人的确定有争议的，由被监护人住所地的居民委员会、村民委员会或者民政部门指定监护人，有关当事人对指定不服的，可以向人民法院申请指定监护人；有关当事人也可以直接向人民法院申请指定监护人。居民委员会、村民委员会、民政部门或者人民法院应当尊重被监护人的真实意愿，按照最有利于被监护人的原则在依法具有监护资格的人中指定监护人。依据本条第一款规定指定监护人前，被监护人的人身权利、财产权利以及其他合法权益处于无人保护状态的，由被监护人住所地的居民委员会、村民委员会、法律规定的有关组织或者民政部门担任临时监护人。监护人被指定后，不得擅自变更；擅自变更的，不免除被指定的监护人的责任。对于指定监护的被指定人是一人还是数人，立法没有明确规定，但通说认为，指定监护既可以指定一人，也可以指定数人。①

根据《最高人民法院关于适用〈中华人民共和国民法典〉总则编若干问题的解释》第 10 条的规定，有关当事人不服居民委员会、村民委员会或者民政部门的指定，在接到指定通知之日起 30 日内向人民法院申请指定监护人的，人民法院经审理认为指定并无不当，依法裁定驳回申请；认为指定不当，依法判决撤销指定并另行指定监护人。有关当事人在接到指定通知之日起 30 日后提出申请的，人民法院应当按照变更监护关系处理。

5. 意定监护

意定监护又称“成年协议监护”，为自己设定之监护，是指自然人以协议方式为自己预先设定的监护。《民法典》关于意定监护的创立，突破了监护法上被监护人不得为自己指定监护的陈规。意定监护既可以有偿，也可以无偿。

---

① 《民法学》编写组：《民法学》（第二版），高等教育出版社，2022，第 57 页。魏振瀛主编：《民法》（第六版），北京大学出版社，2016，第 62 页。

意定监护在效力上优先于法定监护，也优先于遗嘱监护。根据《民法典》第33条的规定，具有完全民事行为能力的成年人，因年迈、重病等原因有失去意思能力之虞者，可以自愿与其近亲属、其他愿意担任监护人的个人或者组织事先协商，以书面形式确定自己的监护人，约定在自己丧失或者部分丧失民事行为能力时，由该监护人履行监护职责。意定监护与协议监护的区别在于：①前者是为自己利益设定的监护（自益行为），后者是为他人利益设定的监护（他益行为）；②前者仅适用于具有完全民事行为能力的成年人之间，后者适用于未成年人和无民事行为能力或者限制民事行为能力的成年人；③前者的监护人范围不受限制，后者的监护人仅限于依法具有监护资格的人。需要指出的是，当事人订立书面监护协议后均享有任意解除监护协议的权利。当然，在该成年人丧失或者部分丧失民事行为能力后，协议确定的监护人无正当理由不得请求解除协议。①

案例5-6 甲生前与子侄乙订立书面协议，约定甲日后成为无民事行为能力人或限制民事行为能力人时，由乙担任自己的监护人。甲的儿子丙知道后表示将来如果出现甲乙约定的情形时，应由自己担任监护人，甲不同意。嗣后，甲成为限制行为能力人，甲提出进养老院生活，乙不同意。对此下列表述正确的是？A. 乙不是甲的近亲属，不能担任甲的监护人；B. 若丙有监护能力，乙不能担任甲的监护人；C. 若乙成为甲的监护人，丙可以不承担赡养义务；D. 甲提出入养老院生活，系甲有能力独立处理的事物，乙不得干涉。本案例需注意的一个观点：监护的职责往往与赡养的义务相重合，但二者互不排斥。

6. 有关组织监护

《民法典》第31条第3款规定：依据本条第一款规定指定监护人前，被监护人的人身权利、财产权利以及其他合法权益处于无人保护状态的，由被监护人住所地的居民委员会、村民委员会、法律规定的有关组织或者民政部门担任临时监护人。有的教材把有关组织监护称为国家监护，② 我们认为将有关组织监护称为国家监护似有不妥之处，其外延是不周延的，因为居民委员会和村民委员会本质上属于我国的基层自治组织，这种监护带有民间的属性，

① 《最高人民法院关于适用〈中华人民共和国民法典〉总则编若干问题的解释》第11条第1款规定：具有完全民事行为能力的成年人与他人依据民法典第三十三条的规定订立书面协议事先确定自己的监护人后，协议的任何一方在该成年人丧失或者部分丧失民事行为能力前请求解除协议的，人民法院依法予以支持。该成年人丧失或者部分丧失民事行为能力后，协议确定的监护人无正当理由请求解除协议的，人民法院不予支持。

② 《民法学》编写组：《民法学》（第二版），高等教育出版社，2022，第58页。

它体现的是民间的互助合作，是传统扶贫济困朴素道德在我国立法上的体现。当然，在我国确实存在国家监护，例如由民政部门担任的监护（《民法典》第31条和第32条均有国家监护的规定）。

综上，根据我国现行立法及有关的司法解释，我国的监护类型共有六种类型，这六种类型中并不包括委托监护，即委托监护并非监护的一种类型，委托监护并不导致监护的移转，监护人只是把自己的监护职责部分或全部以协议的方式委托于他人履行。① 在法律的语境下，接受委托监护的人通常称为委托监护人。关于这一点，2013年司法考试卷三第2题的考查可以给我们提供佐证。该题如下：关于监护，下列表述正确的是？A. 甲委托医院照料其患病的配偶乙，医院是委托监护人；B. 甲的幼子乙在寄宿制学校期间，甲的监护职责全部转移给幼儿园；C. 甲丧夫之后携幼子改嫁，乙的祖父有权要求确定自己是法定监护人；D. 市民甲乙之子5周岁，甲乙离婚后对谁担任丙的监护人发生争议，当地居委会有权指定监护人。该题给出的标准答案是A。

（四）监护人的撤销

根据《民法典》第36条的规定，监护人有下列情形之一的，人民法院根据有关个人或者组织的申请，撤销其监护人资格，安排必要的临时监护措施，并按照最有利于被监护人的原则依法指定监护人：①实施严重损害被监护人身心健康的行为；②怠于履行监护职责，或者无法履行监护职责并且拒绝将监护职责部分或者全部委托给他人，导致被监护人处于危困状态；③实施严重侵害被监护人合法权益的其他行为。概括起来两种情况下可以申请撤销：一是严重侵权；二是怠于行使监护职责。需要指出的是，监护资格被撤销后，可以通过一定的表现和行为得到恢复，但只限于被撤销监护资格的父母或子女。② 不能恢复的情形既有民事主体方面的限制，亦有事项方面的限制。即父母子女以外的监护人一旦被撤销监护人资格，监护人资格将永不恢复；监护人对被监护人实施了故意犯罪，一旦监护人资格被撤销，监护人资格将永不恢复。

---

① 《民法典》第1189条：无民事行为能力人、限制民事行为能力人造成他人损害，监护人将监护职责委托给他人的，监护人应当承担侵权责任；受托人有过错的，承担相应的责任。《最高人民法院关于适用〈中华人民共和国民法典〉总则编若干问题的解释》第13条：监护人因患病、外出务工等原因在一定期限内不能完全履行监护职责，将全部或者部分监护职责委托给他人，当事人主张受托人因此成为监护人的，人民法院不予支持。

② 《民法典》第38条：被监护人的父母或者子女被人民法院撤销监护人资格后，除对被监护人实施故意犯罪的外，确有悔改表现的，经其申请，人民法院可以在尊重被监护人真实意愿的前提下，视情况恢复其监护人资格，人民法院指定的监护人与被监护人的监护关系同时终止。

有权提出上述撤销申请的个人和组织包括：其他依法具有监护资格的人，居民委员会、村民委员会、学校、医疗机构、妇女联合会、残疾人联合会、未成年人保护组织、依法设立的老年人组织、民政部门等。其中，民政部门在个人和其他组织未及时申请的情况下，有义务提出申请。需要指出的是，依法负担被监护人抚养费、赡养费、扶养费的父母、子女、配偶等，被人民法院撤销监护人资格后，应当继续履行负担的义务。

（五）监护关系的终止

根据《民法典》第 39 条的规定，有下列情形之一的，监护关系终止：①被监护人取得或者恢复完全民事行为能力。其中，对于未成年人的监护，自被监护人成年之日起，监护关系自然终止。②监护人丧失监护能力。这包括丧失民事行为能力或履行监护职责所必要的其他能力。③被监护人或者监护人死亡。④人民法院认定监护关系终止的其他情形。监护关系终止后，被监护人仍然需要监护的，应当依法另行确定监护。

五、宣告失踪和宣告死亡

为了尽快确定长期下落不明的失踪人在原先的家庭及社会生活中形成的各种财产关系和人身关系，以稳定社会经济秩序和保护利害关系人的合法权益，《民法通则》和《民法典》均设有宣告失踪和宣告死亡。这种“双轨制”的立法模式源自《苏俄民法典》,[①] 两项制度皆为了处理下落不明者因下落不明所引发的系列法律问题。

（一）宣告失踪

根据《民法典》第 40 条规定，宣告失踪可以表述为：自然人离开自己的住所下落不明满法定期限，人民法院根据利害关系人的申请，由人民法院依法宣告该自然人为失踪人，以处理其财产关系的一种法律制度。

1. 宣告失踪的条件

宣告失踪的条件包括：①须该自然人处于持续的下落不明状态。下落不明是指自然人离开自己的住所或居所行踪消失没有音讯，处于生死不明的状态。②须该自然人下落不明满 2 年。《民法典》第 40 条规定：“自然人下落不

---

① 张俊浩主编：《民法学学理》（修订第 3 版）（上册），中国政法大学出版社，2000，第 102 页。

明满二年的，利害关系人可以向人民法院申请宣告该自然人为失踪人。”《民法典》第 41 条规定：“自然人下落不明的时间自其失去音讯之日起计算。战争期间下落不明的，下落不明的时间自战争结束之日或者有关机关确定的下落不明之日起计算。”③须由该自然人的利害关系人向人民法院申请（非起诉）。此处的利害关系人包括三类：一是失踪人的近亲属。根据《最高人民法院关于贯彻执行〈中华人民共和国民法通则〉若干问题的意见》第 24 条的规定，近亲属包括配偶、父母、子女、兄弟姐妹、祖父母、外祖父母、孙子女、外孙子女。二是依据《民法典》第 1128 条①、第 1129 条②规定对被申请人有继承权的亲属。三是不申请宣告失踪不影响其权利行使、义务履行的除外。④须经人民法院公告。《最高人民法院关于贯彻执行〈中华人民共和国民法通则〉若干问题的意见》第 28 条规定发出寻找失踪人的公告为半年。《民事诉讼法》第 192 条规定的失踪公告期限为三个月。⑤须经人民法院依法宣告。此处的人民法院根据《最高人民法院关于贯彻执行〈中华人民共和国民法通则〉若干问题的意见》第 28 条的规定：“宣告失踪的案件，由被宣告失踪人住所地的基层人民法院管辖。住所地与居住地不一致的，由最后居住地基层人民法院管辖。”审理宣告失踪案件应依民事诉讼法规定的特别程序审理。

2. 宣告失踪的法律后果

人民法院受理宣告失踪案件后，经公告下落不明者仍无音讯的，法院应作出宣告失踪的判决。宣告失踪的法律后果是确定失踪人的财产代管人。对此，《民法典》有以下规定：①设立财产代管人。根据《民法典》第 42 条规定，设立财产代管人有顺序上的要求。第一顺位是失踪人的配偶、成年子女、父母；第二顺位是其他愿意担任财产代管人的人；第三顺位是代管有争议，没有上述规定的人，或者上述规定的人无代管能力的，由人民法院指定的人代管。②财产代管人的职责。财产代管人应当妥善管理失踪人的财产，维护其财产权益，包括保管财产、主张债权、清偿债务和缴纳税款等，代管取得的财产和收益归属于失踪人，失踪人所欠税款、债务和应付的其他费用从失踪人的财产中支付。财产代管人因故意或者重大过失造成失踪人财产损失的，

---

① 《民法典》第 1128 条：被继承人的子女先于被继承人死亡的，由被继承人的子女的直系晚辈血亲代位继承。被继承人的兄弟姐妹先于被继承人死亡的，由被继承人的兄弟姐妹的子女代位继承。即相当于第一顺序的代为继承人。

② 《民法典》第 1129 条：丧偶儿媳对公婆，丧偶女婿对岳父母，尽了主要赡养义务的，作为第一顺序继承人。

应当承担赔偿责任（《民法典》第43条第3款①）。另外，需要注意的是财产代管人基于“诉讼担当”应当列为原告或被告②。③财产代管人的变更。财产代管人不履行代管职责、侵害失踪人财产权益或者丧失代管能力的，失踪人的利害关系人可以向人民法院申请变更财产代管人。财产代管人有正当理由的，可以向人民法院申请变更财产代管人。人民法院变更财产代管人的，变更后的财产代管人有权请求原财产代管人及时移交有关财产并报告财产代管情况。

3. 失踪宣告的撤销

失踪人重新出现，经本人或者利害关系人申请，人民法院应当撤销失踪宣告。失踪宣告撤销后，重新出现的失踪人有权请求财产代管人及时移交有关财产并报告财产代管情况（《民法典》第45条③）。财产代管人违反财产移交义务、报告义务的，应当承担民事责任。

（二）宣告死亡

宣告死亡本质上是法律上的推定死亡，在法律上产生与死亡相同的法律效果。所谓宣告死亡是指自然人失踪达一定期间后，由利害关系人申请，法院宣告该自然人死亡，以便结束以其生前住所地为中心的民事法律关系的法律制度。

1. 宣告死亡的条件

申请宣告死亡分三种情况：第一种情况是下落不明满四年；第二种情况是下落不明满2年；第三种情况是不受时间限制。《民法典》第46条规定：“自然人有下列情形之一的，利害关系人④可以向人民法院申请宣告该自然人死亡：下落不明满四年；因意外事件下落不明满二年。因意外事件下落不明，

---

① 《民法典》第43条第3款：财产代管人因故意或者重大过失造成失踪人财产损失的，应当承担赔偿责任。

② 《最高人民法院关于适用〈中华人民共和国民法典〉总则编若干问题的解释》第13条：失踪人的财产代管人向失踪人的债务人请求偿还债务的，人民法院应当将财产代管人列为原告。债权人提起诉讼，请求失踪人的财产代管人支付失踪人所欠的债务和其他费用的，人民法院应当将财产代管人列为被告。经审理认为债权人的诉讼请求成立的，人民法院应当判决财产代管人从失踪人的财产中支付失踪人所欠的债务和其他费用。

③ 《民法典》第45条：失踪人重新出现，经本人或者利害关系人申请，人民法院应当撤销失踪宣告。失踪人重新出现，有权请求财产代管人及时移交有关财产并报告财产代管情况。

④ 《最高人民法院关于适用〈中华人民共和国民法典〉总则编若干问题的解释》第16条：人民法院审理宣告死亡案件时，被申请人的配偶、父母、子女，以及依据民法典第一千一百二十九条规定对被申请人有继承权的亲属应当认定为民法典第四十六条规定的利害关系人。

经有关机关证明该自然人不可能生存的，申请宣告死亡不受二年时间的限制。”与此相适应，《民事诉讼法》第191条规定[①]：“公民下落不明满四年，或者因意外事件下落不明满二年，或者因意外事件下落不明，经有关机关证明该公民不可能生存，利害关系人申请宣告其死亡的，向下落不明人住所地基层人民法院提出。申请书应当写明下落不明的事实、时间和请求，并附有公安机关或者其他有关机关关于该公民下落不明的书面证明。”根据以上立法规定，宣告下落不明的自然人死亡需满足三方面的要求：首先，必须符合时间上的要求，须自然人处于持续下落不明状态并达到一定期间。这里的“一定期间”分为普通期间和特殊期间。普通期间是指持续下落不明的状态满4年，其计算方法与宣告失踪相同；特殊期间是指因意外事件而下落不明满2年的，从意外事件发生日起算，但经有关机关证明该自然人不可能生存的，不受此2年时间的限制。其次，须由利害关系人向法院申请。《民法典》第47条规定：“对同一自然人，有的利害关系人申请宣告死亡，有的利害关系人申请宣告失踪，符合本法规定的宣告死亡条件的，人民法院应当宣告死亡。”结合《民法典》第46条和第47条的规定，在死亡宣告方面，《民法典》突破了《民法通则》关于死亡宣告的顺序要求。最后，须经人民法院公告。根据《民事诉讼法》第192条的规定，死亡宣告的期限为一年，但因意外事件下落不明，经有关机关证明该公民不可能生存的，宣告死亡的公告期间为三个月。此外，宣告死亡案件的管辖法院与宣告失踪案件的管辖法院在立法规定上是一样的。

2. 宣告死亡的法律后果

人民法院受理宣告死亡案件后，经公告下落不明者仍无音讯的，法院应作出宣告死亡的判决。被宣告死亡的日期一般为宣告死亡判决作出之日，因意外事件下落不明者的宣告死亡日期为意外事件发生之日（详见《民法典》第48条[②]）。

自然人被宣告死亡后，其民事法律关系产生与自然死亡同样的法律后果，包括继承开始、婚姻关系消灭等。但需要注意的是，被宣告死亡但事实上并未死亡的自然人，在被宣告死亡期间实施的民事法律行为的效力不受宣告死

---

① 符合下列情形之一的，被申请人的其他近亲属，以及依据民法典第一千一百二十八条规定对被申请人有继承权的亲属应当认定为民法典第四十六条规定的利害关系人：（一）被申请人的配偶、父母、子女均已死亡或者下落不明的；（二）不申请宣告死亡不能保护其相应合法权益的。被申请人的债权人、债务人、合伙人等民事主体不能认定为民法典第四十六条规定的利害关系人，但是不申请宣告死亡不能保护其相应合法权益的除外。

② 《民法典》第48条：被宣告死亡的人，人民法院宣告死亡的判决作出之日视为其死亡的日期；因意外事件下落不明宣告死亡的，意外事件发生之日视为其死亡的日期。

亡的影响（详见《民法典》第49条①）。

3. 死亡宣告的撤销

被宣告死亡的人重新出现，经本人或利害关系人申请，人民法院应当撤销死亡宣告（《民法典》第50条②）。撤销死亡宣告后，相关民事法律关系按以下规则处理：①婚姻关系的处理。被宣告死亡的人的婚姻关系自撤销死亡宣告之日起自行恢复，但是其配偶再婚或者向婚姻登记机关书面声明不愿意恢复的除外（《民法典》第51条）。②子女被收养的处理。被宣告死亡的人在被宣告死亡期间，其子女被他人依法收养的，在死亡宣告被撤销后，不得以未经本人同意为由主张收养关系无效（《民法典》第52条）。③财产关系的处理。被撤销死亡宣告的人有权请求依照继承取得其财产的民事主体返还财产；无法返还的，应当给予适当补偿。利害关系人隐瞒真实情况，致使他人被宣告死亡取得其财产的，除应当返还财产外，还应当对由此造成的损失承担赔偿责任（《民法典》第53条）。

案例5-7 甲外出经商下落不明，2015年9月经其妻乙请求被K县法院宣告死亡，其后乙未再婚，乙是甲唯一的继承人。2016年3月，乙将家里的一辆轿车赠送给了弟弟丙，交付并办理了过户登记。2016年10月，经商失败的甲返回K县，为还债将登记于自己名下的一套夫妻共有住房私自卖给知情的丁；同年12月，甲的死亡宣告被撤销。下列哪些选项是正确的？A. 甲、乙的婚姻关系自撤销死亡宣告之日起自行恢复；B. 乙有权赠与该轿车；C. 丙可不返还该轿车；D. 甲出卖房屋的行为无效。本题的答案是ABC。解释：甲被死亡宣告后乙一直未婚，故A当选；甲未宣告死亡时该轿车乙享有二分之一的所有权，甲被宣告死亡后，乙是唯一的继承人，乙因此享有100%的所有权，故乙有权处分，B当选；丙是通过赠与获得该车的，而非通过继承的途径（死亡宣告被撤销后只有三类人负有返还的责任：法定继承、遗嘱继承和受遗赠），故丙可以不返还，C当选；由于该房屋属于夫妻共有，甲被宣告死亡被撤销死亡宣告前，乙通过继承拥有100%的所有权，甲属于无权处分，另外，丁是恶意的第三人，不能根据《民法典》第311条的规定善意取得，但该无权处分不影响民事法律行为的效力，故D不当选（2017年司法考试卷三第52题）。

---

① 《民法典》第49条：自然人被宣告死亡但是并未死亡的，不影响该自然人在被宣告死亡期间实施的民事法律行为的效力。

② 《民法典》第50条：被宣告死亡的人重新出现，经本人或者利害关系人申请，人民法院应当撤销死亡宣告。

六、个体工商户和农村承包经营户

个体工商户和农村承包经营户（简称“两户”）是自然人从事经营活动的特殊主体形式，是具有中国特色的民事主体。《民法典》第54条规定：“自然人从事工商业经营，经依法登记，为个体工商户。个体工商户可以起字号。”《民法典》第55条规定：“农村集体经济组织的成员，依法取得农村土地承包经营权，从事家庭承包经营的，为农村承包经营户。”《民法通则》的界定为“按照承包合同规定从事商品经营的，为农村承包经营户”（详见《民法通则》第27条）。这样的界定明显脱离了现实，势必会将大量与集体经济组织签订了土地承包合同，但没有从事农业商品经营，拖家带口进城务工，抛耕撂荒专事打工的农户排除在农村承包经营户外。

与民法关于自然人的一般规定相比较，“两户”在民事主体资格取得方面不同于自然人：个体工商户的主体资格依照《市场主体登记管理条例》的规定需在办理登记时取得；至于农村承包经营户的主体资格，通常在与农村集体经济组织签订承包合同时取得。关于民事主体的民事活动范围，自然人可以从事各种领域的民事活动，而“两户”仅从事特定领域的民事活动。其中，个体工商户从事工商业经营，农村承包经营户则从事农业生产经营。关于主体的人员构成，自然人作为民事主体通常为个人，而“两户”可以是单个的自然人，也可以是单个的家庭。关于个体工商户和农村承包经营户的债务承担问题，《民法典》也作出了明确规定，即“个体工商户的债务，个人经营的，以个人财产承担；家庭经营的，以家庭财产承担；无法区分的，以家庭财产承担。农村承包经营户的债务，以从事农村土地承包经营的农户财产承担；事实上由农户部分成员经营的，以该部分成员的财产承担”。《民法典》第56条规定：个体工商户的债务，个人经营的，以个人财产承担；家庭经营的，以家庭财产承担；无法区分的，以家庭财产承担。关于主体的名称：自然人一般以姓名为人格标志，而个体工商户可以起字号，即采用特殊的商业名称（如店名）从事经营活动。字号名下的财产和经营行为，其权利义务和民事责任归属于登记为负责人的自然人。在民事诉讼中，起字号的个体工商户以负责人为诉讼当事人。需要指出的是，在特定情况下个体工商户与农村承包经营户两种身份是可以重叠的，当前只有农村承包经营户可以同时兼具“两户”的身份。

个体工商户作为我国民事立法一个具有本土特色的民事制度，无论给社会还是个体家庭均带来了制度红利。对社会，它在繁荣市场、解决社会就业问题上发挥了重要的不可替代的作用；对个人或个体家庭来说，选择个体工商户不仅有设立上的方便，而且有税收方面的优惠——个体工商户可以免交个人所得税和企业所得税。对个体工商户的税收我们采阶梯式的核定经营所得制。

思政园地

本节围绕自然人展开，有关胎儿利益的保护、监护制度的创新、宣告失踪和宣告死亡制度的完善，集中体现了习近平法治思想关于良法善治、以人为本和依法保障人民权益的法治精髓。

课程思政思路一：保护弱势群体的利益是衡量社会文明程度的重要指标。习近平总书记强调："推进全面依法治国，根本目的是依法保障人民权益。"①无民事行为能力人和限制民事行为人无论在智力还是在行为能力上都与完全民事行为能力人有差别，他们的人身和财产如何得到有效的保护？在立法上需要有足够的关注，这是一个文明社会必须解决的问题。可以说，这方面的立法水平和所持的态度是衡量一个社会文明程度高低的重要指标。

课程思政思路二：《民法典》关于自然人领域的立法完善充分体现了我国法治的人民立场。习近平法治思想深刻论述了全面依法治国最广泛、最深厚的基础是人民，明确提出要坚持人民的主体地位，坚持以依法保障人民权益作为社会主义法治的根本目的，坚持以维护社会公平正义的社会主义法治的生命线。强调全面依法治国必须坚持为了人民、依靠人民的政治立场，要把体现人民利益、反映人民愿望、维护人民权益、增进人民福祉落实到全面依法治国的全过程、各环节，积极回应人民的新期待、不断增强人民群众的获得感、幸福感和安全感。《民法典》的监护制度从过去的法定监护、协议监护、指定监护和单位监护，发展到现在的法定监护、遗嘱监护、协议监护、指定监护、单位监护和意定监护，使我国的监护制度更加完善，对无民事行为能力人和限制民事行为能力人的保护更加周全，充分体现了习近平法治思想关于良法善治、以人为本和依法保障人民权益的法治精髓，是习近平法治思想指导我国民事立法的生动体现。

课程思政思路三：实施好民法典是坚持以人为本、保障人民权益实现和

① 习近平：《坚定不移走中国特色社会主义法治道路　为全面建设社会主义现代化国家提供有力法治保障》，《求是》2021年第5期，第6页。

发展的必然要求。习近平总书记强调，《民法典》在中国特色社会主义法律体系中具有重要地位，对坚持以人民为中心的发展思想、依法维护人民权益、推动我国人权事业发展等，都具有重大意义。《民法典》所调整的人身关系和财产关系，是社会生活和经济生活中最普通、最常见的社会关系和经济关系，涉及经济社会生活方方面面，同人民群众生产生活密不可分，同各行各业发展息息相关。《民法典》实施得好，人民群众权益就会得到法律保障，人与人之间的交往活动就会更加和谐有序。

第二节　法　人

课程思政路向设计

以法人为切入点，学习贯彻习近平关于社会主义市场经济是信用经济、法治经济的重要法治思想。法人是我国社会主义市场经济的主要参与者，对活跃社会主义市场经济和繁荣社会主义市场经济发挥着不可替代的重要作用。根据法人的活动目的，可以将法人分为营利性法人、公益法人和中间法人。营利性法人在法人体系中占据主导性地位，也是我国有关民商事立法主要的规范对象。讲究信用、遵守法律法规是营利性法人应有的品质。习近平总书记在多个场合围绕“社会主义市场经济是信用经济、法治经济”进行了多次重要论述。

守法经营是法治社会对所有市场活动主体的基本要求。所谓“诚者，天之道也；思诚者，人之道也”。人无信不立，企业和企业家更是如此。社会主义市场经济是既是信用经济，也是法治经济。企业家要同方方面面打交道，调动人、财、物等各种资源，没有诚信寸步难行。毋庸讳言，一些法人在经营活动中过分追求自身利益或眼前利益，放松了对自己社会责任方面的要求，存在不少不讲诚信甚至违规违法的现象。法治意识、契约精神、守约观念是现代经济活动的重要意识规范，也是信用经济、法治经济的重要要求。企业家要做诚信守法的表率，带动全社会道德素质和文明程度提升。

守法经营是我国企业和个人积极参与世界市场竞争的客观要求。中国人历来讲求一诺千金，讲诚信守法度是我们的本分。我们高度重视建立有约束的国际协议履约执行机制，高度重视履行同各国达成的多边和双边经贸协议，按照扩大开放的需要修改完善法律法规，在行政许可、市场监管等方面规范各级政府行为，清理废除妨碍公平竞争、扭曲市场的不合理规定和做法，公平对待所有企业和经营者，在实现市场化、法治化、便利化营商环境方面作出了不懈努力。

守法经营是新经济业态下市场繁荣的客观要求。我国互联网市场方兴未艾，在发展过程中存在一些恶性竞争、滥用市场支配地位等情况。规范市场秩序、鼓励良性竞争、更好服务百姓是发展互联网市场的初心和使命。加大知识产权保护力度是鼓励创新、提升产业质量和效率的重要途径。党的十八届四中全会提出了健全以公平为核心原则的产权保护制度，产权保护特别是知识产权保护是塑造良好营商环境的重要方面，是加快新兴产业新型业态发展的重要手段，是调动知识创新产业创新积极性的重要推手。

框架·内容

一、法人概述

（一）法人的概念与法人制度的形成

法人是与自然人相对应的民事主体。《民法典》第57条规定："法人是具有民事权利能力和民事行为能力，依法独立享有民事权利和承担民事义务的组织。"这一规定揭示了法人的本质特征。

现代法人制度和法人观念萌芽于罗马法。罗马法上没有法人的概念，法人这个概念是中世纪注释法学派在总结概括罗马法的基础上提出来的。[①]"12、13世纪时，注释法学者虽受罗马法影响，时用法人一语，但当时彼等所见者，并非真正之法人，乃不过为团体及共同态而已。"[②] 自15世纪末荷兰和英国工商业的发展，各种商业公司先后成立，为了规避投资风险的发生，合伙型的公司逐步向法人型公司过渡，1612年英国东印度公司将各个个人的资本合并为共同资本，公司有了由其支配的相对独立的财产和团体人格。19世纪出现了股份有限公司和有限责任公司，公司才有了完全独立的人格。[③]

1863年撒克逊王国公布了《撒克逊王国民法典》，这个法典是以德国普通法和撒克逊法为基础制定的，该法典设有总则，规定了法人制度，将法人分为社团法人和财团法人。1804年的《法国民法典》没有规定法人制度，主

① 魏振瀛主编：《民法》（第六版），北京大学出版社，2016，第74页。
② 李宜琛：《日耳曼法概说》，商务印书馆，1943，第29页。
③ 魏振瀛主编：《民法》（第六版），北京大学出版社，2016，第74页。

要原因是法国大革命以后，个人主义思想达到顶峰，对团体人格采取排斥态度，同时也是为了防止封建势力利用团体组织进行复辟活动（后来在《法国民法典》修正的条文中用了法人概念）。[①] 1896 年颁布的《德国民法典》将法人规定为与自然人并列的民事主体，将法人分为社团、财团和公法人，规定了社团法人的成立、登记、章程、法人机关、破产和清算等，建立了完备的法人制度。[②]

（二）法人的特征

第一，依法成立。依法成立是指依照法律规定的条件和程序成立。《民法典》第 58 条规定："法人应当依法成立。"具体包括：①法人应当有自己的名称、组织机构、住所、财产或者经费。②法人成立的具体条件和程序，依照法律、行政法规的规定。③设立法人，法律、行政法规规定须经有关机关批准的，依照其规定。

第二，具有独立法律人格。法人具有独立的法律人格来源于法人具有民事权利能力，法人具有民事权利能力根源于法人具有自己的名称、组织机构、住所、财产或者经费。当然，法人具有民事权利能力归根到底来源于法律的制度设计，法人本质上是法律"拟制的人"。法人的独立法律人格表现为：法人有自己的意思机关；法人的权利义务与法人成员的权利义务彼此分离；法人以自己的名义参与民事法律关系或非民事法律关系，享有民事权利和承担民事义务，以自己的名义在法院起诉和应诉。下面举例说明：甲乙丙各出资 30 万元成立公司 A，甲乙丙向公司 A 投入的 90 万元出资不再归甲乙丙，而是归公司 A 所有（财产独立）；甲乙丙失去财产换回股东身份，甲乙丙任何股东退出公司不影响 A 存在（人格独立）。

第三，独立承担民事责任。《民法典》第 60 条规定："法人以其全部财产独立承担民事责任。"这意味着，相对于自然人和非法人组织而言，法人的一个重要特征就是法人的责任与出资人或设立人的责任进行隔离，即法人的出资人或设立人在其实际出资的范围以外，不必对法人的债务负清偿责任。法人的财产不足以清偿债务时，法人的出资者不承担补充责任（法律另有规定

① 关于《法国民法典》不规定法人制度的背景，参见郑玉波：《民法总论》，三民书局，1995，第 125-126 页；尹田：《民事主体理论与立法研究》，法律出版社，2003，第 154 页。

② 关于法人制度的形成，参见（意）彼德罗·彭梵得：《罗马法教科书》，黄风译，中国政法大学出版社，1992，第 50-54 页；周相：《罗马法原论》（上册），商务印书馆，1994，第 268-269 页；范健、蒋大兴：《公司法论》（上卷），南京大学出版社，1997，第 8-11 页；史尚宽：《民法总论》，中国政法大学出版社，2000，第 138-139 页。

的除外)。

公司责任独立是营利公司从事有违诚信甚至违法活动的主要抓手，为此我国有关立法进行了有效防范。《民法典》第 83 条第 2 款规定：营利法人的出资人不得滥用法人独立地位和出资人有限责任损害法人债权人的利益；滥用法人独立地位和出资人有限责任，逃避债务，严重损害法人债权人的利益的，应当对法人债务承担连带责任。《公司法》第 23 条规定：公司股东滥用公司法人独立地位和股东有限责任，逃避债务，严重损害公司债权人利益的，应当对公司债务承担连带责任。股东利用其控制的两个以上公司实施前款规定行为的，各公司应当对任一公司的债务承担连带责任。只有一个股东的公司，股东不能证明公司财产独立于股东自己的财产的，应当对公司债务承担连带责任。

对于利用法人独立责任实施的非诚信行为并损害债权人利益的，我国立法规定了法人人格否定制度。公司人格否定有四个构成要求：一是法人的控股股东（或实际控制人）滥用法人独立地位（主要包括人格混同、过度支配与控制、资本显著不足等)；二是严重损害债权人利益（表现为不足以清偿债权人较大的债权)；三是滥用法人独立地位与严重损害债权人利益具有因果关系；四是滥用法人独立地位具有主观恶意。认定公司人格混同可以从以下几个方面判断：一是股东无偿使用公司资金或财产不作财务记载的；二是股东用公司的资金偿还股东债务，或者将公司的资金提供给关联公司无偿使用不作财务记载的；三是公司账簿与股东账簿不分，致使公司财产与股东财产无法区分；四是股东自身收益与公司盈利不加区分致使双方利益不清；五是公司的财产记载于股东名下，由股东占有、使用；六是人格混同的其他情形。对于过度支配与控制可以从以下几个方面进行认定：一是母子公司之间或者子公司之间进行利益输送；二是母子公司或者子公司之间进行交易，收益归一方，损失却由另一方承担；三是先从原公司出走资金，然后成立经营目的相同或类似的公司，逃避原公司债务的；四是先解散公司，再以原公司场所、设备、人员成立经营目的相同或类似经营目的的公司，逃避原公司债务的；五是过度支配与控制的其他情形。资本显著不足的认定可以从以下角度考虑：股东利用较少的资本从事力所不及的经营，表明其没有从事公司经营的诚意，实质是恶意利用公司独立人格和股东有限责任将经营风险转嫁给债权人。由于资本显著不足的认定标准有很大的模糊性，因此在适用时要特别谨慎，应当与其他因素结合起来综合判断。

法人的人格否认分为正向否认和反向否认。法人的正向否认又包括纵向否认和横向否认。横向否认是公司与股东对债权人承担连带责任；纵向否认是关联公司对债权人的债权承担连带责任。公司法人人格反向否认主要适用于一人公司，即在出现公司人格混同的情况下，通过否认公司的独立人格，由公司与股东一起承担连带责任来清偿股东应承担的对外清偿责任。法人人格反向否认在我国现行法中尚未有明确的立法规定。

法人人格否认的法律效果：法人人格纵向否认实行一案一否认，即法人人格的否认并非全面、彻底、永久地消灭法人的民事主体资格。债权人人格纵向否认的诉讼架构：债务人公司的民事责任已为生效的法律文书所确认，债权人另行提起诉讼请求判决债务人公司人格否认，并要求股东承担连带责任的，列股东为被告，债务人公司为第三人；债权人对债务人公司提起诉讼，并一并提起公司人格否认的，列债务人公司和股东为共同被告。

（三）法人的分类

1. 外国立法和学理对法人的分类

根据外国立法和学理对法人的分类，可以将法人分为四大类：

（1）公法人和私法人。公法人与私法人的划分是传统民法的基本分类。这是以法人设立的法律依据为标准对法人所作的划分。所谓公法人是指以社会公共利益为目的，由国家或者公共团体依公法所设立的行使或者分担国家权力或者政府职能的法人；所谓私法人是指以私人利益为目的，由私人依私法（如订立合同和捐助行为）而设立的法人。一般认为，公法人是指根据宪法、行政法、政府命令等成立，具有政府职能的法人。在学理上，我国现行法上的国家机关法人和部分事业单位法人属于公法人的范畴。私法人是指根据民法、民事特别法成立的法人。

应当明确的是，法人是民法上的概念，如地方政府、国家机关等作为公法人，是以民事主体的身份出现的，而不是以行使公权力的机关身份出现的。对于那些以私人目的而设立但又与公众有密切联系并被授予某些公共职能的法人，如桥梁、铁路、市内交通、电话电报等公司，有的学者主张应定为准公法人或者中间法人。①

传统民法区分公法人和私法人的意义是：第一，诉讼方式不同。对于公法人因行使公共权力所生争执，依行政救济程序解决，或行政复议、行政诉讼。对于私法人间所生争执，依民事诉讼程序或者仲裁程序解决。第二，损

① 魏振瀛主编：《民法》（第六版），北京大学出版社，2016，第 81 页。

害赔偿依据不同。公法人及其职员因侵权行为所生损害，依国家赔偿法或者特别规定承担损害赔偿责任；私法人及其职员因侵权行为所生损害，依民法规定承担损害赔偿责任。

（2）社团法人和财团法人。这一分类是以法人成立的基础为标准而作的划分。社团法人是以人的集合为成立基础，由两个以上的成员组成，根据法律取得独立人格的法人，如股份有限公司。财团法人是以捐赠财产为成立基础，为一定的目的而存在的财产集合体，如基金会组织。

传统民法区分社团法人与财团法人的意义是：第一，成立基础不同。社团法人以人为基础，即以组织成员或者社员为基础；财团法人以财产为基础，因而没有法人成员。第二，设立人地位不同。社团法人的设立人，在法人成立时成为其成员，并享有社员权；而财团法人的设立人，因法人成立时与法人相脱离，故设立人不是法人成员（股东）。第三，设立行为不同。社团法人的设立属于一般为多方民事法律行为，且为生前行为；而财团法人的设立行为多为单方民事法律行为，有的为死后生效的行为。第四，有无意思机关不同。社团法人有自己的意思机关，故又称自律法人；财团法人则没有意思机关，其行为通常以捐赠人之意思或章程所规范，故又称他律法人。第五，设立目的不同。社团法人设立的目的可以是营利，也可以是公益，故社团法人可分为营利法人、公益法人和中间法人；财团法人的设立目的只能是公益，所以财团法人只能是公益法人。

（3）营利法人、公益法人和中间法人。这是以法人活动的目的为标准对法人所作的划分。营利法人是指设立的宗旨在于从事营利活动，并将所取得的盈利在成员中进行分配的法人，如各类有限责任公司和股份有限责任公司。公益法人也称非营利性法人，是指基于公益、慈善、教育等目的而设立的于任何情况下都不得将盈利在成员中进行分配的法人，如幼儿园、学校、医院、各类学术研究机构和各类慈善机构等。中间法人是指那些既不宜归于营利法人，也不宜归于公益法人的社团法人，如商会、工会和各类行业协会等。需要注意的是，认定法人是否营利的关键不在于法人是否从事经营活动和谋取经济利益，而在于其所获利益之归属，即是否将所获得的利益在成员中进行分配。

区分营利法人与公益法人的意义是：目的不同。第一，营利法人以营利并分配给其成员为目的，公益法人以公益为目的。第二，设立准则不同。营利法人的设立依特别法如《公司法》的规定设立；而公益法人除有特别法外，一般依民法的规定设立。第三，设立程序不同。营利法人的设立，除有特别规定外，一般不需要得到主管机关的许可；公益法人则必须得到这种许可后才能成立。第四，法律形式不同。营利法人只能采取社团法人的形式；公益法人既可采取社团法人形式，又可采取财团法人形式。第五，民事活动的范围不同。营利法人可从事各种营利性事业；公益法人无权从事以向其成员分配营利为目的的营利性事业，否则构成违法。

（4）本国法人与外国法人。这是根据法人的国籍对法人进行的划分。具有本国国籍的法人为本国法人，不具有本国国籍的法人为外国法人。这一分类的意义主要在于各国一般对外国法人有专门的认许制度，并对外国法人在民事权利能力上进行特别的限制。《公司法》第13章（第243条~第249条）对外国公司的分支机构有所规定。

2. 我国民法对法人的分类

《民法典》将法人划分为营利法人、非营利法人和特别法人三类：

（1）营利法人。《民法典》第76条第1款规定："以取得利润并分配给股东等出资人为目的成立的法人，为营利法人。"通过对《民法典》第76条第1款的文义解释可知，营利法人是指以取得利润并将利润分配给出资人或设立人为目的的法人。营利法人通常包括有限责任公司、股份有限公司和其他企业法人等（详见《民法典》第76条第2款①）。

（2）非营利法人。《民法典》第87条第1款规定："为公益目的或者其他非营利目的成立，不向出资人、设立人或者会员分配所取得利润的法人，为非营利法人。"通过对《民法典》第76条第1款的文义解释，非营利法人是指基于公益目的或者其他非营利目的而成立，不向出资人、设立人或者会员分配所取得利润的法人。非营利法人包括事业单位、社会团体、基金会、社会服务机构等（详见《民法典》第87条第2款②）。

区分营利法人与非营利法人，主要看两点：一是是否以获得利润为目的。一般而言，营利法人的设立以追求利润为目的，而非营利法人的设立一般并不以追求利润为目的。二是是否将获利分配给出资人、设立人或者会员。营利法人须将所获利润分配给出资人、设立人或者会员；而非营利法人可以在业务活动中获得收入，但不得将收入在出资人、设立人或者会员中进行分配。区分营利法人与非营利法人关键要看所得利润是否在出资人、设立人或者会员中进行分配。

在非营利法人中，事业单位法人在非营利法人中占有重要的地位，在我

---

① 《民法典》第76条第2款：营利法人包括有限责任公司、股份有限公司和其他企业法人等。

② 《民法典》第87条第2款：非营利法人包括事业单位、社会团体、基金会、社会服务机构等。

国的教育、科技、医疗和社会服务等方面发挥着重要的且不可替代的作用。所谓事业单位法人通常是指为适应经济社会发展需要，提供公益服务而设立，具备法人条件的组织（详见《民法典》第88条①）。在非营利法人中，除了事业单位法人外，社会团体法人、捐助法人也占据着非常重要的地位。所谓社会团体法人是指基于会员共同意愿，基于公益目的或者会员共同利益等非营利目的设立，具备法人条件的组织（详见《民法典》第90条②）；所谓捐助法人是指基于公益目的以捐助财产设立的，具备法人条件的基金会、社会服务机构等组织（详见《民法典》第92条③）。我国将各种基金会归入捐助法人。基金会是利用捐赠财产从事公益事业的非营利法人。依学理分析，基金会的成立基础是财产，本质上为财产的集合而非人的集合。所以，尽管我国民事立法没有采用"财团法人"一词，解释上仍可将基金会归类于大陆法系中的财团法人。

（3）特别法人。特别法人是《民法典》创设的一类法人，包括四种类型，即机关法人、农村集体经济组织法人、城镇农村的合作经济组织法人和基层群众性自治组织法人（详见《民法典》第96条④）。它们具有不同于营利法人和非营利法人的一些特殊性。例如，机关法人有来自国家财政的独立经费，以行使国家权力或承担行政职能为目的；农村集体经济组织法人实行以家庭承包经营为基础、统分结合的双层经营体制，具有集体分配和集体保障的职能；城镇农村的合作经济组织法人，如供销合作社，既从事市场经营又提供公益性服务，在农村经济社会建设中发挥着独特作用；基层群众性自治组织法人如居民委员会、村民委员会，具有社区居民自我管理、自我教育和自我服务的功能。明确特别法人的民事主体资格及其在民事活动中与其他民事主体的平等地位，有助于保障它们的合法权益，也有利于社会的全面发展。需要指出的是，特别法人制度实行类型法定，上述四种类型以外的法人组织体只能归入营利法人或者非营利法人。

---

① 《民法典》第88条第2款：具备法人条件，为适应经济社会发展需要，提供公益服务设立的事业单位，经依法登记成立，取得事业单位法人资格；依法不需要办理法人登记的，从成立之日起，具有事业单位法人资格。

② 《民法典》第90条：具备法人条件，基于会员共同意愿，为公益目的或者会员共同利益等非营利目的设立的社会团体，经依法登记成立，取得社会团体法人资格；依法不需要办理法人登记的，从成立之日起，具有社会团体法人资格。

③ 《民法典》第90条：具备法人条件，为公益目的以捐助财产设立的基金会、社会服务机构等，经依法登记成立，取得捐助法人资格。依法设立的宗教活动场所，具备法人条件的，可以申请法人登记，取得捐助法人资格。法律、行政法规对宗教活动场所有规定的，依照其规定。

④ 《民法典》第90条：本节规定的机关法人、农村集体经济组织法人、城镇农村的合作经济组织法人、基层群众性自治组织法人，为特别法人。

难点突破：农村集体资产（经营性资产、非经营性资产、资源性资产）所有权的界定

我国现行宪法第10条规定："城市的土地属于国家所有。农村和城市郊区的土地，除由法律规定属于国家所有的以外，属于集体所有；宅基地和自留地、自留山，也属于集体所有。"此"集体"到底是何"集体"？要揭示这个问题，我们需要从农村社会主义改造完成后的历史逻辑中去寻找：我国农村社会主义改造完成后，我国农村建立了三个层次的集体所有，即人民公社、生产大队和生产队，所谓"三级所有，队为基础"即由此而来。"三级"在当时具有行政和经济的双重功能，只不过人民公社行政色彩大于经济组织色彩，而生产大队和生产队的经济组织色彩大于行政色彩。改革开放后，随着乡人民政府的恢复，人民公社退出历史舞台；随着家庭联产承包责任制的推行，农村的生产队和生产大队虽然仍保留了其历史的痕迹，但从实证的角度看事实上也不存在了。目前农村内部事务基本由村民委员会负责管理。村民委员会性质上属于农村基层自治组织，理论上不属于集体所有中的"集体"。基于以上分析，笔者认为目前农村集体所有的主体是缺位的。

二、法人的能力

（一）法人的民事权利能力

《民法典》第57条规定："法人是具有民事权利能力和民事行为能力，依法独立享有民事权利和承担民事义务的组织。"法人的民事权利能力和民事行为能力始于法人成立，终于法人消灭。法人的民事权利能力是指法人享有民事权利和承担民事义务的资格。法人的民事权利能力与自然人的民事权利能力相比较，具有以下区别：一是产生、消灭的时间不同。法人的民事权利能力从法人成立时产生，到法人终止时消灭（《民法典》第59条）；自然人的民事权利能力始于出生，终于死亡。二是内容不同。法人的民事权利能力和自然人的民事权利能力相比，在诸多方面受到限制，主要是法律和行政法规的限制（如未经批准不得成立金融机构等），性质的限制（即法人无法享有某些专属于自然人的权利，如健康权、生命权、婚姻自主权、抚养和赡养请求权等），设立目的限制（即法人的民事权利能力因设立目的的不同而有所区别，如学校不得从事商业经营、国家机关不得为企业提供担保）。

难点突破：法人的权利能力和法人的经营范围问题

法人的权利能力和法人的经营范围问题，实际上就是法人的权利能力与法人依法或依营业执照开展活动的问题。以依法核准登记的企业法人为例，其营业执照所核准的范围或事项，其实就是法人依法有权可为的范围，从这个意义上讲，法人的营业执照就是法人权利能力的记载，就是法人权利能力的具体化。由此人们产生一个疑惑："法人的权利能力和法人依法获得的授权范围"是否具有一致性，即法人的授权书（营业执照）就是法人的权利能力？我们的回答是否定的，从实证的角度看，法人超越其经营范围所实施的民事法律行为并非无效。《民法典》第505条规定："当事人超越经营范围订立的合同的效力，应当依照本法第一编第六章第三节和本编的有关规定确定，不得仅以超越经营范围确认合同无效。"① 从《民法典》第505条的规定可以得出以下结论：法人的民事权利能力不等同于法人被授权的范围，法人的民事权利能力可以有条件地突破法人被授权的范围，法人超越被授权的范围其行为并非当然无效。

（二）法人的民事行为能力

法人的民事行为能力是指法人在法律规定的范围内以自己的行为取得民事权利和承担民事义务的资格。与自然人的民事行为能力相比较，法人的民事行为能力有以下特点：一是法人的民事权利能力和民事行为能力同时发生、同时消灭。整个期间，民事权利能力和民事行为能力始终相伴随，并随着法人的终止而同时消灭。自然人的民事行为能力受年龄和智力因素限制，在未成年时欠缺民事行为能力，在成年后可能因精神障碍被限制民事行为能力或无民事行为能力。二是法人的民事权利能力和民事行为能力的范围一致。法人的民事行为能力的范围以法人的民事权利能力的范围为准，二者始终一致。自然人的民事行为能力受年龄和精神健康状况的影响，但民事权利能力不受这些影响，因而存在二者不一致的情形。三是法人的民事行为能力以团体意思为前提，通过法人的机关来实现。法人可以依据其组织章程产生意思机关，以意思机关形成和表达法人的意思。所以，不存在无行为能力和限制行为能力的法人。

---

① 《民法典》第一编第六章第三节第153条：违反法律、行政法规的强制性规定的民事法律行为无效。但是，该强制性规定不导致该民事法律行为无效的除外。

（三）法人的民事责任能力

关于法人有无民事责任能力的学说存在否定说和肯定说。否定说认为法人的代表人实为法人的代理人，代理限于民事行为，侵权行为属于事实行为，不适用代理规定，故法人无民事责任能力。肯定说认为法人有民事责任能力，理由是法人一经成立，就同时产生民事权利能力和民事行为能力。而且，在法人存续的人机关的行为即为法人行为，即法人有民事责任能力。① 本书认为，法人具有责任能力是毋庸置疑的，法人是法律上拟制的人，立法赋予其民事权利能力的同时即赋予了法人具有民事责任能力。立法要求法人具有独立的财产其目的就是保证法人的责任能力得到落实。从民事权利能力赋予到具备独立财产的刚性规定，从理论到实践彻底解决了法人的民事责任能力问题。

一般而言，法人的民事责任对法人自身而言是独立责任，即以自己的财产对自己的债务承担责任，而对法人成员而言则是有限责任，即法人的出资人对法人债务的责任以其出资为限。具体而言，以下规则值得注意：一是法人对其法定代表人及其他工作人员的职务行为承担民事责任。依据我国法律的规定，法人的法定代表人及其他工作人员执行职务的行为视为法人的行为，其职务行为的法律后果由法人承担。二是法人对其工作人员因执行职务（或任务）造成他人损害的，由法人承担民事责任。值得注意的是，法人在对外承担民事责任后，可以根据法律或章程的规定，向有过错的法定代表人或工作人员追偿（详见《民法典》第 62 条②和《民法典》第 1191 条③）。

三、法人的住所

法人的住所在法律上具有重要意义，如决定债务履行地、登记管辖地、诉讼管辖地、法律文书送达地、涉外民事法律关系准据法的确定等。《民法典》第 63 条规定，法人以其主要办事机构所在地为住所。依法需要办理法人

① 魏振瀛主编：《民法》（第六版），北京大学出版社，2016，第 88 页。

② 《民法典》第 62 条：法定代表人因执行职务造成他人损害的，由法人承担民事责任。法人承担民事责任后，依照法律或者法人章程的规定，可以向有过错的法定代表人追偿。

③ 《民法典》第 1191 条：用人单位的工作人员因执行工作任务造成他人损害的，由用人单位承担侵权责任。用人单位承担侵权责任后，可以向有故意或者重大过失的工作人员追偿。劳务派遣期间，被派遣的工作人员因执行工作任务造成他人损害的，由接受劳务派遣的用工单位承担侵权责任；劳务派遣单位有过错的，承担相应的责任。

登记的，法人应当将主要办事机构所在地登记为住所。

四、法人的机关

（一）法人机关的含义

法人机关是指根据法律或法人章程的规定，由单个或多个自然人担任，负责形成和表达法人意思、管理法人事务和对外代表法人的组织机构。法人机关是法人存在并维持其法律人格必不可少的条件，也是法人设立的必要条件。

正确理解法人机关需要注意以下几个方面的问题：一是法人机关不同于法人的内设机构。法人的内设机构（如办公室、人事部门、财务部门等）属于法人的组成部分，是为了执行法人意思、实现法人目的而设置的，但其本身不是法人的意思机关，对外不能代表法人。二是法人机关不同于法人机关的担当人。法人机关是法人组织体的组成部分，存在于法人内部，其本身并不具有独立的法律人格，但其本身可以代表法人为意思表示，并对外可以代表法人。而法人的担当人即担任法人机关职务的自然人，在法律上有独立的法律人格，可以独立地享有民事权利和承担民事义务。三是法人机关不同于法人的代理人。法人机关是法人组织体的一个组成部分，与法人属于同一人格。法人机关的意思就是法人的意思，法人机关的行为就是法人的行为，其行为后果当然归属于法人。而在代理关系中，代理人与被代理人具有不同的人格，代理人在代理活动中独立为意思表示，其行为的法律后果依照代理规则归属于被代理人。

（二）法人机关的种类

一是法人的意思机关。意思机关是法人形成自己意思的机关，又称权力机关，如有限责任公司的股东会。意思机关的担当人是法人的全体成员（股东），法人的意思通过成员（股东）大会的决议来形成。在成员（股东）人数较多时，章程往往规定由成员（股东）代表大会作为意思机关。意思机关有权决定法人的重大事项，但通常不能代表法人对外进行民事活动。二是法人的执行机关。执行机关是执行法人意思机关所形成的决议或其他指定事项的机关。执行机关的主要负责人是法定代表人。例如，公司法人的执行机关是董事会，捐助法人的执行机关是理事会，机关法人、事业单位法人的负责人为其执行机关。执行机关按照法人章程或权力机关的授权，对法人日常业务享有决策权和代表权。三是法人的监督机关。监督机关是监督执行机关行为的机关，如公司监事会。但是，并非所有的法人都有监督机关。

（三）法定代表人

法定代表人是依照法律或者法人章程规定，代表法人从事民事活动的负责人。《民法典》第 61 条第 1 款规定：依照法律或者法人章程的规定，代表法人从事民事活动的负责人，为法人的法定代表人。《民法典》第 61 条第 2 款规定：法定代表人以法人的名义从事的民事活动，其法律后果由法人承受。《民法典》第 61 条第 1 款和第 2 款主要适用于“民事法律行为”，但根据法条的文义解释，亦可适用于准法律行为和合法的事实行为（如收付货款等）。法定代表人在执行职务时，法定代表人的人格被法人吸收，法定代表人无独立人格，法定代表人的行为就是法人的行为，其产生的后果由法人承担（包括消极的法律后果，如《民法典》第 62 条规定：法定代表人因执行职务造成他人损害的，由法人承担民事责任；法人承担民事责任后，依照法律或者法人章程的规定，可以向有过错的法定代表人追偿）。不仅如此，《民法典》第 61 条第 3 款还规定了“法人章程或者法人权力机构对法定代表人代表权的限制，不得对抗善意相对人”。

法人代表代表法人从事职务行为，无须法人实施授予法定代表人代表权限的独立授权行为，法定代表人当然享有在职权范围内代表法人实施法律行为的概括代表权限。法定代表人的代表权限受到两类限制：一是法定限制（《公司法》第 15 条①）；二是意定限制（法人章程或决议）。对于法定代表人越权代表的效力问题，分相对人恶意与善意两种情形：相对人善意的，构成表见代表；相对人恶意的，构成无权代表，效力待定（《民法典》第 504 条②）。对恶意的证明责任分配问题，分两种情况：无权代表人超越“意定限制”的恶意证明责任归于被代表的法人；无权代表人超越“法定限制”的恶意证明责任归于相对人；法定代表人以外的其他工作人员在职权范围内实施的民事法律行为的效力如何？《民法典》第 170 条规定：执行法人或

---

① 《公司法》第 15 条：公司向其他企业投资或者为他人提供担保，按照公司章程的规定，由董事会或者股东会决议；公司章程对投资或者担保的总额及单项投资或者担保的数额有限额规定的，不得超过规定的限额公司为公司股东或者实际控制人提供担保的，应当经股东会决议。

② 《民法典》第 504 条：法人的法定代表人或者非法人组织的负责人超越权限订立的合同，除相对人知道或者应当知道其超越权限外，该代表行为有效，订立的合同对法人或者非法人组织发生效力。

者非法人组织工作任务的人员，就其职权范围内的事项，以法人或者非法人组织的名义实施的民事法律行为，对法人或者非法人组织发生效力。法人或者非法人组织对执行其工作任务的人员职权范围的限制，不得对抗善意相对人。

难点突破：法人的法定代表人与法人的代理人

法人的法定代表人与法人的代理人有着明显的区别，具体表现在以下几个方面：一是两者产生的方式不同。法定代表人依法由上级任命或由企业权力机构依法定程序选举产生；法人的代理人可以是基于职权而产生（职权代理），也可以基于授权而产生（民事代理，一事一授权）。二是组成人数不同。法定代表人只能是一人，而代理人可以是数人。三是范围不同。法定代表人由本法人内部产生，而代理中的民事代理其代理人通常由外部人员担任。四是两者权限的来源不同。法定代表人代表权来自职权，民事代理人的职权来自法人的授权。五是法定代表人是法人机关本身，法定代表人在执行职务时其人格被法人所吸收，代理人在实施代理行为时其人格是独立的，代理人不是法人本身，代理人在权限范围内独立为意思表示，其代理行为不是法人的行为，只是其行为后果由法人承受而已。

五、法人的终止

法人的终止是指法人人格的消灭，亦即法人作为民事主体的资格丧失，法人的民事权利能力和民事行为能力不复存在。法人终止后，不能再以法人的名义对外进行民事活动。根据《民法典》第 68 条的规定，法人终止的原因有以下几个方面：法人解散；法人被宣告破产；法律规定的其他原因。法人解散的事由根据《民法典》第 69 条的规定包括以下几个方面：法人章程规定的存续期间届满或者法人章程规定的其他解散事由出现；法人的权力机构决议解散；因法人合并或者分立需要解散；法人依法被吊销营业执照、登记证书，被责令关闭或者被撤销；法律规定的其他情形。

六、法人的清算

法人的清算，是指在法人终止前，清理其财产，收取其债权，并了结其债务的活动。法人解散的，除合并或者分立的情形外，清算义务人应当及时组成清算组进行清算。除法律、行政法规另有规定外，清算义务人应当由法人的董事、理事等执行机构或者决策机构的成员担任（详见《民法典》第71条①）。清算期间法人存续，但不得从事与清算无关的活动。清算结束并完成注销登记法人终止；不需要办理法人登记的，清算结束法人终止（详见《民法典》第72条②）。破产法人完成破产清算且完成注销登记时终止（详见《民法典》第73条③）。

法人人格否认是法人终止的另一种形态。法人人格否认的依据是法人滥用法人独立地位和出资人有限责任，逃避债务严重损害法人债权人的利益的行为，具体表现为人格混同、过度支配和控制、资本显著不足等三个主要方面。

最高法发布反垄断和反不正当竞争典型案例④

党的二十届三中全会强调，要“构建全国统一大市场”“强化反垄断和反不正当竞争”。司法是保障和实现公平竞争法治化、推动构建全国统一大市场的关键一环，为充分发挥司法裁判的示范引领作用，9月11日，正值2024年中国公平竞争政策宣传周，最高人民法院发布8件反垄断和反不正当竞争典型案例：“米线生产商”横向垄断协议案；⑤“有线数字电视加扰信号服务公用企业”滥用市场支配地位案；⑥“天然气公司”捆绑交易案；⑦“蔬菜批发市场”滥用市场支配地位案；⑧“新能源汽车底盘”技术秘密侵权案；⑨“轻抖”

① 法人的清算程序和清算组职权，依照有关法律的规定；没有规定的，参照适用公司法律的有关规定。

② 清算期间法人存续，但是不得从事与清算无关的活动。法人清算后的剩余财产，按照法人章程的规定或者法人权力机构的决议处理。法律另有规定的，依照其规定。清算结束并完成法人注销登记时，法人终止；依法不需要办理法人登记的，清算结束时，法人终止。

③ 法人被宣告破产的，依法进行破产清算并完成法人注销登记时，法人终止。

④ 最高人民法院新闻局于2024年9月11日发布，见最高人民法院网站。

⑤ “米线生产商”横向垄断协议案【最高人民法院（2023）最高法知民终653号】——固定商品价格、联合抵制交易的认定及损害赔偿确定。

⑥ “有线数字电视加扰信号服务公用企业”滥用市场支配地位案【最高人民法院（2023）最高法知民终383号】——搭售、拒绝交易行为的认定。

⑦ “天然气公司”捆绑交易案【最高人民法院（2023）最高法知民终1547号】——反垄断行政处罚后继诉讼中的举证责任及损害赔偿确定。

⑧ “蔬菜批发市场”滥用市场支配地位案【最高人民法院（2024）最高法知民终748号】——仲裁协议不能排除人民法院受理垄断民事纠纷。

⑨ “新能源汽车底盘”技术秘密侵权案【最高人民法院（2023）最高法知民终1590号】——技术秘密侵权判断及停止侵害的具体措施。

不正当竞争纠纷案;①“施耐德”仿冒混淆纠纷案;②企业征信数据平台不正当竞争纠纷案。③

反垄断典型案例还体现了人民法院明确规则引导，指引经营者依法有序开展竞争。其中“有线数字电视加扰信号服务公用企业”滥用市场支配地位案明确了搭售行为的认定，“天然气公司”捆绑交易案进一步明确了反垄断执法机构作出处罚决定后发生的后继民事赔偿诉讼中原告的举证责任以及因搭售行为受到的损失的计算，“蔬菜批发市场”滥用市场支配地位案依据最新发布的反垄断民事诉讼司法解释的规定。

思政园地

维护市场秩序是市场主体应有的社会担当

法人最被人所关注的地方就是它本身所具有的责任独立和法人的发起人所具有的有限责任。在营利法人的运行中，法人在法律上被赋予了独立人格的地位，但从实然的角度观察，我们发现其实法人自身是“死的”，所有以法人名义所实施的行为其实都是法人外衣掩盖下的人的行为。因此，法人的经营者在实施经营的过程中切不可在呼唤公平竞争的同时，却忽视了自身的责任。切不可“雪崩时，每一片雪花都认为自己是无辜的”，每一个市场主体都具有维护市场良好秩序的责任和担当——市场主体的自觉守法就是最好的营商环境。

课程思政思路一：守法经营是法治社会对所有市场活动主体的基本要求。在法治社会中，市场主体的经营活动必须遵守法律法规，这是维护市场秩序和社会公正的基础。市场主体依法经营不仅是法治经济的题中之义，而且是更好适应和推进中国式现代化、助力全体人民共同富裕、物质文明和精神文明协调发展、人与自然和谐共生、保障和推动社会主义市场经济健康发展的需要。当前，为了更好地发挥法治对经营主体活动的引领、规范和保障作用，我们制定了一系列规范市场主体运行的法律、法规，涵盖了生产、流通、服

① “轻抖”不正当竞争纠纷案【浙江省杭州市余杭区人民法院（2022）浙0110民初8714号】——组织刷量、制造虚假流量的虚假宣传行为的认定。

② “施耐德”仿冒混淆纠纷案【江苏省高级人民法院（2021）苏知终19号】——对侵权获利巨大的恶意侵权行为赔偿数额的确定。

③ 企业征信数据平台不正当竞争纠纷案【广东省深圳市中级人民法院（2023）粤03民终4897号】——数据使用者不正当竞争行为的认定。

务等各个环节，为确保市场的公平竞争和健康运行提供了可能。然而，要把应然的良好市场环境变为实然的良好市场环境，最为关键的是市场主体的自觉守法经营。

课程思政思路二：守法经营是新经济业态下市场繁荣的客观要求。在新经济业态下，市场主体的行为规制和市场秩序的维护更加依赖于法治。当前，互联网市场方兴未艾，优势企业滥用市场支配地位实施不正当竞争屡见不鲜，严重影响了新经济业态的发育和发展。市场经济是法治经济，通过法治的规范作用规范市场秩序，鼓励良性竞争，更好服务百姓是发展互联网市场的初心和使命。加大知识产权保护力度是鼓励创新，提升产业质量和效率的重要途径。党的十八届四中全会提出了健全以公平为核心原则的产权保护制度，产权保护特别是知识产权保护是塑造良好营商环境的重要方面，是加快新兴产业新型业态发展的重要手段，是调动知识创新产业创新积极性的重要推手。

课程思政思路三：守法经营是企业法人健康成长的客观要求。企业守法经营是维护市场秩序的重要基础，只有企业或个人遵守法律法规和商业道德，才能保证市场的公平竞争和良性发展。企业法人守法经营有助于树立企业法人良好的形象。守法经营有助于企业树立良好的形象和信誉，提高消费者对企业的信任度和忠诚度；企业法人守法经营有助于规避法律风险。守法经营可以规避企业的法律风险，减少因违法行为带来的经济损失和声誉损失。企业法人守法经营有助于促进企业可持续发展。诚信经营能够使企业获得更多的商业机会和资源，实现长期稳定的发展，提高企业的经济效益和社会效益。

第三节　非法人组织

课程思政路向设计

通过本章的学习，进一步领会习近平总书记关于依法平等保护各类市场主体参与市场竞争的重要法治思想。习近平总书记在关于社会主义市场经济体制的论述中，多次强调了要依法平等保护各类市场主体的原则。这一原则要求在法律面前，无论是国有企业、民营企业还是中小微企业，都应当受到平等的保护。最高人民法院、国家发展改革委发布的《关于为新时代加快完善社会主义市场经济体制提供司法服务和保障的意见》中明确指出，要废除按照所有制类型区分市场主体和对民营企业不平等保护的司法裁判规则，加强对新型市场主体的保护。最高人民法院出台的《关于充分发挥司法职能作用助力中小微企业发展的指导意见》明确指出要将进一步保护中小微企业的生存和发展空间，营造诚信经营的市场环境，助力中小微企业健康发展。

作为经济发展的“细胞”，中小微企业的发展不是小事，它的发展和繁荣关系到国计民生。中小微企业是中国经济的重要组成部分，是保证我国国民经济持续稳定健康发展的韧性所在，是扩大就业维护社会稳定的韧性所在和重要支撑，是稳经济的重要基础、稳就业的主力支撑，是稳市场活力的重要力量，是提升产业链供应链稳定性和竞争力的关键环节，它的发展壮大事关我国经济社会发展全局。一头连着千行百业，另一头系着千家万户，是吸纳和调节就业的蓄水池。第四次全国经济普查结果显示，我国中小微企业法人单位占全部规模企业法人单位的 99.8%，吸纳就业占全部企业就业人数的大半壁江山（占就业总人口的 79.4%）。在当下的经济环境下，加大对中小微企业支持力度，是持续做好“六稳”“六保”工作的重要内容。为此，无论是政府部门还是司法部门，都应该旗帜鲜明地为中小微企业发展解忧纾困，为中小微企业等市场主体的健康稳定发展保驾护航。

习近平总书记强调要千方百计把市场主体保护好，为经济发展积蓄基本力量。① 我国中小微企业量大面广，近年来，中央和地方为助力中小微企业发展出台了许多利好政策。通过加强司法服务和保障、营造公平有序的市场环境、保护市场主体的合法权益等措施，有效地促进了中小微企业的健康发展为激发市场活力、推动经济高质量发展提供了坚实的基础。当前，全国上下都在学习和贯彻习近平法治思想，习近平法治思想为各类市场主体参与市场竞争提供了有力的法治保障。

框架·内容

一、非法人组织的概念和特征

（一）非法人组织的概念

在现代社会中，存在大量非法人的社会组织，它们以各种方式参与民事活动，在经济、文化和其他社会领域发挥着重要作用。当然，民法关于民事主体的理论和立法有一个从单一主体到多元主体的过程，例如 1804 年的《法国民法典》只承认自然人为民事主体，1900 年的《德国民法典》则明确规定

① 2020 年 7 月 21 日习近平在北京主持召开企业家座谈会上的讲话。

了法人制度。二战后，民法学界对于非法人组织的认识有了重大发展：非法人组织得以自己的名义参与民事法律活动；在诉讼中具有当事人能力；具有相对独立于成员的财产；在债务承担上成员责任为补充责任；等等。时至今日，非法人组织为民事主体为各国民事立法和司法实践所认同。

然何谓非法人组织？根据《民法典》第 102 条的规定，非法人组织是指不具有法人资格，但是能够依法以自己的名义从事民事活动的组织。非法人组织包括个人独资企业、合伙企业、不具有法人资格的专业服务机构等。民法典以专章的形式规定，使非法人组织成为除自然人和法人以外的第三类民事主体，丰富了民事主体的类型，有利于激发市场活力，满足我国改革开放的现实需求。承认非法人组织主体地位，也有利于在法律上对其进行规范和管理。

（二）非法人组织的特征

非法人组织类似大陆法系的社团法人，是具有人合性的组织体，但与社团法人相比较，它具有下列主要法律特征：

（1）非法人组织是以人合性为基础构建的组织体。非法人组织与法人都是组织体，但与法人组织体相比较，有两点不同：一是非法人组织与法人相比，具有浓厚的人合性特点；二是法人的成立需要具备法律要求条件的组织体，其设立程序、财产数额、机构设置、名称住所等均由法律所规定。非法人组织虽然也有设立程序、机构设置、议事规则等事项，但这些事项多由组织体成员自己规定，法律对此一般不加规定。

（2）非法人组织是具有相应民事权利能力和民事行为能力的组织体。非法人组织既然是法定的民事主体，那么，为了保证其正常地从事民事活动，必须赋予其享有民事权利和承担民事义务的资格。当然，其民事权利能力和民事行为能力与自然人和法人相比有所不同。

（3）非法人组织应当依法登记设立。非法人组织应当依照法律的规定登记。《民法典》第 103 条规定："非法人组织应当依照法律的规定登记。设立非法人组织，法律、行政法规规定须经有关机关批准的，依照其规定。"

（4）非法人组织是不能完全独立承担其债务的组织体。非法人组织成员的民事责任不以成员的出资为限，当组织体的财产不足以清偿债务时，其出资人或者设立人承担无限责任。《民法典》第 104 条规定："非法人组织的财产不足以清偿债务的，其出资人或者设立人承担无限责任。法律另有规定的，依照其规定。"

难点突破：非法人组织的权利能力

三大民事主体中，自然人和法人的权利能力是以“全有全无”的形式出现的，不存在部分权利能力之自然人或法人。随着这个逻辑追问：非法人组织是否有民事权利能力？我们会发现给出的标准答案应该是“没有”。但如果我们从民事权利能力的概念出发，我们会发现给出的标准答案应该是“有”。因为一个现实存在且相当活跃的市场主体，如果没有享有民事权利和承担民事义务的资格，既不符合理论的逻辑，又不符合实践的逻辑。如何从理论上解决这个问题？笔者认为需要改变我们的思维进路，即民事行为能力除了“有没有”的思维进路外，还有“多与少”的思维进入。

人生而平等的理念已为文明社会所普遍接受，对自然人民事权利能力的考究承载了人类的伦理和尊严，因此自然人的权利能力只有在“有和无”中作出选择，只能在“完全权利能力和无权利能力”作出选择。然而，这样的思维进路套用在法律构建的社会组织体未必合适。

法人和非法人组织作为法律的构造物，并无承载人性尊严之伦理价值，[①] 同时也无承载人性尊严之道德责任。立法之所以赋予某团体权利能力，更多是为了实现人的目的，因此，赋予团体民事权利能力纯属立法技术问题，并非伦理道德问题。因此，在理论上自然人之民事权利能力问题是“有无”问题；团体之民事权利能力是“多少”问题。

二、非法人组织的法律地位

在现实生活中，存在着大量的不具有法人资格的组织体，其中有营利性的，如合伙企业、合伙制专业服务机构（如律师事务所、会计师事务所等）、个人独资企业、非法人集体企业、非法人合作社等；也有非营利性的，如非法人的文化艺术团体、学术研究团体、社区服务机构、公民联谊团体等。这些非法人组织的存在不仅丰富了人们的生活，活跃了社会经济，而且提高经济效率和增进社会活力。赋予这些非法人组织民事主体资格，不仅有利于维护这些非法人组织的合法权益，同时也有利于规范这些非法人组织的民事活动，维护民事交往的正常秩序。

---

① 朱庆育：《民法总论》（第二版），北京大学出版社，2016，第482页。

三、非法人组织的分类

（一）营利性非法人组织和非营利性非法人组织

以取得经济利益并分配给其成员为目的的非法人组织，为营利性非法人组织；不以取得经济利益并分配给其成员为目的的非法人组织，为非营利性非法人组织。非营利性非法人组织的设立，可以是为了成员的共同利益（如学术交流，增进友谊），也可以是为了社会公益或基于其他非营利目的。

（二）须批准的非法人组织和无须批准的非法人组织

《民法典》第 103 条规定："非法人组织应当依照法律的规定登记。设立非法人组织，法律、行政法规规定须经有关机关批准的，依照其规定。"根据《民法典》的规定，成立非法人组织有两种模式：第一种模式是依法登记；第二种模式是依法登记+登记。从《民法典》第 103 条的规定可以知道，非法人组织成立并取得民事主体资格的最低标准是登记。我国《市场主体登记管理条例》规定，设立个人独资企业、合伙企业须依照《市场主体登记管理条例》登记，未经登记的，不能取得民事主体地位。

（三）合伙型非法人组织和独资型非法人组织

合伙是指两个或两个以上的民事主体订立合伙协议，共同出资、共同经营、共享收益、共担风险，对合伙债务承担无限连带责任的营利性组织。合伙组织以普通合伙为基本类型，其法律特征如下：以合伙人订立合伙协议为基础；以共同出资为前提；合伙人共同经营、共享收益、共担风险；合伙重要决定原则上须经全体合伙人一致同意；合伙财产具有相对独立性，合伙财产为全体合伙人共有，在合伙存续期间，合伙人不得请求分割合伙财产；合伙的经营具有相对独立性。合伙组织可以有自己的名称，可以以自己的名义进行经营，可以作为诉讼当事人参与诉讼；合伙人对合伙债务承担无限连带责任。合伙企业对其债务，应先以其全部财产进行清偿，如果合伙企业不能清偿到期债务，则由合伙人承担无限连带责任。

合伙组织的基本规则和法理，不仅适用于合伙企业和合伙型的其他经营实体，也适用于非企业的合伙型组织。例如，《中华人民共和国合伙企业法》第 107 条规定："非企业专业服务机构依据有关法律采取合伙制的，其合伙人承担责任的形式可以适用本法关于特殊的普通合伙企业合伙人承担责任的规定。”

独资型非法人组织是指由单一民事主体投资并承担无限责任，有自己的名称、住所和经营范围，经登记设立，能以自己名义从事民事活动的组织体。在我国，其典型形态是个人独资企业。此外，根据《公司法》第十一章的规定，外国公司在中国境内设立的分支机构也属于独资型非法人组织。

四、非法人组织的终止

非法人组织终止的原因与法人相同，即解散、被宣告破产和法律规定的其他原因。《民法典》第106条规定：“有下列情形之一的，非法人组织解散：（一）章程规定的存续期间届满或者章程规定的其他解散事由出现；（二）出资人或者设立人决定解散；（三）法律规定的其他情形。”《民法典》第107条规定：“非法人组织解散的，应当依法进行清算。”

思政园地

中小微企业是我国社会主义市场经济的重要组成部分

课程思政思路一：非公有制经济的发展历程。非公有制经济的萌芽起步阶段始于20世纪70年代末至1991年。这一时期，随着党的十一届三中全会的召开，非公有制经济开始恢复性发展。非公有制企业党建工作也逐渐起步，主要分布在中外合资（合作）、外商独资企业与农村股份合作制企业、私营企业中。1992年邓小平南方谈话后，非公有制经济得到了长足的发展，非公有制企业党建工作也积极推进。这一时期，非公有制企业党组织数量迅速增加，党组织覆盖面不断扩大，党建工作开始由地区性零散的自发实践，转向统一指导下的整体推进。党的十五大提出“非公有制经济是我国社会主义市场经济的重要组成部分”，为非公有制经济发展注入了新的活力。这一时期，非公有制经济加速发展，非公有制企业党建工作也得到了扎实的推进，制度建设成为加强非公有制企业党建工作的重要保证。改革开放以来，中国非公有制经济发展迅速，曾经一度年均增速超过20%。2024年的中国（辽宁）非公有制经济发展论坛上，全国人大常委会副委员长、民建中央主席郝明金指出，习近平总书记高度重视非公有制经济发展，多次强调要坚持两个毫不动摇。

中共二十届三中全会把构建高水平社会主义市场经济体制摆在突出位置，进一步坚定了广大民营企业发展的决心和信心，极大激发了民营企业创新创业的积极性。综上所述，我国非公有制经济从改革开放初期的萌芽起步，经过不断的探索和发展，已经成为社会主义市场经济的重要组成部分。在新阶段，非公有制经济将继续得到国家的支持和鼓励，为其提供了更加广阔的发展空间。

课程思政思路二：中小微企业在国民经济中的重要地位。中小微企业是参与我国市场经济的重要民事主体，在繁荣市场、搞活经济、满足人民生活需要、扩大就业等方面发挥着不可替代的作用。依法维护非法人组织的合法权益、提供公平竞争的市场环境是习近平法治思想的重要内容。习近平总书记在多个重要的场合，就依法维护各类经济主体合法权益、维护它们的公平竞争发表了许多重要的讲话。强调要打造市场化、法治化、国际化营商环境。要实施好《民法典》和相关法律法规，依法平等保护国有、民营、外资等各种所有制企业产权和自主经营权，完善各类市场主体公平竞争的法治环境。(2020 年 7 月 21 日在企业家座谈会上的讲话)

第六章 民事权利

第一节 民事权利的一般原理

课程思政路向设计

以“权利”为切入点，深入学习和贯彻习近平总书记关于尊重和保障人权的重要思想。习近平总书记历来高度重视人权工作，强调“尊重和保障人权是中国共产党人的不懈追求”。我们党自成立之日起就高举起“争民主、争人权”的旗帜，鲜明宣示了救国救民、争取人权的主张。党的百年奋斗史，贯穿着党团结带领人民为争取人权、尊重人权、保障人权、发展人权而进行的不懈努力。在新民主主义革命时期、社会主义革命和建设时期、改革开放和社会主义现代化建设新时期，我们党都牢牢把握为中国人民谋幸福、为中华民族谋复兴的初心使命，领导人民取得了革命、建设、改革的伟大胜利，中国人民真正成为国家和社会的主人，中国人民的生存权、发展权和其他各项基本权利保障不断向前推进。

党的十八大以来，我们坚持把尊重和保障人权作为治国理政的一项重要工作，不断推动我国人权事业向前发展。我们实现了第一个百年奋斗目标，历史性地解决了绝对贫困问题。改革开放以来，我们始终把人民利益摆在至高无上的地位，让改革发展成果更多更公平地惠及全体人民，朝着实现全体人民共同富裕不断迈进。经过 40 多年的努力，我们立足自身国情，成功走出了一条中国特色的扶贫开发道路，使 7 亿多农村贫困人口成功脱贫，我国不仅成为世界上减贫人口最多的国家，而且成为联合国成员国率先完成千年发展目标的国家。我国扶贫开发取得的伟大成就，为全球减贫事业作出了重大贡献，得到了国际社会的广泛赞誉。这个成就，足以载入人类社会发展史册，也足以向世界证明中国共产党领导和中国特色社会主义制度的优越性。我们坚持人民至上、生命至上，有力应对新冠疫情，最大限度保护了人民生命安全和身体健康。我们全面贯彻党的民族政策和宗教政策，坚持各民族一律平等，尊重群众宗教信仰，保障各族群众合法权益。我们深入推进司法体制改革，加强平安中国、法治中国建设，深入开展政法队伍教育整顿，全面开展扫黑除恶专项斗争，严厉打击各类违法犯罪，保持社会长期稳定，切实保护人民群众生命财产安全。我国是世界上唯一持续制定和实施四期国家人权行动计划的主要大国。我们积极参与全球人权治理，为世界人权事业发展作出了中国贡献、提供了中国方案。

框架·内容

一、民事权利的概念和特点

（一）民事权利的概念

权利一词有其自身的演进历史。根据陈弘毅教授的考证，在中世纪以前，无论是希伯来语、希腊语、拉丁语或阿拉伯语，都没有关于权利的概念表达。关于“权利”的汉语表达学界有“本国固有”和“东瀛输入”两说。本国固有的依据是：《荀子·劝学》“是故权利不能倾也”，《荀子·君道》“接之于声色、权利、忿怒、患险，而观其能无离守也”，《盐铁论·杂论》“或尚仁义，或务权利”，《史记·魏其武安侯·附灌夫》“陂池田园，宗族宾客为权利，横于颍川”，等等。东瀛输入以梅仲协和王伯琦两位学者的观点为代表，梅仲协教授谓曰：“按现代法律学上所谓权利一语，系欧陆学者所创设，日本从而逢译之。清季变法，权利二字，复自东瀛，输入中土，数十年来，习为口头禅。”① 王伯琦教授则认为：“权利一词，来自日本，日本则译自法语之 le droit。法语之 droit，自拉丁 drectum 变化而来，而 drectum 则为古典拉丁 rectum 及 jus 二字之通俗语。”② 对于我国古代典籍所出现的“权利”，朱庆育教授认为并非单一词语，是“权威”和“财货”的意思，对应的是“仁”和“义”，带有贬义之意蕴。③

目前我国民法学者对于民事权利有多种释义，有利益说、法力说和手段说等。④ 综合这些观点，通常我们把民事权利定义为民事主体依法律规定或合同约定，根据自己的意志实现一定利益的可能性。其本质上是法律为了保障

---

① 梅仲协：《民法要义》，中国政法大学出版社，1998，第 32 页。
② 王伯琦：《民法总则》（第 8 版），台湾编译馆，1979，第 19 页。
③ 朱庆育：《民法总则》（第二版），北京大学出版社，2016，第 498 页。
④ 魏振瀛主编：《民法》（第六版），北京大学出版社，2016，第 35 页。

民事主体的正当利益，而对其实现和维护利益的主张予以承认和保护的结果。①

难点突破：权利的概念

根据以上关于权利的通说，权利是“根据自己的意志实现一定利益的可能性”。看到这里，读者可能会追问一句：意志产生背后的推动力是什么？根据生活经验，无目的则无行为。同理，无目的亦无意志之产生，意志乃是为了达到一定目的所表现出来的一种执着。正如耶林所认为的那样，任何事态皆有由来，如果说在没有任何外在推动的情况下，意志能够自我产生，这无异于抓着头发把自己从泥沼中拔出来的明希豪森神话。② 因此，我们认为权利的本质是目的，而目的的背后是利益。当然，需要指出的是，权利背后的利益需要符合现行的法律或法律背后所秉持的价值。综上，关于权利的概念，我们认为应该表述为：民事主体依法律规定或合同约定，实现自己利益目的的可能性。

（二）民事权利的特点

1. 民事权利由民法所确认

广义的民事权利包括民法、劳动法、社会法等规定的权利，狭义的民事权利仅指民法规定的权利。这里所说的民事权利是指狭义的民事权利。自然人的民事权利与公法权利不同：自然人的公法权利与权力机关的公权力不是对等关系，双方的赋权依据和行权方式均不相同；而自然人的民事权利是平等主体之间的关系，他们的权利能力和行为规则都是相同的。

2. 民事权利以民事主体的利益为核心

民事权利的设定大多体现了民事主体一定的利益目的。财产权的核心内容是财产利益，人格权、身份权的核心内容是人格利益、身份利益。随着社会的发展和人们思想观念的变化，人们产生了一些新的利益诉求，要求法律通过创设新的权利来回应社会新的利益需求。例如，《民法典》适应信息社会的需要，制定了有关个人信息保护和数据、网络虚拟财产保护的规定。但需要指出的是，个人是社会关系网中的一个节点，民事主体如果仅仅关注个人利益，甚至为了个体利益而损害公共利益，是狭隘的错误利益观。意思自治

---

① 《民法学》编写组：《民法学》（第二版），高等教育出版社，2022，第 57 页。

② Rudolf von Jhering，Der Zweck im Recht，Bd. 1，4. Aufl.，1904，S. 1.

是民法的灵魂，但以社会整体利益为考量，意思自治并不具有终极的价值，因为，从社会发展的整体目标来和长远规划来看，比个人利益更值得尊重的是社会利益。

3. 民事权利受到国家强制力保障

权利在性质上是一种法律上之力。权利人依法可以请求义务人为一定行为或不为一定行为，以保证其享有或实现某种利益。没有法律保护的权利本质上不是权利，权利本质上是受法律保护的利益。正是由于权利的背后有法律的加持，才形成了当下有序的民事生活秩序。当权利人的利益因他人的行为而受到侵害时，法律赋予其请求有关国家机关采取强制措施予以保护的诉权。诉权是民事权利的派生和延伸。简言之，任何民事权利都能够获得民法上的救济，无救济则无权利。此外，某种权利能否获得民法上的救济，也是区分民事权利和公法权利的重要标准。

二、民事权利的分类

民事权利的种类很多，各种权利的性质、内容千差万别，因此有必要把各种不同的权利加以梳理分类，这不仅有助于人们掌握不同类型民事权利的性质、特点和功能，而且有助于我们构建一个比较清晰的民事权利体系。依据不同的标准，我们可以对民事权利作出以下分类。

（一）财产权与非财产权

以民事权利所体现的利益性质为标准，法律所保护的民事权利可以划分为财产权和人身权。财产权是以财产利益为内容或直接体现为财产利益的民事权利。财产权有狭义与广义之分。狭义财产权指物权和债权，此为德国民法的体系构造；广义财产权除了物权和债权，还包括无形财产权。无形财产权可分为知识财产权和信用财产权。知识财产权包括知识产权（专利权、著作权、商标权、地理标志权、商业秘密权、集成电路布图设计权、植物新品种权等）、数据财产权、网络虚拟财产权等；信用财产权主要包括货币权利、票据权利、股权和其他投资性权利（合伙企业财产份额、基金份额等）。我国民法适应现代知识经济和信用经济的发展，采用广义财产权概念。① 非财产权是指基于一定的人格利益、身份利益而设定的权利，可具体分为人格权和身

① 《民法学》编写组：《民法学》（第二版），高等教育出版社，2022，第 72 页。

份权。人格权是指以权利主体的人格利益为客体的民事权利。例如，自然人享有的生命权、身体权、健康权、姓名权、肖像权、名誉权、荣誉权、隐私权、个人信息权、婚姻自主权等权利；法人、非法人组织享有的名称权、名誉权、荣誉权等权利。身份权主要是指因婚姻、家庭关系产生的亲属权等人身权利。社团成员在团体中享有的社员权（如选举权和被选举权、表决权等）也属于身份权。①

（二）绝对权与相对权

以权利效力所及的范围为标准进行划分，民事权利可以划分为绝对权与相对权。绝对权又称对世权，是指可以对所有人产生效力，即任何个人和组织都必须尊重的权利。绝对权的特征在于，其义务主体是不特定的一般人，义务的内容是对权利人权利的尊重、容忍和不侵扰。在民事权利中，除了债权以外的各类权利，如人格权、身份权、物权、继承权、知识产权及其他无形财产权等，都属于绝对权的范畴。相对权又称对人权，是指能够请求特定人为一定行为或不为一定行为的权利。相对权的特征在于，其义务主体是特定的相对人，义务的主要内容是对权利人为一定的给付，如财产的支付或交付、服务或信息的提供。债权为典型的相对权，义务主体即债务人，其义务的内容主要是积极作为的义务即给付义务，如交付货物，有时也包括不作为的义务，如保密义务。

（三）支配权、请求权、形成权与抗辩权

以民事权利的作用为标准进行划分，民事权利可以划分为支配权、请求权、形成权与抗辩权。

1. 支配权

支配权是指权利主体对于作为权利客体的事物进行直接支配并享受其利益的权利，或者说支配权是指权利人直接支配其权利客体，享有特定利益，并排斥他人干涉的权利。如物权、知识产权、人身权、继承权、网络虚拟财产权等均属于此。支配权的主要法律特征表现如下。首先，在民事法律关系的主体方面：权利主体是特定的，但义务主体是不特定的，即支配权人以外的所有不特定的人均是支配权人的义务人，均负有不得侵犯支配权人的不作为义务。其次，在权利的内容方面：权利人直接支配并享有特定的利益，并

---

① 《民法学》编写组：《民法学》（第二版），高等教育出版社，2022，第73页。

排斥他人干涉；同一客体上不能同时并存两个同一内容的支配权；同一客体上如果存在相互矛盾的支配权，则在实现上具有优先与劣后的顺位；在权利的实现方面具有直接性，无须义务人的积极行为，仅需义务人的不作为即可实现权利（义务人的不作为状态即为权利人权利的实现状态）；在权利是否公示方面，原则上需要公式，未经公式不能发生支配权的变动。再次，支配权在权利客体方面：权利客体表现为特定的利益（人格利益、身份利益、财产利益）至迟于支配权行使时权利客体须特定（如动产浮动抵押）。最后，在权利实现的时间方面：支配权不适用诉讼时效；人格权、身份权、所有权无存续期间的限制（建筑物区分所有权例外存续70年或50年不等）；用益物权、知识产权均有存续期间的限制；地役权、担保物权均具有消灭上的从属性。

2. 请求权

请求权是指特定人对于特定他人能够请求为或不为一定行为的权利。如物权请求权（《民法典》第235条①和236条②）、人格权请求权。其中享有权利的特定人称为请求权人。请求权可以分为以下四大类型：支配权请求权（《民法典》第995条③）、身份权请求权（《民法典》第1001条④）、知识产权请求权（《中华人民共和国著作权法》第52条等⑤）；占有保护请求权（《民法典》第462条⑥）、债权请求权、继承权回复请求权。债权请求权分为

---

① 《民法典》第235条：无权占有不动产或者动产的，权利人可以请求返还原物。

② 《民法典》第236条：妨害物权或者可能妨害物权的，权利人可以请求排除妨害或者消除危险。

③ 《民法典》第995条：人格权受到侵害的，受害人有权依照本法和其他法律的规定请求行为人承担民事责任。受害人的停止侵害、排除妨碍、消除危险、消除影响、恢复名誉、赔礼道歉请求权，不适用诉讼时效的规定。

④ 《民法典》第1001条：对自然人因婚姻家庭关系等产生的身份权利的保护，适用本法第一编、第五编和其他法律的相关规定；没有规定的，可以根据其性质参照适用本编人格权保护的有关规定。

⑤ 《著作权法》第52条：有下列侵权行为的，应当根据情况，承担停止侵害、消除影响、赔礼道歉、赔偿损失等民事责任：（一）未经著作权人许可，发表其作品的；（二）未经合作作者许可，将与他人合作创作的作品当作自己单独创作的作品发表的；（三）没有参加创作，为谋取个人名利，在他人作品上署名的；（四）歪曲、篡改他人作品的；（五）剽窃他人作品的；（六）未经著作权人许可，以展览、摄制视听作品的方法使用作品，或者以改编、翻译、注释等方式使用作品的，本法另有规定的除外；（七）使用他人作品，应当支付报酬而未支付的；（八）未经视听作品、计算机软件、录音录像制品的著作权人、表演者或者录音录像制作者许可，出租其作品或者录音录像制品的原件或者复制件的，本法另有规定的除外；（九）未经出版者许可，使用其出版的图书、期刊的版式设计的；（十）未经表演者许可，从现场直播或者公开传送其现场表演，或者录制其表演的；（十一）其他侵犯著作权以及与著作权有关的权利的行为。

⑥ 《民法典》第462条：占有的不动产或者动产被侵占的，占有人有权请求返还原物；对妨害占有的行为，占有人有权请求排除妨害或者消除危险；因侵占或者妨害造成损害的，占有人有权依法请求损害赔偿。占有人返还原物的请求权，自侵占发生之日起一年内未行使的，该请求权消灭。

意定之债债权请求权和法定之债债权请求权。意定之债债权请求权是基于当事人之间的意思表示而产生的债权请求权，包括合同之债债权请求权、单方允诺之债债权请求权（捐赠）、多方法律行为之债债权请求权（如设立公司的多方协议）。法定之债债权请求权，包括侵权损害赔偿请求权、无因管理债权请求权、不当得利债权请求权、缔约过失债权请求权。

请求权具有以下特征：在债的主体方面表现为主体的特定性。原则上仅可以对特定的义务主体行使（《民法典》第 522 条第 2 款规定了例外情形①）；在债的内容方面，请求权表现为对特定主体的请求，而非对特定利益的请求；请求权不具有排他性，同一标的物上可以同时设立内容相同的请求权；请求权不具有优先性，在同一标的物上设立的请求权彼此平等，但在最高人民法院《关于审理买卖合同纠纷案件适用法律问题的解释》（以下简称《买卖合同解释》）却突破了债权的平等性，对于普通动产和特殊动产一物多卖情况下的债权实现问题，《买卖合同解释》根据买卖标的物占有先后、交易付款先后、买卖合同订立先后等不同情形对债权人债权的实现分别作了制度上的安排（详见《买卖合同解释》第 6 条②和第 7 条③）。《最高人民法院关于审理城镇房屋租赁合同纠纷案件具体应用法律若干问题的解释》（以下简称《城镇房屋租赁合同解释》）第 5 条④规定的一房数租中，债权请求权的平等性出现了

---

① 《民法典》第 522 条第 2 款：法律规定或者当事人约定第三人可以直接请求债务人向其履行债务，第三人未在合理期限内明确拒绝，债务人未向第三人履行债务或者履行债务不符合约定的，第三人可以请求债务人承担违约责任；债务人对债权人的抗辩，可以向第三人主张。

② 最高人民法院《关于审理买卖合同纠纷案件适用法律问题的解释》第 6 条：出卖人就同一普通动产订立多重买卖合同，在买卖合同均有效的情况下，买受人均要求实际履行合同的，应当按照以下情形分别处理：（一）先行受领交付的买受人请求确认所有权已经转移的，人民法院应予支持；（二）均未受领交付，先行支付价款的买受人请求出卖人履行交付标的物等合同义务的，人民法院应予支持；（三）均未受领交付，也未支付价款，依法成立在先合同的买受人请求出卖人履行交付标的物等合同义务的，人民法院应予支持。

③ 最高人民法院《关于审理买卖合同纠纷案件适用法律问题的解释》第 7 条：出卖人就同一船舶、航空器、机动车等特殊动产订立多重买卖合同，在买卖合同均有效的情况下，买受人均要求实际履行合同的，应当按照以下情形分别处理：（一）先行受领交付的买受人请求出卖人履行办理所有权转移登记手续等合同义务的，人民法院应予支持；（二）均未受领交付，先行办理所有权转移登记手续的买受人请求出卖人履行交付标的物等合同义务的，人民法院应予支持；（三）均未受领交付，也未办理所有权转移登记手续，依法成立在先合同的买受人请求出卖人履行交付标的物和办理所有权转移登记手续等合同义务的，人民法院应予支持；（四）出卖人将标的物交付给买受人之一，又为其他买受人办理所有权转移登记，已受领交付的买受人请求将标的物所有权登记在自己名下的，人民法院应予支持。

④ 出租人就同一房屋订立数份租赁合同，在合同均有效的情况下，承租人均主张履行合同的，人民法院按照下列顺序确定履行合同的承租人：（一）已经合法占有租赁房屋的；（二）已经办理登记备案手续的；（三）合同成立在先的。不能取得租赁房屋的承租人请求解除合同、赔偿损失的，依照合同法的有关规定处理。

例外情形；债权的实现具有合作性。在债权的实现过程中，仅凭请求权人的意志不足以实现债权。在权利是否公示方面，请求权的变动无须公示。在权利的产生方面，请求权是基于一定的基础性权利而产生的。例如债权请求权是基于债权而产生的，物权请求权是基于物权而产生的，人格权请求权是基于人格权而产生的。在请求权的客体方面均表现为作为或不作为，所有的请求权本质上都是行为请求权。在时间要求方面支配权请求权既不适用诉讼时效，也不适用除斥期间（例外情形见《民法典》第196条的规定）；占有返还请求权适用1年的除斥期间（《民法典》第462条第2款[①]）；原则上债权请求权均适用诉讼时效，但存在若干例外，如《民法典》第196条[②]，《最高人民法院关于审理民事案件适用诉讼时效制度若干问题的规定》第1条[③]和《最高人民法院关于适用〈中华人民共和国公司法〉若干问题的规定（三）》第19条[④]。

难点突破一：请求权、债权、债权请求权三者的关系

请求权与债权请求权是包含关系。债权请求权是典型的请求权，除债权请求权外，请求权还包括支配权请求权、占有保护请求权和继承权回复请求权。债权是债权请求权的基础权能，债权包含多种权能，除请求权权能外，还包括受领权能、代位权权能、撤销权权能、抵消权权能和处分权权能。债权请求权仅为债权权能之一，切忌将债权等同于债权请求权。

难点突破二：动产的一物数买和多重买卖

一物数卖是多重买卖的上位概念，多重数卖是一物数卖的一种。多重数

① 《民法典》第462条：占有人返还原物的请求权，自侵占发生之日起一年内未行使的，该请求权消灭。

② 《民法典》第196条：下列请求权不适用诉讼时效的规定：（一）请求停止侵害、排除妨碍、消除危险；（二）不动产物权和登记的动产物权的权利人请求返还财产；（三）请求支付抚养费、赡养费或者扶养费；（四）依法不适用诉讼时效的其他请求权。

③ 《最高人民法院关于审理民事案件适用诉讼时效制度若干问题的规定》第1条：当事人可以对债权请求权提出诉讼时效抗辩，但对下列债权请求权提出诉讼时效抗辩的，人民法院不予支持：（一）支付存款本金及利息请求权；（二）兑付国债、金融债券以及向不特定对象发行的企业债券本息请求权；（三）基于投资关系产生的缴付出资请求权；（四）其他依法不适用诉讼时效规定的债权请求权。

④ 《最高人民法院关于适用〈中华人民共和国公司法〉若干问题的规定（三）》第19条第1款：有限责任公司的股东未履行或者未全面履行出资义务即转让股权，受让人对此知道或者应当知道，公司请求该股东履行出资义务、受让人对此承担连带责任的，人民法院应予支持；公司债权人依照本规定第十三条第二款向该股东提起诉讼，同时请求前述受让人对此承担连带责任的，人民法院应予支持。

卖要具备三个要素：出卖人是同一人；就同一动产与两个以上的买受人订立买卖合同；每一个买卖合同均属有权处分（中间没有交付）。例如，甲与乙就某辆解放牌汽车订立买卖合同，之后甲与丙就该辆解放牌汽车订立买卖合同，再之后甲与丁就该辆解放牌汽车订立买卖合同。以上三个买卖均没有就该辆汽车进行交付。以上情形就是多重买卖。假设甲与乙就某辆解放牌汽车订立买卖合同，之后甲与丙就该辆解放牌汽车订立买卖合同并完成交付，再之后甲与丁就该辆解放牌汽车订立买卖合同。以上三个买卖中第一个和第二个均属有权处分，到了第三个买卖就不是有权处分了，该种情形就属于一物数卖。

特殊动产多重买卖的处理规则：第一顺位交付优先，第二顺位登记优先，第三顺位成立优先。特殊动产多重买卖的履行请求权有先后顺序，但请求赔偿的请求权没有顺序上的要求。

普通动产多重买卖的处理规则：第一顺位交付优先，第二顺位付款优先，第三顺位成立优先。普通动产多重买卖的履行请求权有先后顺序，但请求赔偿的请求权没有顺序上的要求。

难点突破三：一房数租

一房数租要具备三个要素：出租人是同一人，就同一房产与两个以上的承租人订立租赁合同，每一个租赁合同均属有权处分。一房数租时承租人对出租人的实际履行请求权顺序：第一顺位是已经合法占有租赁房屋的，第二顺位是已经办理备案登记手续的，第三顺位是合同成立在先的。

难点突破四：支配权请求权

支配权请求权的产生通常基于支配权受到损害，而非支配权享有人的人身或财产受到损害；支配权请求权的产生仅因为支配权本身受到损害，无须考虑侵权人是否存在过错与否。支配权请求权的行使不受诉讼时效的限制，也不受除斥期间的限制（《民法典》第 196 条第二项的规定属于例外情形）。支配权受到损害进而造成权利人人身或财产上损害的，其由此而产生的损害赔偿请求权不再属于支配权请求权的范畴，已派生出了另一个请求权——债权请求权。需要特别强调的是：权利人在行使支配权时不需要相对的行为人有过错，但如果权利人在行使由此而产生的损害赔偿请求时则需要行为人存在过错。

案例 6-1 甲公司委托乙公司开发某软件，付费 20 万元，没有明确约定著作权的归属。后甲公司以高价向善意的丙公司出售了该软件的复制品。丙安装使用了五年后，乙公司诉请丙公司停止使用并销毁该复制软件。下列哪些表示是正确的：A. 该软件的著作权归甲公司；B. 乙公司的起诉超过了诉讼时效；C. 丙公司可以不承担损害赔偿责任；D. 丙公司应停止使用并销毁该软件。（2013年司法考试卷三第63题，答案CD）本题考查的主要知识点就是对支配权请求权和侵害支配权损害赔偿请求权的理解。

3. 形成权

形成权是指权利人完全凭借单方意思表示就能使既存的法律关系发生变动的权利，被誉为法律在特殊情形下赋予权利人的一种私人权利。形成权的范围广泛，依不同的标准可以将形成权作以下分类：

首先，依形成权的形成力可以将形成权分为生效形成权、变更形成权和消灭形成权。生效形成权，如权利人对无权处分行为的承认权，被代理人对无权代理行为的承认权；变更形成权，如选择之债因选择权的行使而转化为简单之债；消灭形成权，如抵销权、撤销权、解除权、继承权的抛弃等。

其次，依形成权的行使方式可以分为简单形成权与形成诉权：前者指无须诉讼，仅依单方意思表示就可实现的形成权，如合同约定解除权；后者指必须提起诉讼，通过生效裁判才能发生效力的形成权，如对可撤销民事法律行为的撤销权。

再次，依形成权的性质可以将形成权分为债法上的形成权、物权法上的形成权和身份法上的形成权。债法上的形成权，如追认权、撤销权（《民法典》第145条第1款①与第171条第1款②）、选择之债的选择权（《民法典》第515条第1款③）、法定抵消权（《民法典》第568条第1款④）、法定解除权与约定解除权（《民法典》第562条⑤和第563条⑥）、试用买卖合同中的买

① 《民法典》第145条第1款：限制民事行为能力人实施的纯获利益的民事法律行为或者与其年龄、智力、精神健康状况相适应的民事法律行为有效；实施的其他民事法律行为经法定代理人同意或者追认后有效。

② 《民法典》第171条第1款：行为人没有代理权、超越代理权或者代理权终止后，仍然实施代理行为，未经被代理人追认的，对被代理人不发生效力。

③ 《民法典》第515条第1款：标的有多项而债务人只需履行其中一项的，债务人享有选择权；但是，法律另有规定、当事人另有约定或者另有交易习惯的除外。

④ 《民法典》第568条第1款：当事人互负债务，该债务的标的物种类、品质相同的，任何一方可以将自己的债务与对方的到期债务抵销；但是根据债务性质、按照当事人约定或者依照法律规定不得抵销的除外。

⑤ 《民法典》第562条第1款：当事人协商一致，可以解除合同。

⑥ 《民法典》第562条：有下列情形之一的，当事人可以解除合同：（一）因不可抗力致使不能实现合同目的；（二）在履行期限届满前，当事人一方明确表示或者以自己的行为表明不履行主要债务；（三）当事人一方迟延履行主要债务，经催告后在合理期限内仍未履行；（四）当事人一方迟延履行债务或者有其他违约行为致使不能实现合同目的；（五）法律规定的其他情形。以持续履行的债务为内容的不定期合同，当事人可以随时解除合同，但是应当在合理期限之前通知对方。

受人的认可权（《民法典》第638条第1款[①]）、房屋租赁合同承租人的优先购买权（《民法典》第726条第1款[②]）、间接代理中的选择权（《民法典》第926条第1款[③]）等；物权法上的形成权，如典物回赎权、共有物分割请求权（《民法典》第303条[④]）、按份共有中的优先购买权（《民法典》第305条[⑤]）；身份法上的形成权，如遗嘱撤回权与变更权（《民法典》第1142条第1款[⑥]）、继承权抛弃、受遗赠权抛弃、遗产分割请求权（遗产分割请求权名为请求权，实为形成权）、可撤销婚姻中的撤销权（《民法典》第1052条第1款[⑦]与第1053条第1款[⑧]）、离婚请求权（《民法典》第1079条第1款[⑨]）、关于收养关系解除权，《民法典》分了两个条文来规定（详见《民法典》第1114条第1款[⑩]与第1115条[⑪]）。

最后，根据形成权的行使是否须通过诉讼进行，形成权可以分为单纯形成权和形成诉权。所谓单纯形成权，是指形成权的行使既可以通过诉讼方式行使，也可以通过诉讼外的方式行使的形成权；所谓形成诉权，是指形成权的行使只能通过诉讼或仲裁的方式进行。例如可撤销婚姻中的撤销权和可撤

---

① 《民法典》第638条第1款：试用买卖的买受人在试用期内可以购买标的物，也可以拒绝购买。试用期限届满，买受人对是否购买标的物未作表示的，视为购买。

② 《民法典》第726条第1款：出租人出卖租赁房屋的，应当在出卖之前的合理期限内通知承租人，承租人享有以同等条件优先购买的权利；但是，房屋按份共有人行使优先购买权或者出租人将房屋出卖给近亲属的除外。

③ 《民法典》第926条第1款：受托人以自己的名义与第三人订立合同时，第三人不知道受托人与委托人之间的代理关系的，受托人因第三人的原因对委托人不履行义务，受托人应当向委托人披露第三人，委托人因此可以行使受托人对第三人的权利。但是，第三人与受托人订立合同时如果知道该委托人就不会订立合同的除外。

④ 《民法典》第303条：共有人约定不得分割共有的不动产或者动产，以维持共有关系的，应当按照约定，但是共有人有重大理由需要分割的，可以请求分割；没有约定或者约定不明确的，按份共有人可以随时请求分割，共同共有人在共有的基础丧失或者有重大理由需要分割时可以请求分割。因分割造成其他共有人损害的，应当给予赔偿。

⑤ 《民法典》第305条：按份共有人可以转让其享有的共有的不动产或者动产份额。其他共有人在同等条件下享有优先购买的权利。

⑥ 《民法典》第1142条第1款：遗嘱人可以撤回、变更自己所立的遗嘱。

⑦ 《民法典》第1052条第1款：因胁迫结婚的，受胁迫的一方可以向人民法院请求撤销婚姻。

⑧ 《民法典》第1053条第1款：一方患有重大疾病的，应当在结婚登记前如实告知另一方；不如实告知的，另一方可以向人民法院请求撤销婚姻。

⑨ 《民法典》第1079条第1款：夫妻一方要求离婚的，可以由有关组织进行调解或者直接向人民法院提起离婚诉讼。

⑩ 《民法典》第1114条第1款：收养人在被收养人成年以前，不得解除收养关系，但是收养人、送养人双方协议解除的除外。养子女八周岁以上的，应当征得本人同意。

⑪ 《民法典》第1115条：养父母与成年养子女关系恶化、无法共同生活的，可以协议解除收养关系。不能达成协议的，可以向人民法院提起诉讼。

销民事法律行为中的撤销权。行使单纯形成权产生法律效力的时间点是通知或起诉状（仲裁申请书）到达对方时发生法律效力；形成诉权发生法律效力的时间点是胜诉判决或裁定发生法律效力。单纯形成权以诉讼或仲裁的方式进行的，胜诉的判决或裁定系确认的判决或裁定；形成诉权胜诉的判决或裁定生效系形成判决或裁定（见《民法典》第229条[①]）。

形成权具有以下特征：一是形成权的客体是民事法律关系。因为形成权的行使将导致民事法律关系的变动，其作用的对象是民事法律关系；二是形成权无对应的义务。因为形成权在行使的时候，相对人的容忍是形成权行使的必要条件；三是形成权具有从属性。形成权须依附于基础法律关系，不能与所依附的基础法律关系分离而转移。例如在某租赁合同中，双方约定承租人可以在某些特定情况下单方解除合同。该承租人依约可以单方终止租赁关系的合同解除权不得脱离该完整合同关系而独立存在。例如，甲因遭受乙的欺诈而实施民事法律行为，此时甲因遭受欺诈而享有撤销权，该撤销权属于形成权。若甲仅将基于民事法律行为而取得的债权转让给丙，此时丙不享有撤销权。当然，如果甲将其基于该民事法律行为而取得的权利义务概括地转移给丙（民事法律关系的主体变更），这种情况下因基础法律关系的转移撤销权也随着转移；形成权的行使是有相对人的单方民事法律行为；形成权的行使大部分适用除斥期间（离婚请求权例外不适用除斥期间）；形成权的行使一般不得附条件或期限。形成权的行使之所以不得附条件或期限，是因为如果允许形成权的行使附条件或期限，则与形成权的功能相矛盾。但也有例外，如果所附条件或期限依相对人的意思而定，则形成权的行使可以附条件或期限。例如合同解除权人甲通知义务人乙：如果乙在下周三没有将所欠房租付清，则甲乙之间的租赁合同解除。

特别提示：下列两种权利不属于形成权。一是债权人撤销权（《民法典》第538条[②]和第539条[③]），通说认为这里的撤销权属于综合性权利，包括请求权能与形成权能，不属于形成权；二是效力待定合同中相对人催告权（如前

---

① 《民法典》第229条：因人民法院、仲裁机构的法律文书或者人民政府的征收决定等，导致物权设立、变更、转让或者消灭的，自法律文书或者征收决定等生效时发生效力。

② 《民法典》第538条：债务人以放弃其债权、放弃债权担保、无偿转让财产等方式无偿处分财产权益，或者恶意延长其到期债权的履行期限，影响债权人的债权实现的，债权人可以请求人民法院撤销债务人的行为。

③ 《民法典》第539条：债务人以明显不合理的低价转让财产、以明显不合理的高价受让他人财产或者为他人的债务提供担保，影响债权人的债权实现，债务人的相对人知道或者应当知道该情形的，债权人可以请求人民法院撤销债务人的行为。

所述《民法典》第145条与第171条），因为催告权的行使原则上不会直接引起民事法律关系权利变动的法律效果。

4. 抗辩权

抗辩权是指权利人用以对抗请求权或其他权力效力的权利，是一种拒绝权。简言之，抗辩权是一种对抗他人行使权利的权利，其主要作用在于阻止请求权或其他权利的效力，从而使抗辩权人能够拒绝向相对人履行义务或者拒绝承认法律关系的变动，而不在于否认相对人的权利。抗辩权通常是与请求权相对应的，享有抗辩权的民事主体有权拒绝对方请求给付的要求。抗辩权也可以用于对抗形成权。例如，合同一方当事人行使解除权性质上属于形成权时，另一方当事人可以行使抗辩权予以拒绝，因此，抗辩权也可以表述为抗辩权人针对请求权人的请求拒绝给付的权利。抗辩权行使的前提是对方权利的有效存在，需有请求权的行使。由此可见，抗辩权仅仅是一种防御性的权利。

抗辩权按其功能作用，可以分为一时性抗辩权和永久性抗辩权。一时性抗辩权包括一般保证人的先诉抗辩权（《民法典》第687条第2款[①]）、混合担保中第三担保人的先诉抗辩权（《民法典》第392条[②]）、双务合同中的同时履行抗辩权（《民法典》第525条[③]）、先履行抗辩权或称顺序履行抗辩权（《民法典》第526条[④]）、不安抗辩权（《民法典》第527条[⑤]和第528条[⑥]）；永久性抗辩权其实就是指时效抗辩权，因此又称为时效经过的抗辩权。抗辩权具有以下特点：一是法定性；二是阻却请求权（不否认请求权）。

---

① 《民法典》第687条第2款：一般保证的保证人在主合同纠纷未经审判或者仲裁，并就债务人财产依法强制执行仍不能履行债务前，有权拒绝向债权人承担保证责任。

② 《民法典》392条：被担保的债权既有物的担保又有人的担保的，债务人不履行到期债务或者发生当事人约定的实现担保物权的情形，债权人应当按照约定实现债权；没有约定或者约定不明确，债务人自己提供物的担保的，债权人应当先就该物的担保实现债权；第三人提供物的担保的，债权人可以就物的担保实现债权，也可以请求保证人承担保证责任。提供担保的第三人承担担保责任后，有权向债务人追偿。

③ 《民法典》525条：当事人互负债务，没有先后履行顺序的，应当同时履行。一方在对方履行之前有权拒绝其履行请求。一方在对方履行债务不符合约定时，有权拒绝其相应的履行请求。

④ 《民法典》第526条：当事人互负债务，有先后履行顺序，应当先履行债务一方未履行的，后履行一方有权拒绝其履行请求。先履行一方履行债务不符合约定的，后履行一方有权拒绝其相应的履行请求。

⑤ 《民法典》第527条：应当先履行债务的当事人，有确切证据证明对方有下列情形之一的，可以中止履行：（一）经营状况严重恶化；（二）转移财产、抽逃资金，以逃避债务；（三）丧失商业信誉；（四）有丧失或者可能丧失履行债务能力的其他情形。当事人没有确切证据中止履行的，应当承担违约责任。

⑥ 《民法典》第528条：当事人依据前条规定中止履行的，应当及时通知对方。对方提供适当担保的，应当恢复履行。中止履行后，对方在合理期限内未恢复履行能力且未提供适当担保的，视为以自己的行为表明不履行主要债务，中止履行的一方可以解除合同并可以请求对方承担违约责任。

抗辩权的功能说到底就是阻碍请求权的行使。虽然请求权和请求权背后的实体权利客观存在，但抗辩权人却可以明示地拒绝权利人的请求权。一时性抗辩权通常只能暂时阻却请求权的行使，权利人可以通过自己的行为使业已产生的抗辩权消弭；永久性抗辩权意味着请求权的对面永久地竖起已到权利实现的屏障，它不会因为权利人的某种行为而消失。

难点突破一：抗辩权与否认权的区别

民法上的抗辩包括抗辩权和狭义上的抗辩。狭义上的抗辩又称否认权。抗辩与否认容易混淆，因此要善于将抗辩权与否认权区别开来。抗辩权与否认权最大的区别就是抗辩权不否认请求权，而否认权否认请求权，否认对方的请求权全部、部分不成立或全部、部分已消灭。例如当债权人请求债务人清偿债权时，债务人主张债权人的债权因清偿、提存、抵消、免除或混同全部或部分消灭。在诉讼中，当事人和法院均可适用否认权，但抗辩权只为当事人享有。抗辩权按其功能作用可以分为一时性抗辩权和永久性抗辩权，否认权不存在这一划分。抗辩权是一种法定的权利，而否认权被认为是当事人的一种自然权利。

案例 6-2 债权人甲请求债务人乙清偿 100 万元债权。事实上，在甲主张的 100 万债权中，乙已经清偿了 20 万元，剩下的 80 万元已过诉讼时效。在该案例中，乙可以根据自己已经清偿了 20 万元债权的事实可以行使否认权，确认自己只负有 80 万元的债务，法院亦可依职权主动审查甲所主张的债权数额，从而确定甲的真实债权；对于剩下的已过诉讼时效的 80 万元法院不得依职权主动审查或主动适用有关诉讼时效的规定。

案例 6-3 甲路过乙家门口时被乙家的狗咬伤，甲要求乙赔偿被乙拒绝。本案中乙拒绝赔偿行使的抗辩权不是通常意义上的抗辩权，而是狭义上的抗辩权，即行使的是否认权，乙否认甲的请求权不存在。

难点突破二：滥用民事权利的判断标准

《民法典》第 132 条规定：民事主体不得滥用民事权利损害国家利益、社会利益或者他人合法权益。对民事权利滥用的判断标准有二：一是以损害他人民事权利为主要目的行使权利。《最高人民法院关于适用〈中华人民共和国民法典〉总则编若干问题的解释》第 3 条第 2 款①的规定为我们的认定作出了

① 《最高人民法院关于适用〈中华人民共和国民法典〉总则编若干问题的解释》第 3 条第 2 款：行为人以损害国家利益、社会公共利益、他人合法权益为主要目的行使民事权利的，人民法院应当认定构成滥用民事权利。

指引。一般而言，如果权利人行使权利自己所得利益极少，而他人或社会所受损失极大，可以认定为“以损害他人及社会利益为主要目的”。二是以违反诚实信用原则的方式行使权利，包括：义务人不适当履行义务对权利人的损害轻微，但义务人拒绝受领给权利人造成损害巨大；权利人妨害义务人履行义务。滥用权利的法律后果：滥用权利不产生权利人行使权利所应有的法律效果；符合侵权构成要件的，承担侵权责任；滥用专利权的会产生强制许可的法律后果。

滥用民事权利的特殊形式：法定代表人或代理人与相对人恶意串通损害被代表的法人或被代理人的，不属于《民法典》第154条[①]所规定的情形，属于滥用代表权和滥用代理权的行为，即属于滥用权利的情形。理由是被代表人和被代理人不属于《民法典》所规定的“第三人”。

（四）既得权与期待权

以民事权利是否已经取得为标准，或是否完全具备权利的成立要件为标准进行划分，民事权利可以划分为既得权和期待权。

既得权也称完整权，是指已经具备权利取得的全部要件，从而被当事人实际享有的权利；期待权是指仅具备权利取得的部分要件，须等到其余要件具备时能实际发生的权利，如继承开始前法定继承人的继承权、附延缓条件的债权等。期待权不是已经实际取得的权利，其实质是将来可能取得的权利。期待权的存在可以实现对权利的提前保护。

（五）主权利与从权利

以民事权利的依存关系为标准，民事权利可以划分为主权利和从权利。主权利是指在相互关联的民事权利中不依赖其他权利而独立存在的权利，从权利是指须以主权利的存在为前提的权利，二者为主导和从属的关系。例如，在抵押借款合同中，债权人请求偿还本金和利息的权利为主权利，抵押权为从权利。非法律另有规定或当事人另有约定，主权利与从权利之间存在依附从属关系，即从权利随主权利的移转或消灭而移转或消灭。

需要注意的是，主权利与从权利的划分具有相对性：主权利与从权利的区分只在具有关联关系的法律关系中存在，二者是对应的法律概念，没有主权利无所谓从权利，没有从权利无所谓主权利。例如，我们可以说拥有占有、

---

① 《民法典》第154条：行为人与相对人恶意串通，损害他人合法权益的民事法律行为无效。

使用、收益和处分的所有权是完全的民事权利，但不能笼统地说它是主权利。

（六）专属权与非专属权

以权利与其主体的关系为标准，民事权利可以分为专属权与非专属权。专属权是指依附于民事主体，专属民事主体享有和行使。专属权一般不得让与和继承，但也有例外，例如企业名称权可以让与。人格权和身份权都是专属权，是不能任意移转的权利，如著作权人享有的署名权。专属权包括两种：一是享有上的专属权，即专属于特定主体享有，不可让与或继承；二是行使上的专属权，即不仅专属于特定主体享有，而且权利是否行使也只能由权利人自己决定，他人不得代为行使的权利，如人格权原则上为专属行使权。

难点突破：专属权是否可以由他人代为行使？

有学者指出，专属权“专属于特定主体享有，不可让与或继承但可以由他人代为行使的权利，如赡养费请求权”[①]。专属权是否可以由他人代为行使？笔者认为，专属权既不可以由他人代为行使，也不可以由他人代位行使，但可以由他人代理行使。

以赡养费请求权为例，我国学界通说认为，赡养是指子女对父母经济上的供养，即提供必要的生活费用，给予物质上的帮助。扶助是指子女给予父母精神上的安慰和生活上的照料。[②] 可见从概念含义上考察，赡养有别于扶助，赡养仅限于经济上的供养，即生活保持义务，不包括生活扶助义务。而且二者在义务主体的外延上也不一致，赡养义务主体一般是具有赡养能力的成年子女，而扶助义务主体为所有子女。但在日常生活中，普通民众一般不做严格区分，往往将二者混为一谈，所称赡养一般亦包括扶助的内容。由此可以得出结论：赡养是对被赡养人经济上供养，本质上乃是法定之债。

从比较法的角度，赡养费属于按份之债。[③] 各债务人仅就自己所负担的债务份额向债权人（被赡养人）清偿，对其他债务人的按份债务，不负清偿义

① 《民法学》编写组：《民法学》（第二版），高等教育出版社，2022，第 75 页。

② 参见巫昌祯：《婚姻家庭法新论——比较研究与展望》，中国政法大学出版社，2002，第 231 页；杨大文：《亲属法》（第 4 版），法律出版社，2004，第 214 页。

③ 在英美法系国家，对老年人的赡养主要由社会福利制度解决，父母不享有受子女赡养的权利，因此其扶养义务只包括夫妻之间的扶养义务以及父母对未成年子女的扶养义务。《德国民法典》第 1606 条第 3 款规定：“存在多个同亲等血亲的，根据其从业状况和财产状况按份承担责任。”参见陈卫佐译：《德国民法典》（第 2 版），法律出版社，2006，第 499 页。费安玲、丁枚译：《意大利民法典》，中国政法大学出版社，1997，第 125 页。

务，而且在其所负担的债务份额清偿完毕时，该部分债务即归于消灭，而其他债务人的按份债务并不因此也归于消灭。[①] 因此，在多数赡养人之间，各赡养人应依据各自经济能力所确定的分担份额按份履行其赡养义务，彼此间的赡养义务原则上互不生影响。因此，当某一赡养人履行了全部赡养义务后，其他赡养人的赡养义务并没有消灭，履行了全部赡养义务的赡养人与其他赡养人之间形成了无因管理之债，履行了全部赡养义务的赡养人向其他赡养人追偿的请求权基础不再是赡养权，而是一种普通的债权。换言之，此时履行了全部赡养义务的赡养人向其他赡养人追偿不是在代行赡养费请求权，而是行使无因管理之债的请求权。

非专属权是指不属于某特点民事主体专有的权利，可以与民事主体相分离，可以在民事主体之间移转的权利。财产权原则上属于非专属权，但法律规定某些只能由国家或者其他特定主体享有的财产权则具有专属性，如国有土地所有权、自然人的受抚养权。法律设置这些权利是以一定的社会政策为依据的。

（七）原权利与救济权

以权利发生的先后及相互关系为标准，民事权利可以划分为原权利与救济权。原权利又称原权，是原有的、基于法律规定或当事人意思产生的权利；救济权是在原权利受到侵害或存在受侵害的危险时对原权利产生救援性作用的权利。例如，自然人在人身权受到侵害时，依法享有请求侵害人停止侵害的权利。其中，人身权是原权利，请求侵害人停止侵害的权利属于救济权。

救济权的特点体现在两个方面：一是属于援助性派生权利。救济权本身并无独立存在的价值，救济权是由原权利派生的，必须依附于相应的原权利。二是属于实体性权利。救济权是当事人为救助其受侵害的原权而产生的实体权利。其实现既可直接通过向侵害人提出，亦可以原权利为基础请求启动诉讼程序。

三、民事义务

（一）民事义务的概念、特征和分类

1. 民事义务的概念

民事义务是民事权利的对应概念，通常认为民事义务是指民事法律关系

---

① 张俊浩：《民法学原理》（下册），中国政法大学出版社，2000，第635页。

的当事人一方为了满足他方利益所应实施的行为或者所应遵循的行为限度，是依照法律规定或合同约定加于当事人的作为或不作为的拘束，以实现权利人合法权益。一个人的民事义务通常与他人的民事权利相对应。民事义务有时来自公共秩序的要求，而公共秩序从整体上保护着人们的权益，如保护生态环境的义务。

2. 民事义务的特征

民事义务的主要特性可概括为以下几个方面：一是民事义务可以根据法律的规定而产生，亦可根据当事人的约定而产生，在特殊情况下可以依据公序良俗、诚信原则和社会公认的规范而产生。二是强制性。民事义务的拘束力以法律的强制力为保障。法律为保护权利人的合法利益，要求义务人服从义务的约束。义务人违反义务的，法律除了强制其履行义务外，还会强制其对受害人给予赔偿或其他补救。三是限定性。民事权利相对人的义务通常以法定或约定的为限，民事义务的承担不能超出法律规定的合理限度，过度的义务负担往往导致公平缺失和权利滥用。

3. 民事义务的分类

一是法定义务和约定义务。以民事义务发生依据为标准进行划分，民事义务分为法定义务和约定义务。法定义务是直接依法律规定而非当事人约定而产生的义务；约定义务是指由当事人约定而产生的义务。违反法定义务致人害的，通常承担侵权的民事责任；违反约定义务的，承担违约的民事责任。

二是积极义务和消极义务。以民事义务的内容为标准进行划分，民事义务分为积极义务和消极义务。积极义务又称作为义务，是指权利人要求义务人为一定行为（作为）的义务，如交付标的物的义务。消极义务又称不作为义务，是指权利人要求义务人不为一定行为（不作为）的义务，或者说是义务人仅负有尊重、容忍他人行为的义务，如不干涉权利人行使权利的义务。

三是专属义务和非专属义务。以义务与义务主体的关联程度为标准可以将民事义务划分为专属义务和非专属义务。专属义务是指义务人不得将义务转由他人履行的义务，如抚养、赡养等与身份有关的民事义务；非专属义务是指义务人可将其移转给他人负担的义务，通常指财产类义务。

（二）民事权利与民事义务的关系

民事权利与民事义务的关系可概括为三点：一是权利和义务相伴而生。从一般意义上讲，有权利必有义务，权利消灭义务也随之消灭。但需要指出的是，在特殊情况下，有权利不一定有义务，有义务不一定有权利。例如，抵押权人有权利无义务，抵押义务人则有义务无权利。二是有义务就有强制。法律对权利的保护必然体现为对义务的强制，这种强制体现为违反义务的民事责任。三是有权利就有救济。权利人在权利受到侵害时，有权请求法律保护，这种保护体现为对权利的确认和对义务的强制。

（三）民事权利与民事责任的关系

1. 民事责任的概念

我国法理学界通常将法律责任区分为民事责任、行政责任、刑事责任与违宪责任，民事责任是法律责任的一种类型。民事责任概念与法律责任概念密切关联，参考法理学界关于法律责任的“后果说”和《民法典》第176条“民事主体依照法律规定或者按照当事人约定，履行民事义务，承担民事责任”的规定，笔者认为民事责任是指民事主体违反民事义务应当承担的民事法律后果。民事责任不同于民事制裁，法律责任是指民事主体违反民事义务应当承担的民事法律后果，法律制裁是指特定的国家机关对违法者实施的某种惩罚性措施。

2. 民事责任的特征

民事责任具有以下特征：一是民事责任是当事人一方对他方承担的责任。民事责任与行政责任和刑事责任不同，行政责任和刑事责任主要是责任人向国家和社会承担的责任。二是民事责任主要是为了补偿权利人所受损失和恢复民事权利的圆满状态。法律责任有补偿、惩罚、预防、教育等功能，不同类型法律责任的功能有不同的侧重点，刑事责任侧重于惩罚；民事责任则侧重于补偿，一般不具有惩罚性。

3. 民事责任与民事义务的区别

民事责任与民事义务具有以下区别：一是性质不同。义务是“当为”，义务是责任之因，当为而不为产生责任，即责任是违反义务之果。二是功能不同。义务是权利主体实现权利的必要条件，通常权利人实现权利与义务人履行义务同时存在，二者相辅相成。责任是促使义务人履行义务，保证权利人实现权利的辅助条件。三是拘束力不同。义务和责任均具有拘束力，但是拘束的程度和方式不同。义务的拘束力是指义务人应当履行义务，不履行义务或者侵害他人的权利，义务人就变为责任人，必要时司法机关可以对责任人采取强制措施。

1986年我国颁布的《民法通则》首创“民事权利-民事义务-民事责任”立法模式，后来的《中华人民共和国合同法》和《中华人民共和国侵权责任法》延续和发展了这种立法模式。《民法典》的编撰体例延续了《民法通则》所创立的立法模式。经过多年的实践，“民事权利-民事义务-民事责任”已经成为我国民事立法与司法的思维方法。①

四、民事权利的变动

（一）权利变动的意义

民事权利的取得、变更和消灭，统称为权利的变动。权利的变动与民事法律关系的变动有所不同，后者还包括民事义务的发生、变更和消灭。例如，债务转由第三人承担，导致合同关系变更，但债权没有变更。当然，并非所有的民事权利都能够发生变动。自然人的人身权利是当然享有、普遍享有和不可让渡的权利。作为例外，自然人的有些人身权利具有可变动性，如婚姻关系中的权利随结婚而产生，因离婚而消灭，但这些权利是不可让渡的。总的说来，除法律有特别限制的外，债权、物权、股权、知识产权、继承权等财产权利都属于可变动的权利。

民事权利特别是财产权利的变动，与社会生活中的生产、交换和消费密切关联。在经济生活中，民事权利的取得制度具有明晰产权和稳定预期的作用，是财产归属和流转秩序的基础。民事权利变更和消灭制度具有规范经济交往和资源流转的作用，是市场交易的保障。例如，在房屋买卖时，卖方拥有房屋所有权，买方有取得房屋所有权的意愿，进而双方订立买卖合同，设定了各方的请求权，最终通过合同履行，房屋和价金的所有权实现了转移，同时双方的债权归于消灭。在这个过程中，权利的取得、变更和消灭要适用相应的法律规则。

（二）权利的取得

权利的取得又称权利的发生，包括民事权利的原始取得和民事权利的继受取得。原始取得是指独立地、不以他人既存权利为前提而取得权利的情形，如因合法建造房屋而取得房屋所有权。通说认为原始取得多以事实行为或法律的直接规定而取得。继受取得又称传来取得，是指基于他人既存权利而取得权利的情形，如因买卖而取得标的物的所有权。继受取得可分为移转的继

① 魏振瀛主编:《民法》（第六版），北京大学出版社，2016，第42页。

受取得与设定的继受取得。前者指权利主体变更而权利内容不变，如转让房屋所有权；后者指前权利主体仍保留其权利，而基于该权利为另一主体设定新权利，如房主以房屋设定抵押。

（三）权利的变更和消灭

1. 权利的变更

民事权利的变更包括民事权利主体、内容等方面的变更。民事权利在不同主体间移转而发生的变更属于民事权利主体的变更；民事权利内容的变更可分为量的变更和质的变更。前者如所有权客体的增减、债权因部分清偿而发生变更；后者如债权因债务人不履行债务而转变为损害赔偿请求权、债务和解协议中的延期偿债条款。

2. 权利的消灭

民事权利的消灭是指特定主体的权利不复存在，包括绝对消灭和相对消灭。前者如所有权的标的物灭失，后者如出卖人因转让而丧失标的物所有权。民事权利的相对消灭，对于相对方而言则为民事权利的取得。

五、民事权利的行使

（一）权利行使的概念

权利行使是指权利的享有者为实现自己的权利而依照权利的内容和范围实施一定行为。民事权利表现为权利人为实现自身合法民事权益而得为一定行为（作为或不作为）或得要求他人为一定行为（作为或不作为）并受到法律承认和保护的可能性。民事权利的行使就是将这一可能转变为现实的过程。

权利行使的概念，与权利主张、权利实现、权利处分既有区别，又有联系：权利主张是在权利的存续或权利的行使受到妨碍时，对特定人提出的承认其权利存在或排除妨碍以保障权利行使的要求；权利实现是权利行使的目的，权利行使是权利实现的手段，但并不是所有的权利行使均可获得权利的实现，当权利的实现受到妨害时，权利人有权寻求法律救济；权利处分不针对权利的内容，而是针对权利本身，其结果不是权利的实现，而是权利的变更或消灭。

（二）权利行使的准则

关于民事权利的行使，《民法典》第 130～132 条分别规定了权利行使的基本准则：权利行使自由、权利与义务相一致、禁止权利滥用。

1. 权利行使自由

民法的自愿原则和自治原则，权利人享有行使权利的意志自由。《民法典》第 130 条规定："民事主体按照自己的意愿依法行使民事权利，不受干涉。"权利行使自由的基本含义是行为自主，即权利人可以通过一定行为实现权利，其他人不得干涉和妨碍。例如，居住自有房屋，即以占有和使用方式行使不动产物权。权利行使自由也包括不行使权利的自由。民事权利主体根据自己的意愿，既可以积极地主张权利，以获得权利所赋予的利益，也可以不主张权利，甚至放弃全部或部分权利，如债权人减免债务人所欠的债务。当然，权利行使自由也意味着权利人自行承担不行使权利的后果。例如，债权人怠于行使权利超过诉讼时效期间就有可能导致债权不能实现。

当然，行使权利要采用正确的方法。权利行使方法可分为两类：事实行为方法与法律行为方法。事实行为方法是指不以意思表示为要素，以单纯的作为或者不作为行使权利的方法，如占有和使用不动产；法律行为方法是指以意思表示为要素行使权利的方法，如债权人催告债务人履行债务。一般来说，权利人可以自主采用符合权利内容和自身利益的行为方法。但是，法律对权利行使方法有特别规定的，权利人应当按照规定行使权利。例如，根据《民法典》第 546 条的规定，债权人转让债权，未通知债务人的，该转让对债务人不发生效力。又如，根据《中华人民共和国企业破产法》的规定，破产程序开始后，债权人只能通过申报债权参加集体清偿程序，不得接受债务人的个别清偿。

2. 权利与义务相一致

《民法典》第 131 条规定："民事主体行使权利时，应当履行法律规定的和当事人约定的义务。"这一规定既是民事主体的行为准则，也是裁判机关裁判和行政机关执法的依据。在理解和适用这条规定时，需要把握以下两点：一是民事主体享有权利的同时必须承担义务。这是处理个体之间"权利冲突"的基本准则。在当事人双方各自强调自己权利和对方责任时，不仅要界定各方权利，而且要明确各方义务。根据"义务制约权利"的原理，对于片面强调权利而回避义务甚至违反义务的一方，可以依法适用权利减损或权利剥夺的规则。例如，在离婚分割财产时，对隐藏、转移、变卖、毁损夫妻共同财产或伪造债务的一方可以少分或不分；在分配遗产时，对有扶养能力和扶养条件而不尽扶养义务的继承人不分或少分，对遗弃或者严重虐待被继承人的继承人剥夺其继承权。二是权利附带义务。这是处理个人与集体、个体与社会之间利益冲突的基本依据。在平衡个人合法诉求与公众利益关切时要通过明确权利边界和社会义务，准确地把握权利保护的尺度。在面临两难选择的情况下，可参照《民法典》第 8 条①、第 86 条②等的规定，按照“公共秩序优先”“安全价值优先”“多数人利益优先”“弱者保护优先”等社会共识，作出符合法律和道德的抉择。

3. 禁止滥用权利

《民法典》第 132 条规定：“民事主体不得滥用民事权利损害国家利益、社会公共利益或者他人合法权益。”该条对禁止滥用权利的规则作出了规定。所谓滥用权利，是指行使权利违背权利设定的目的，损害了他人利益。权利意味着主体的意志自由，但这种自由是有一定限度的。法律并不允许权利人以任何方式随心所欲地行使自己的权利，民事权利亦不例外。从权利行使角度来看，自由止于权利。任何权利的实现不仅关涉权利人的利益，而且涉及义务人、国家和社会的利益。因此，各国立法无不对权利的行使规定了这样或那样的限制。概言之，滥用权利就是行使权利超出权利的边界。权利的边界包括两种：一是内在的限制，即权利的范围或目的。超出权利的范围或者违反权利的目的，致他人受损害的，构成滥用权利。二是外在的限制，即行使权利的行为不得违反公序良俗和诚信原则。以损害他人为目的恶意地行使权利，或者在自己欠缺正当利益或获益极少而致人损失甚大的情况下任意地行使权利，或者以违反社会道德的方式不当行使权利的，均构成滥用权利。具体而言，滥用权利应当具备以下条件：一是权利人行使了权利；二是以加害他人为主要目的；三是行为人的行为侵害了他人的合法权益；四是权利人行使了权利与他人的合法权益受到损害具有因果关系。如果权利人行使权利的行为满足了侵权责任的成立要件，受害人便有权请求权利人承担侵权责任，其中既包括侵权损害赔偿，也包括其他侵权责任承担方式。

思政园地

课程思政思路一：要充分认识颁布实施民法典的重要意义，依法更好保障人民合法权益。2020 年 5 月 29 日，习近平总书记在主持中共十九届中央政治局第二十次集体学习时指出：要充分认识颁布实施民法典的重要意义，依

① 《民法典》第 8 条：民事主体从事民事活动，不得违反法律，不得违背公序良俗。

② 《民法典》第 86 条：营利法人从事经营活动，应当遵守商业道德，维护交易安全，接受政府和社会的监督，承担社会责任。

法更好保障人民合法权益。2020 年 5 月 28 日，第十三届全国人大三次会议审议通过了《中华人民共和国民法典》，这是新中国成立以来第一部以“法典”命名的法律，是新时代我国社会主义法治建设的重大成果。《民法典》在中国特色社会主义法律体系中具有重要地位，是一部固根本、稳预期、利长远的基础性法律。它对推进全面依法治国、加快建设社会主义法治国家，发展社会主义市场经济、完善社会主义基本经济制度，坚持以人民为中心的发展思想、依法维护人民权益、推动我国人权事业发展，对推进国家治理体系和治理能力现代化，都具有重大意义。

课程思政思路二：民法典是“新时代人民权利的宣言书”。《民法典》从不同的角度规定了一系列的权利，不仅确认和保障了个人和组织的财产权利及其他合法权益，而且维护了社会经济秩序和社会公共利益；充分体现了以人民为中心的发展思想，充分回应了人民对美好生活的需要。党的十八大以来，为了更好地维护人民群众的合法权益，我们党顺应实践发展要求和人民群众期待，把编纂《民法典》摆上重要日程。党的十八届四中全会作出的《关于全面推进依法治国若干重大问题的决定》明确提出了编纂民法典。民法典的颁布实施对推进全面依法治国、加快建设社会主义法治国家，对发展社会主义市场经济、巩固社会主义基本经济制度，对坚持以人民为中心的发展思想、依法维护人民权益、推动我国人权事业发展，都具有重大意义。

课程思政思路三：深入学习和贯彻习近平法治思想，尊重和保障人权。习近平法治思想是全面依法治国的根本遵循和行动指南，深刻揭示了法治中国建设的基本规律，为新时代法治中国建设提供了科学理论指引。其中，尊重和保障人权是习近平法治思想的重要组成部分，体现了以人为本的法治精神和人文关怀。习近平法治思想蕴含着丰富而深刻的人权保障思想，其人权保障思想主要包括以下三个方面：一是坚持党对人权事业的领导。习近平法治思想强调坚持党对全面依法治国的领导，这一原则符合宪法中“党的领导”的精神内核。党的领导地位的巩固能够更好地维护人民的根本利益，确保我国尊重和保障人权事业的健康发展。二是一切国家权力属于人民。根据宪法第二条的规定，习近平法治思想强调以人民为中心，这意味着全面依法治国必须坚持为了人民、依靠人民。这种理念要求通过法律制度拓宽公众参与的渠道和方式，建构完备的公共参与规则体系。三是国家尊重和保障人权。习近平法治思想中“以人民为中心”的理念，体现了全面依法治国必须坚持“为了人民”和“依靠人民”，这与“国家尊重和保障人权”的宪法精神相契合。

第二节 民事权利的保护

课程思政路向设计

依法保障人民权益是依法治国的基石，是依法治国的重要目标，是坚持走中国特色社会主义法治道路的本质要求。人民群众的合法权益能否得到有效的保护，是衡量国家治理体系和治理能力现代化的重要标尺。

保障人民群众的合法权益是依法治国的重要目标。依法治国要求全体、社会组织和国家机关都必须遵守法律法规，平等地适用法律，平等地享受法律保护。这就要求司法机关和法治工作者必须保障人民的合法权益，让人民群众在每一个司法案件中感受到公平正义；让人民群众在每一宗立法中感受到公平正义；让人民群众在每一个执法决定中感受到公平正义。只有这样，才能让人民在法治环境中有权利、有义务地参与国家治理，共同推动国家国家治理体系和治理能力现代化。

保障人民群众的合法权益是依法治国的重要使命。依法治国是一项长期而艰巨的历史任务，涉及国家的政治、经济、文化、社会等各个领域。在这个过程中，司法机关和执法机关肩负着重要使命和担当。相关工作人员必须充分认识到保障人民权益的重要性，在各自的岗位上切实履行好自己的职责，维护人民的合法权益。只有这样，才能让人民在法治社会中信法、护法、守法和用法，不断增强法律意识和国家意识，推动法治国家、法治政府和法治社会一体建设。

保障人民群众的合法权益是依法治国的重要保障。依法保障人民合法权益是依法治国的重要基石。我国宪法明确规定“中华人民共和国的一切权力属于人民”“国家尊重和保障人权”“中华人民共和国公民的人身自由不受侵犯”“中华人民共和国公民的人格尊严不受侵犯”。手握国家公权力的国家机关及其工作人员，必须始终秉持对法律的敬畏之心，始终保持为人民服务的赤子之心，始终坚持权为民所用的初心，切实维护好人民群众的合法权益。

保障人民群众的合法权益是依法治国的重要目标。保障人民群众的合法权益既是全面依法治国的出发点，也是全面依法治国的落脚点。依法治国的宗旨是以人为本，保障人民群众的合法权益。这一宗旨体现在全面依法治国的各个领域和全面依法治国的整个过程，包括立法、执法、司法和守法等环节。通过法律手段捍卫人民利益，解决损害群众权益的突出问题，让人民群众感受到公平正义，是全体司法机关和法治工作者的共同责任和使命。

框架·内容

一、民事权利保护概述

民事权利保护是民法的重要课题，是民法存在最大的理由。所谓民事权利保护，是指民事权利在行使过程中遇到障碍妨害其实现时，法律给予的各种强制性保护措施，其目的在于恢复被侵害的民事权利的内容。民事权利保护是民事权利实现的一个特殊环节。民法典开宗明义地将民事权利保护列入立法宗旨，明确宣示民事主体的人身权利、财产权利以及其他合法权益受法律保护，任何人不得侵犯（详见《民法典》第3条）。根据民事权利保护的主体不同，民事权利的保护分为公力保护（救济）和私立保护（救济）。在现代法治国家，对民事权利的保护以国家保护为主，以自我保护为辅。前者称公力救济，后者称自力救济。此外，我国民法还提倡对他人扶危救险的救助行为，并在法律中予以规定。这种情况也可归入自力救济。

二、民事权利保护的方式

（一）公力保护

公力保护又称公力救济，是指当义务主体不履行义务或者侵犯他人权利时，国家机关根据权利主体的请求，对受到侵害的权利予以保护的公权行为。在现代社会，随着国家中心主义的形成和发展，国家保护已成为民事权利最主要的保护方法。国家提供的民事权利保护方法主要是民事诉讼程序和民事执行程序。民事诉讼依当事人提出诉讼请求的目的和要求，可以分为确认之诉、给付之诉和变更之诉。确认之诉是在权利的存在或归属争议时，请求法院予以确认而提起的诉讼；给付之诉是请求法院责令对方为一定行为以实现民事权利的诉讼；变更之诉是请求法院对现有的民事权利义务予以变更的诉讼。

（二）自力保护

自力保护又称私力救济，是指民事主体在法律允许的范围内，凭借自身的力量对自己或他人的权利实施保护的行为。在大陆法系发展过程中，私力救济是近代以前当事人保护民事权利的主要方式，主要体现的是私权主体之间的直接对抗，通常表现为一定程度的侵害性行为。随着国家力量的强大以及国家职能的完备，权力介入社会生活的范围得以扩大，国家以公权力实施民事权利的保护日益重要，国家保护逐渐成为权利保护的主要方式。不过，在某些情况下，特别在无法来得及寻求公力救济的情况下，为了有效地保护自己或他人的权利，法律允许民事主体采取一定程度的自力救济。目前，在我国民法领域，法律允许的自力救济方式主要为自卫行为、自助行为和救助行为。

1. 自卫行为

自卫行为是指为了使自己或他人的财产、人身免受侵害或者遇到紧急情况时，为防止损害的发生或扩大而采取的必要措施，依法实施的使自己或他人利益免于受损的行为，包括正当防卫和紧急避险。

2. 自助行为

自助行为是指民事主体为保护自身的民事权利，在情势紧急又不能及时请求国家公权力救济的情况下实施的扣押他人财产、拘束他人行动自由的措施。自卫行为赋予权利人对积极侵害的抵御能力，而自助行为则为权利人提供实现权利的机会。相较于自卫行为，自助行为保护的是财产利益而非人身利益。但针对的不仅可以是他人的财产，也可以是他人的人身自由，因而在法律上应受到较为严格的限制。《民法典》第 1177 条规定：“合法权益受到侵害，情况紧迫且不能及时获得国家机关保护，不立即采取措施将使其合法权益受到难以弥补的损害的，受害人可以在保护自己合法权益的必要范围内采取扣留侵权人的财物等合理措施；但是，应当立即请求有关国家机关处理。”由此可见，我国允许权利人在特定情况下采取适当的自力行为对他人的人身或财产采取适当的约束行为以保护自己的财产权益。例如，餐馆工作人员对用餐后拒不付账的顾客，可以扣留其财物或者阻止其离开。但需要强调的是，对侵权人的人身或财产进行了有效约束后，应当立即报警以寻求公力救济。

3. 救助行为

救助行为是指行为人在他人受到不法侵害或遭遇危险时主动给予的救护能助。实施这种行为常常有自身和他人受到损害的风险。在中国历史上，见义勇为一向受到道德的赞誉和法律的肯定。在我国民法中，对见义勇为者的保护主要涉及两个方面：一是对救助人所受损害的救济。《民法典》第

183 条规定："因保护他人民事权益使自己受到损害的，由侵权人承担民事责任，受益人可以给予适当补偿。没有侵权人、侵权人逃逸或者无力承担民事责任、受害人请求补偿的，受益人应当给予适当补偿。"该规定不仅适用于保护他人权益免受他人不法侵害的情形，而且适用于保护他人权益免受自然事件或事故危害（如抢险救灾、抢救落水者）的情形。二是对救助行为致他人损害的免责。如果救助行为致侵权人受损害，救助人可援引正当防卫主张免责；如果救助行为致第三人受损害，则救助人可援引紧急避险主张免责；如果在紧急情况下救助行为给受助人造成损害，则可援引《民法典》第 184 条"因自愿实施紧急救助行为造成受助人损害的，救助人不承担民事责任"的规定主张免责。这一规定表明了我国民法倡导见义勇为风尚的立法政策。

难点突破：紧急救助的责任豁免

《民法典》第 184 条规定："因自愿实施紧急救助行为造成受助人损害的，救助人不承担民事责任。"该规定对紧急救助责任豁免进行了明确规定，该规定出台后受到了多方批评，认为"但书规定缺乏，规则适用不明""过度道德化，加重法解释负担"等。[①] 这些批评无疑偏离了文义解释以及鼓励救助的出发点，也暴露了批评者试图以无因管理、紧急避险等理论来涵摄紧急救助下的责任承担构想。

要正确解读《民法典》第 184 条，首先要理解紧急救助与无因管理的区别。紧急救助与无因管理具有以下区别：①紧急救助是我们中华民族优秀的传统美德，植根于中华民族源远流长的文化土壤中；无因管理是舶来品，该法律制度源于古罗马法，历史发展相当悠久，现为许多大陆法系和英美法系的国家所移植。②在主观意愿上，紧急救助在危难、突发情形下，具有紧迫性、临时性、突发性、偶然性、危险性，在危急情形下愿意为维护他人合法利益付出自己的救助，该救助可能给施救人带来人身危险性、利益损害。而无因管理，是在一般正常情形下，危险性、紧迫性并不显然；主观上推测管理人的行为是有利于本人的，非紧急的情形下基于主动的管理与提供服务应负有向本人有报告义务。③紧急救助人给予他人救助，是无偿的，是纯粹的不求回报的善举；如果被施救人基于感激而给予救助人物质上的补偿，这不是法律上的义务而是基于人类伦理道德上的情感表达。而对于无因管理人，

① 扈纪华主编：《民法总则起草历程》，法律出版社，2017，第 201 页。

立法将管理人主动管理和提供服务的行为后果确定为债的发生原因之一，要求受益人给予无因管理人员基于无因管理产生的费用和其他补偿。④注意义务不同。紧急救助时施救人在危机、紧迫的情形下，其所要求的注意义务低于无因管理行为。

其次要理解紧急救助与紧急避险之间的区别：①紧急避险的本质是侵权行为，避险人对于损害结果的发生具有故意的因素，而紧急救助中的救助人对被救助人导致的损害后果至少在主观上不具备故意。[①] ②从所涉法律关系来看，紧急救助所调整的是救助人与被救助人之间的法律关系，应对的是救助人造成被救助人损害的责任承担问题，而紧急避险所调整的是紧急避险人与受害人、受益人等主体之间的法律关系。③紧急避险往往存在权益冲突，即为保全较大权益而不得已牺牲较小权益，而紧急救助不存在必须牺牲较小权益的选择。

综上，正确理解紧急救助的责任豁免（《民法典》第184条），第一是要将其从无因管理和紧急避险中区分开来，第二是紧急救助的责任豁免是绝对的责任豁免。紧急救助的责任豁免的正当性，一是基于"情况紧急"，二是基于"紧急下的救助"，三是基于法律所承担的弘扬社会主义核心价值观的使命担当。

案例6-4 陈某某系梅河口市某热电有限责任公司（以下简称"某热电公司"）职工，2020年7月25日下阀井作业发生缺氧窒息。在阀井附近菜地干活的王某某，收到陈某某妻子求助后，迅速下井救人，但其救援并未成功，自己也因窒息昏倒在地。后王某某经救治后恢复意识，陈某某经救治无效死亡。梅河口市人民政府事故调查组将此次陈某某窒息死亡事故认定为安全生产责任事故。经吉林某司法鉴定所鉴定，王某某未构成伤残。王某某诉至梅河口市人民法院，要求某热电公司承担医疗费、护理费等。

吉林省梅河口市人民法院认为，王某某为救助某热电公司职工使自己受到缺氧窒息的侵害，其行为构成见义勇为。王某某因此受到的损害应由侵权人承担赔偿责任。

该案鲜活地展现了救人未果但受损亦应得到赔偿的司法理念，是弘扬"舍己为人、友善互助"的社会主义核心价值观的典型体现。王某某为救助某热电公司的员工受到损害，其窒息原因与某热电公司管线作业环境存在危险因素直接相关，某热电公司作业环境严重缺氧客观上造成了救助人和被救助

① 陈甦主编：《民法总则评注（下册）》，法律出版社，第1318页。

人的损害。虽然本案的加害行为非“人为”所致，但危险作业环境仍属加害行为的一种形式，故王某某的权益损害与某热电公司存在直接因果关系，依法认定某热电公司为侵权人。同时本案中王某某在没有法定或约定救助义务的前提下面对危险仍然勇敢地挺身而出，虽未成功但不能因此而否定其为见义勇为。

思政园地

依法保障人民合法权益是习近平法治思想中的重要内容

习近平总书记强调：“推进全面依法治国，根本目的是依法保障人民权益。”要切实尊重和保障人权，依法保障全体公民享有广泛的权利，保障公民的人身权、财产权、基本政治权利等各项权利不受侵犯，保证公民的经济、文化、社会等各方面权利得到落实，努力维护最广大人民根本利益，保障人民群众对美好生活的向往和追求。

课程思政思路一：实施好民法典有助于维护好人民的合法权益。实施好《民法典》是坚持以人民为中心、保障人民权益实现和发展的必然要求。习近平总书记强调，民法典在中国特色社会主义法律体系中具有重要地位，对坚持以人民为中心、依法维护人民权益、推动我国人权事业发展等都具有重大意义。民法典调整规范自然人、法人等民事主体之间的人身关系和财产关系，这是社会生活和经济生活中最普通、最常见的社会关系和经济关系，涉及经济社会生活方方面面，同人民群众生产生活密不可分，同各行各业发展息息相关。民法典实施得好，人民群众权益就会得到法律保障，人与人之间的交往活动就会再加有序，社会就会更加和谐。民法典实施水平和效果，是衡量各级党和国家机关履行为人民服务宗旨的重要尺度。

课程思政思路二：努力让人民群众在每一个民事案件中感受到公平正义。民事案件同人民群众合法权益的保护具有最直接最密切的联系。要确保民事案件的公正审判，首先要严格执行法律程序。这包括确保双方当事人在诉讼过程中的合法权益得到保护，确保证据的合法性、真实性，以及审判过程的公开透明。通过这种方式，可以增加公众对司法系统的信任，从而感受到公平正义的存在。要确保民事案件的公正审判，要努力提高司法人员的专业素质。司法人员作为民事案件的裁决者，其专业素质直接影响到案件的公正性。因此，加强对法官的法律培训，提高其专业能力，是实现公平正义的关键。

为了确保民事案件的公正审判，需要建立有效的司法监督机制。这包括内部监督和外部监督两个方面。内部监督主要是指法院内部的纪检监察部门对法官的审判行为进行监督；外部监督则包括人大、政协、媒体等社会各界对法院审判活动的监督。通过这些监督机制的运行，可以有效防止法官滥用职权，确保民事案件的公正审判。

第七章　民事法律行为

第一节　民事法律行为概述

课程思政路向设计

以习近平法治思想为引领，增强法治意识，通过民事法律行为实现社会资源的合理分配和有效流转。

法治意识是指公民对法律的认知、尊重和遵从，它是现代公民必备的基本素质之一。增强法治意识在宏观上有利于推进全面依法治国、建设社会主义法治国家，从微观上有利于各民事主体的成长和发展。

法治意识是民事主体遵守法律、尊重法律的基础。当民事主体具有较高的法治意识时，他们更有可能自觉遵守法律，积极行使法律赋予的权利，并自觉履行法律规定的义务。在民事活动中，具有较高法治意识的民事主体更倾向于选择合法的民事行为实现资源的分配和流转，更倾向于选择合法的手段解决民事争议，避免采取违法行为来维护自己的利益。

法治意识不仅影响民事主体是否遵守法律，还会影响他们在面临法律问题时作出怎样的行为选择。例如，具有较高法治意识的民事主体在签订合同时，会更重视合同内容的合法性，更关注在合同中明确规定双方的权利和义务，从而减少未来可能发生的民事纠纷。

民事主体的法律意识总是通过民事主体的具体法律行为表现出来的。民事法律行为是民事主体在日常生活中处理私权事务的行为，这些行为反映了民事主体在实际生活中的法律态度和行为模式。通过观察和分析民事主体在民事法律行为中的表现，可以了解他们的法治意识水平。例如，如果民事主体在处理财产关系时能够自觉遵守法律规定，这表明他们具有较高的法治意识。

提高民事主体的法律意识，目的是实现民事法律行为的合法化。民事法律行为的合法化是指民事主体在民事活动中遵守法律规定，尊重他人权利，不损害公共利益。民事法律行为的合法化不仅有利于保护民事主体的合法权益，维护社会秩序，而且有助于实现社会资源的合理分配和有效流转。

综上所述，提高法治意识与民事法律行为之间存在着密切的关系。法治意识的提高有助于民事主体更好地遵守和适用法律，而民事法律行为则是检验和提升公民法治意识的重要场域。因此，加强法治教育，提高公民的法治意识，引导民事主体在民事活动中遵守法律规定，是建设社会主义法治国家的重要任务。

框架·内容

一、民事法律行为的概念和特征

通说认为，民事法律行为是指民事主体通过意思表示设立、变更、终止民事法律关系的行为。[①] 也可以将其简单地表述为以意思表示设立、变更、终止民事法律关系的行为。[②] 民事法律行为的概念无论如何表述，其核心要素都是意识表示，通过法律的赋效以实现当事人之“意思”。

民事法律行为具有以下主要特征：

第一，民事法律行为是民事法律事实的一种。民事法律事实分为行为和事件，行为又分为法律行为和事实行为。法律行为与事实行为都是在“意识”支配下之所为之“行为”，区别在于法律行为之法律效果来源于“意识”的预先设定，而事实行为之法律效果基于“法律”的直接规定。

第二，民事法律行为是民事主体实施的以设立、变更、终止民事法律关系为目的的行为。民事法律行为的这一特征把民事法律行为与好意施惠区别开来：好意施惠虽然通常以“约定”的形式出现，但该“约定”并不包含追求“法效”的意思，即无受法律约束之意思。

第三，民事法律行为是通过意思表示实施的行为。民法之意思表示，是指向外部表明意欲发生一定私法上效果的意思行为。民事法律行为都是通过意思表示作出的，即表意人将其内心意思表示于外，为他人所知晓。

第四，民事法律行为是能够产生当事人预期的法律效果行为。民事法律行为作为引起法律关系变动的原因，不仅导致民事法律关系的产生，而且可以成为民事法律关系变更和终止的原因。民事法律行为仅产生私法上的效果，

---

① 《民法学》编写组：《民法学》（第二版），高等教育出版社，2022，第 84 页。

② 魏振瀛主编：《民法》（第六版），北京大学出版社，2016，第 150 页。

而且能够产生当事人所预期的法律效果，因此，民事法律行为是民事主体私法自治的重要工具。

二、民事法律行为与相关概念

（一）民事法律行为与事实行为

民事法律行为与事实行为均可产生法律效果，区别在于法律效果产生的依据不同。民事法律行为的法律效果根据行为人的意思表示而发生，事实行为的法律效果直接根据法律规定而产生。事实行为的法律效果与行为人的意思无关，因此有关意思表示的法律规则在事实行为中自无适用之余地。同时，事实行为的法律效果直接根据法律规定而产生，因此有关行为人的行为能力规则同样在事实行为中无适用之余地。

侵权行为之法律效果同样直接根据法律规定而产生，是否由此可以推出侵权行为当属事实行为？笔者认为，侵权行为是否属于事实行为是一个需要讨论的问题：笔者的结论是侵权行为不应该归入事实行为。理由是尽管侵权行为和事实行为的法律效果均来自法律的直接规定，且均不适用行为能力制度之规定，但侵权行为所引发的法律责任在当下的法律框架下却受制于当事人的行为能力，如教唆、帮助成年人侵权构成共同侵权，教唆、帮助未成年人侵权为单人侵权。如果侵权行为不属于事实行为，事实行为是否可以称为合法行为？这同样是一个需要讨论的问题。笔者认为，侵权行为不属于事实行为并不意味着事实行为就可以被定义为合法行为。首先，侵权行为不一定是违法行为，部分侵权行为之“行为”并不具有违法性，一般侵权行为以过错为归责原则，而这里的过错并非行为之过错，而是“主观”之过错；特殊侵权以无过错为归责原则。总之，侵权行为具有法定性，一个行为是否构成侵权不是由行为本身决定的，本质上是法律价值选择的结果。

（二）民事法律行为与准民事法律行为

准民事法律行为通常包括意思通知和事实通知，所谓意思通知就是行为人将含有特定目的的意思向相对人表达。意思通知虽含有特定目的，但法律效果并非来自行为人的特定目的，而来自意思通知背后的那个“意思表示”。例如，限制行为能力人实施的与其年龄、智力、精神健康状况不相适应的民事法律行为，经法定代理人追认（意思通知）而使限制行为能力人实施的与其年龄、智力、精神健康状况不相适应的民事法律行为（意思表示）生效；所谓事实通知就是行为人将某种事实通知对方，一旦通知即可产生法律规定之效果。例如，《民法典》第487条规定“受要约人在承诺期限内发出承诺，按照通常情形能够及时到达要约人，但是因其他原因致使承诺到达要约人时超过承诺期限的，除要约人及时通知受要约人因承诺超过期限不接受该承诺外，该承诺有效”。此法条所规定“要约人及时通知”之“通知”，即为事实通知。

可见，准民事法律行为与民事法律行为均有表示意思，但准民事法律行为之表示无法效意思；准民事法律行为与事实行为的法律效果均来自立法的直接规定，但事实行为无需表示行为。由此可见，准民事法律行为既有别于民事法律行为，又不同于事实行为。需要强调的是，准民事法律行为的法律效果虽然为立法所直接规定，但毕竟属于表示行为，因此原则上“准民事法律行为类推适用于民事法律行为的相关规范”①。

三、民事法律行为的类型

（一）单方（双方、共同）民事法律行为

单方民事法律行为是指根据一方的意思表示就能引起民事法律关系产生、变更或消灭的行为。单方民事法律行为从不同的角度可以作出不同的分类。从权利变动的角度可以分为两类：一是引起行为人本人权利变动的单方民事法律行为，如抛弃动产；二是引起他人权利变动的单方民事法律行为，如授予他人代理权。从有无相对人的角度亦可分为两类：一是有相对人的单方民事法律行为，如遗赠；二是无相对人的单方民事法律行为，如捐助行为。

双方民事法律行为是指根据双方的意思表示方能引起民事法律关系产生、变更或消灭的行为。双方民事法律行为的当事人只限于两个当事人，而且在有偿的双方民事法律行为中，双方的意思表示往往存在相互对立的状态，双方各自从自身利益出发作出自己的意思表示。

共同民事法律行为是指两个或两个以上的当事人为了追求共同的目的而作出利益一致的意思表示。双方民事法律行为的当事人可以是双方，亦可以是多方（三个以上），其与有偿的双方民事法律行为在意思表示的利益取向上

---

① 朱庆育：《民法总则》（第二版），北京大学出版社，2016，第87页。

正好相反，共同民事法律行为的当事人在意思表示的方向上是一致的，所追求的是当事人的共同利益，具有共享收益、共担风险的特质，例如合伙协议。需要指出的是共同民事法律行为意思表示的一致性要求并不具有绝对意义。例如在多数决的情况下，只需要大多数当事人意思表示一致就可以成就一项共同民事法律行为。

（二）财产民事法律行为与身份民事法律行为

财产民事法律行为通常是指当事人通过意思表示以实现财产上法律目的的行为。此类行为的后果往往是当事人之间发生财产上的变动，因此，财产民事法律行为往往又被细分为处分行为和负担行为。处分行为是指通过财产权利人的处分意思而导致财产的消灭或转移，例如动产的抛弃和不动产的买卖；负担行为是指通过意思表示而约定为给付的财产行为，通常又称为义务行为，例如银行与商主体所达成的贷款协议。

身份民事法律行为通常是指当事人通过意思表示以实现身份上法律目的的行为，例如当事人通过与监护人订立收养协议而在收养人与被收养人之间产生的收养关系。从各国立法的实践看，基于财产民事法律行为而产生的财产关系限制较少，而基于身份民事法律行为而产生的身份关系限制相对较大，例如婚姻关系和收养关系的产生均需要履行特定的登记程序。

（三）有偿民事法律行为与无偿民事法律行为

有偿民事法律行为通常是指能够在当事人之间产生相应对价的民事法律行为。例如，买卖是典型的有偿民事法律行为。无偿民事法律行为通常是指在当事人之间不能产生相应对价的民事法律行为，例如赠与是典型的无偿民事法律行为。将民事法律行为划分为有偿民事法律行为与无偿民事法律行为具有以下法律意义：一是当事人所承担的责任要求不同。在无偿民事法律行为中，单纯给予利益的一方通常承担较低的注意义务，通常遵循轻过失免责的规则。二是对主体的要求不同。从事有偿民事法律行为的当事人应为具有完全民事行为能力人，限制民事行为能力人从事有偿民事法律行为需要经法定代理人同意或取得法定代理人的事后追认。

（四）诺成性民事法律行为与实践性民事法律行为

诺成性民事法律行为通常是指经当事人意思表示一致即可成立生效的民事法律行为，例如，买卖行为就是典型的诺成性民事法律行为；实践性民事法律行为通常又称为要物性民事法律行为，即民事法律行为的成立并生效除当事人的意思表示一致外，还需要一方当事人交付一定的物才能成立的民事法律行为，例如民间借贷就是典型的实践性民事法律行为。很显然，诺成性民事法律行为与实践性民事法律行为最主要的区别就是：诺成性民事法律行为只需要当事人双方意思表示一致即可成立并生效；而实践性民事法律行为除了当事人双方意思表示一致外，还需要当事人一方交付标的物才能成立并生效。

实践性民事法律行为是一种特殊的民事法律行为，它不仅要求双方达成协议，还需要有实物的交付，因此，实践性民事法律行为又称为“要物性”民事法律行为。根据现行立法，我国所确立的实践性合同包括五种类型：借用合同，保管合同，自然人之间的借贷合同（民间借贷），定金合同，履行期届满前达成的以物抵债合同。

（五）要式民事法律行为与不要式民事法律行为

要式民事法律行为通常是指民事法律行为的生效需要具备一定的行使要件。要式民事法律行为的核心特征在于其行为形式和程序的法定性。这意味着，无论设立、变更还是终止某种民事法律关系，当事人都必须遵守法律规定的特定形式和程序，否则该行为将无法成立或生效。典型的要式民事法律行为有不动产交易的登记和婚姻登记。不要式民事法律行为通常是指民事法律行为的生效不需要采取特定的形式，采取口头方式、书面形式或者其他形式均可。这类行为的特点在于它的成立和效力不受任何形式的限制，只要当事人的内心意愿与外部表现一致，行为内容合法，就可以产生法律效力。通常要式民事法律行为之“要式”并不是要式民事法律行为生效的绝对条件，例如，《民法典》第 490 条第 2 款规定：法律、行政法规规定或者当事人约定合同应当采用书面形式订立，当事人未采用书面形式但是一方已经履行主要义务，对方接受时，该合同成立。

民事法律行为的分类对于法学研究、法律实践以及民事主体权益的保护都有着十分重要的意义。首先，民事法律行为的分类有助于提升教学和科研水平。通过对民事法律行为的分类，研究者可以更加系统和深入地研究各种具体的法律行为及其背后的法律原理。这种分类不仅有助于构建完整的民法理论体系，还能为法学教育提供清晰的教学框架，使得学生能够更容易地理解和掌握民法的基本原则和制度。其次，民事法律行为的分类有助于明确民事主体的权利与义务。民事法律行为的分类可以明确民事主体权利义务的产生、变更和消除方式。例如，通过区分单方民事法律行为和双方民事法律行为，公民可以更加明确自己在不同情况下的权利和义务，从而更好地维护自己的合法权益。再次，民事法律行为的分类有助于维护好民事法律行为主体的合法权益。第一，通过民事法律行为的分类，当事人可以更好地理解和掌握不同类型民事法律行为的构成要件和基本框架，在交易过程中循法而为，并在发生纠纷时依据其所属的分类进行有效的法律论证，从而为民事法律行为纠纷的解决提供可靠的依据和进行有效的辩论。第二，民事法律行为的分类为民事纠纷的解决提供了依据。民事法律行为的分类表明不同的民事法律行为有不同的构成要件和证明方式。这就要求我们在发生民事法律纠纷时针对不同的分类适用不同的法律规定和责任承担方式。

思政园地

法治的根基在人民

只有全体人民信仰法治、厉行法治，国家和社会生活才能真正实现在法治的轨道上运行。所有的民事活动本质上是民事主体的活动，民事法律行为作为社会资源分配的重要杠杆，其是否能够发挥好作用，全在乎民事主体的“一念之差”，由此可推知在全面依法治国的过程中，法治中国建设真正的根基在人民。

课程思政思路一：法治最广泛最深厚的基础是人民。法治最广泛最深厚的基础是人民，因为人民是依法治国的主体和力量源泉。党的十八大以来，习近平总书记反复强调“法治建设要为了人民、依靠人民、造福人民、保护人民”“要把体现人民利益、反映人民愿望、维护人民权益、增进人民福祉落实到依法治国全过程”。在 2020 年中央全面依法治国工作会议上，习近平总书记发表了《坚定不移走中国特色社会主义法治道路，为全面建设社会主义现代化国家提供有力法治保障》的重要讲话，在这篇重要讲话中习近平总书记明确指出“全面依法治国最广泛、最深厚的基础是人民，必须坚持为了人民、依靠人民”，强调“推进全面依法治国，根本目的是依法保障人民权益”，并提出了明确要求：一是把体现人民利益、反映人民愿望、维护人民权益、增进人民福祉落实到全面依法治国各领域全过程，保证人民在党的领导下通过各种途径和形式管理国家事务、管理经济文化事业、管理社会事务，保证人民依法享有广泛的权利和自由、承担应尽的义务；二是积极回应人民群众新要求新期待，坚持问题导向、目标导向，树立辩证思维和全局观念，系统研究谋划和解决法治领域人民群众反映强烈的突出问题，不断增强人民群众的获得感、幸福感、安全感，用法治保障人民安居乐业。

课程思政思路二：人民不仅是法治的受益者，更是法治建设的参与者和推动者。我国所走的法治道路是具有中国特色的社会主义法治道路，法治建设要积极回应人民群众新要求新期待，要使人民群众在中国特色社会主义法治建设的过程中不断增强其获得感、幸福感和安全感，使人民群众从事正常的民事活动有更多法治保障。人民不仅是中国特色社会主义法治建设的受益者，同时也是中国特色社会主义法治建设的参与者和推动者。我们要加大全民普法工作力度，不断加大弘扬社会主义法治精神的力度，不断增强全民守法的法治观念，不断夯实依法治国的社会基础。

第二节　意思表示

课程思政路向设计

意思表示是意思自治的表现形式，民事法律行为则是意思自治的工具，因此“意思”是“行为”的引擎。民事法律行为生效的要件之一是意思表示要真实。意思表示是否真实本质上是意思表示解释的结果。因此，本节的课程思政可以从诚实信用的角度切入。

诚实信用是意思表示的基本要求。诚实信用原则也被称为诚信原则，在民法领域居于基本原则的地位，被誉为民法中的“帝王条款”。它要求民事主体在从事民事活动时，包括行使民事权利、履行民事义务、承担民事责任时，都应秉持诚实、善意，信守承诺。诚实信用原则在解释意思表示时起着重要作用。根据《民法典》的规定，有相对人的意思表示的解释应当结合诚信原则确定其含义。无相对人的意思表示的解释也应考虑诚信原则以确定行为人的真实意思。《民法典》第 142 条规定：有相对人的意思表示的解释，应当按照所使用的词句，结合相关条款、行为的性质和目的、习惯以及诚信原则，确定意思表示的含义。无相对人的意思表示的解释，不能完全拘泥于所使用的词句，而应当结合相关条款、行为的性质和目的、习惯以及诚信原则，确定行为人的真实意思。

意思表示包括单方的虚伪表示和双方的虚伪表示。单方虚伪表示包括戏谑行为和真意保留两种情形，双方虚伪表示包括通谋的虚假表示和隐藏行为情形。隐藏行为是通谋的虚假表示的更进一步，是以通谋的虚假表示掩盖真实的意思表示。意思表示是形成民事法律行为的中介，有民事法律行为必有民事权利和民事义务的设立，因此意思表示的真假对民事法律行为下的权利和义务影响甚大。从民事立法和司法实践的整个发展历程看，从立法到司法，基本上给予虚假的意思表示否定性评价。这昭示了诚实信用是民事活动的应然选择。

党的十七届六中全会特别提出要把诚信建设摆在十分突出的位置，大力推进政务诚信、商务诚信、社会诚信和司法诚信建设。建立和完善社会主义市场经济体制离不开诚信社会的构建。建设社会主义法治国家、法治政府和法治社会同样离不开诚信社会的构建。当前，我们正在全力推进法治中国建设，诚实信用与法治建设是相辅相成的关系。诚信是法治建设的基础，法治建设是诚信得以实施的保障。只有将两者有机地结合起来才能共同构建一个有序和文明的社会。

框架·内容

一、意思表示的概念和特征

（一）意思表示的概念

意思表示是指向外部表明意欲发生一定私法上效果之表示行为。换言之，所谓意思表示就是将意欲发生私法上效果的内心意思表示于外的行为。意思表示是民事法律行为的核心要素，没有意思表示就没有民事法律行为。民事法律行为之所以能够产生当事人追求的私法效果，本质上是因为当事人所做出的意思表示真实且不违反法律的禁止性规定和公序良俗，因此国家赋予该意思表示法律上的拘束力。

（二）意思表示的特征

1. 意思表示的“意思”是内心意思

意思表示的“意思”是当事人意欲产生民法上效果的内心意思。当事人意欲产生民法上效果的内心意思意在使民事法律关系发生变动，该“意思”不违反法律的强制性规定和公序良俗，因而能产生当事人预期的法律效力。

内心意思通常包括：①行为意思，即受当事人的意志控制有意作出表示的意思，说梦话、条件反射、胁迫下的表示等均缺乏行为意思。当然，在我国当下的民事领域因胁迫而产生的民事法律行为并非当然无效，而属于可撤销的范畴。②表示意思，即意识到自己的表示具有法律上的意义。实践中，如果表意人没有表示意思，但表意人表示的外观具有表示意思，当如何处理呢？面对这种情况需要通过意思表示的解释规则来实现表示意思的确定（详见《民法典》第142条的规定）。③目的意思，该意思通常需具备特定的权利义务之内容，即当事人的意思表示内容要具体确定。④效果意思，即希望通过自己的表示实现特定的法律效果。

2. 意思表示的“意思”要表达于外

当事人要通过表示行为将内心意思以外界可得而知的形式（方式）表示出来，单纯的停留在内心的主观意思是没有法律意义的。根据《民法典》第140条的规定，当事人的表示行为可以通过“明示或者默示”作出意思表示。

所谓明示表示就是指当事人通过语言（包括外语、旗语、哑语）或文字（包括中文或外文）将自己的“意思”明确表示于外。所谓默示表示就是指当事人没有作出明确的意思表示，通过对其所作出的行为推断其真实的意思表示。例如，在校园设置装有商品的自动售货机，是默示的买卖邀约；向装有商品的自动售货机按其标识的价格投币，是默示的买卖承诺。沉默是单纯的不作为，原则上不成立表示行为，但《民法典》第140条第2款作出了例外的规定：沉默只有在有法律规定、当事人有约定或者符合当事人之间的交易习惯时，才可以视为意思表示。例如，《民法典》第145条第2款规定，“相对人可以催告法定代理人自收到通知之日起三十日内予以追认。法定代理人未作表示的，视为拒绝追认”，第718条规定，“出租人知道或者应当知道承租人转租，但是在六个月内未提出异议的，视为出租人同意转租”。

二、意思表示的类型

（一）有相对人的意思表示与无相对人的意思表示

以意思表示有无受领人为标准，可以将意思表示划分为有相对人的意思表示和无相对人的意思表示。

有相对人的意思表示，通常又称为需要受领的意思表示，是指需向受领人作出的意思表示。例如，解除合同、抵消、免除债务、抛弃抵押权、要约、承诺（但《民法典》第480条规定了例外的情形：承诺应当以通知的方式作出；但是，根据交易习惯或者要约表明可以通过行为作出承诺的除外）。

无相对人的意思表示，通常又称为无需受领的意思表示，指不针对特定相对人发出、不需要特定相对人受领的意思表示。例如，遗嘱、业主大会作决议中的单个表决行为、抛弃动产所有权、捐助行为等。

（二）以对话方式作出的意思表示与非以对话方式作出的意思表示

以意思表示之表示能否被受领人同步受领为标准，可以将意思表示划分为以对话方式作出的意思表示与非以对话方式作出的意思表示。

以对话方式作出的意思表示，又称对在场者所作出的意思表示，指有相对人的意思表示作出后，相对人（意思受领人）可以同步受领的意思表示。例如，面对面的谈话、打电话、视频聊天、QQ 聊天、将做成书面的意思表示当面递交给意思受领人。

非以对话方式作出的意思表示，又称对非在场者所作出的意思表示，指有相对人的意思表示作出后，相对人（意思受领人）不可以同步受领的意思表示。例如，写信、发电报、发电子邮件、通过使者传话等。又如，甲请丙传话给乙，甲愿意将自己闲置的一套两居室出租给乙，丙将甲的原话传达给乙。该例子中甲丙之间、丙乙之间的意思表示都是以对话的方式作出的，但甲的意思乙不能“同步受领”，因此甲乙之间仍然属于非以对话方式作出的意思表示。

三、意思表示的生效规则

所谓意思表示的生效，是指表意人的意思表示完成后，依照意思表示的解释规则予以解释，按照解释后所确立的内容发生法律效果。意思表示生效后将产生形式拘束力和实质拘束力。所谓形式拘束力是指约束力一旦形成就不得任意变更，任意解除；所谓实质拘束力是指意思表示按照解释所确立的内容享有权利、履行义务、承担风险。意思表示生效的时点通常受两个因素的影响：一是意思表示的类型；二是意思表示的形式。

无相对人的意思表示生效的时间节点，原则上以表意人将“意思表示”作成时生效。所谓意思表示“作成”，是指表意人以可以辨认的方式将其意思表达出来，换言之就是表意人将其意思表示“定型化”。《民法典》第 138 条规定“无相对人的意思表示，表示完成时生效。法律另有规定的，依照其规定”。遗嘱作为无相对人的意思表示，属于死因行为，需于立遗嘱人死亡时才生效，不以遗嘱按照法定方式“作成”时生效，此为《民法典》第138条所规定“法律另有规定的，依照其规定”之情形。

有相对人的意思表示在类型上分为对话与非对话两种情形，意思表示的形式有公告、电报、普通信件、数据电文和使者传达等形式，因类型不同，形式各异，有相对人意思表示生效的时间节点各不相同：采用对话方式作出的意思表示以“相对人知道其内容”为意思表示生效的时间节点（《民法典》第137条第1款规定）；有相对人采非对话方式作出的意思表示生效的时间节点，原则上以表意人将“意思表示”传达到相对人时生效（即采“了解主义”，需要注意的是此“了解主义”为客观了解主义，并不要求相对人事实上已经了解，只需依通常的交易观念，以相对人已立于了解的状态即可）。采用非对话方式作出的意思表示其生效的时间节点不能一概而论：如果表意人采普通书面形式（如电报、信件等），意思表示的生效采“到达主义”。《民法典》第137条第2款前半部分规定“以非对话方式作出的意思表示，到达相对人时生效”。当然，此“到达”需满足两个规定：一是表意人之意思需进入领受人能控制的领域；二是表意人之意思能为受领人所知悉。举例说明：如果表意人甲将要约投入乙邮箱的时间是周末，此时要约生效的时间不能确定为周末，而应将要约生效的时间迟延至受领人乙星期一上班的时间点；如果表意人采数据电文形式，意思表示的生效本质上仍然采“到达主义”。具体如何确定，应根据《民法典》第137条第2款后半部分的规定“以非对话方式作出的采用数据电文形式的意思表示，相对人指定特定系统接收数据电文的，该数据电文进入该特定系统时生效；未指定特定系统的，相对人知道或者应当知道该数据电文进入其系统时生效。当事人对采用数据电文形式的意思表示的生效时间另有约定的，按照其约定”；如果表意人采公告形式，意思表示的生效采“作出主义”。其生效的时间节点可依据《民法典》第139条之规定：“以公告方式作出的意思表示，公告发布时生效”；如果表意人采使者传达的方式，其意思表示生效的时间本质上仍然采到达主义。但需要根据具体情况酌定：如果使者属于表意者的使者，表意人之意思需在使者将该意思表示“实际传达”给相对人（受领人）时生效；如果使者属于相对人（受领人）的使者，则依交易观念，使者能够将意思表示传达给相对人（受领人）即视为“实际传达”。

有相对人的意思表示通常要经历作成、作出（发出）、到达和了解四个阶段。意思表示在哪个阶段生效，取决于意思表示的类型和意思表示的形式。根据以上分析，作出在有相对人的意思表示中具有重要的法律意思。所谓作出是指表意人的意思向受领人方向传递，并且在正常情况下表意人的意思表示能够到达受领人的行为。作出在有相对人的意思表示中具有以下法律意义：首先，表意人的意思表示已作成，但未经表意人的意愿而作出的，该意思表示不生效，即便表意人的意思表示因某种原因已到达意思表示受领人，或者因某种原因表意人的意思内容已为意思表示受领人所知悉。其次，表意人权利能力和行为能力的有无均以表意人意思表示时的状况为断。根据通说，只要意思表示作出时有相应的权利能力和行为能力，即便嗣后表意人丧失相应的权利能力或行为能力，先前所作出的意思表示不会因此而受影响。当然，如果表意人为自己创设了具有人身属性的义务，此种情况下表意人丧失了相应的权利能力或行为能力，其先前所作出的意思表示不再有效。最后，意思表示是否存在重大误解、显失公平、欺诈或胁迫，均已意思表示时的状况为准。

以上阐释均为意思表示生效的一般规则，除此之外意思表示的生效还包括一些特殊规则：对无民事行为能力人作出的有相对人的意思表示，于到达其法定代理人或其法定代理人知悉时，意思表示生效；对限制民事行为能力人作出的有相对人的意思表示，原则上于到达其法定代理人或其法定代理人知悉时，意思表示生效，但如果该意思表示是使限制民事行为能力人纯获法律上利益、与其行为能力相适应或者其法定代理人已事先知道的，于到达限制民事行为能力人时生效；有代理人的相对人（受领人），表意人的意思表示到达相对人（受领人）时，该意思表示生效，无需达到被代理人或为被代理人所知悉。

四、意思表示的撤回

以非对话方式作出的有相对人的意思表示，作出后到达前表意人反悔的，表意人可以撤回使该意思表示免于生效，但有两个条件：一是表意人要作出撤回意思表示的通知；二是撤回的通知要先于意思表示到达相对人（受领人），或者撤回的通知与意思表示同时到达相对人（受领人）。《民法典》第141条规定“行为人可以撤回意思表示。撤回意思表示的通知应当在意思表示到达相对人前或者与意思表示同时到达相对人”。意思表示一旦撤回，该意思表示即当然不发生表意人所预期的法律效力。

五、意思表示的解释规则

意思表示解释的方法通常包括文义解释、整体解释、目的解释、习惯解释、历史解释、公平解释、诚实信用解释等，意思表示解释的方法决定了意思表示的具体内容。

意思表示解释的原则通常包括意思主义（主观主义）、表示主义（客观主义）和折中主义，意思表示解释的原则决定了意思表示解释的方向。有相对人的意思表示其解释通常采表示主义的解释原则。《民法典》第 142 条规定：有相对人的意思表示的解释，应当按照所使用的词句，结合相关条款、行为的性质和目的、习惯以及诚信原则，确定意思表示的含义。

当意思与表示不一致时，意思表示的效力既不能绝对地放在意思上，也不能绝对地放在表示上，而是应该采取折中主义的解释原则。折中主义的解释原则其基本含义是指当意思与表示不一致时，解释的方向即不绝对地放在意思上，亦不绝对地放在表示上，而是根据具体情况或者以意思主义为原则，表示主义为例外；或者以表示主义为原则，意思主义为例外。① 具体说来就是在解释的时候，需要假想一个理性谨慎的意思表示受领人，他（她）在交易的时候尽到了合理注意的义务后，他（她）有理由相信的表意人的“那个意思表示”即被确定为表意人的真实意思。如果表意人认为这样的认定有违自己的真意，可依据《民法典》第 147 条之规定②请求撤销。当然，如果该成立的民事法律行为被撤销，造成受领人信赖利益损失的，表意人要为此承担缔约过失的责任。

需要注意的是，在以下三种情况下需要采取意思主义（主观主义）的解释方向，以能够证明的表意人的真实意思，确定表意人意思表示的具体内容：一是无相对人的意思表示，如遗嘱；二是意思表示的受领人知道或者应该知道表意人的真实意思；三是意思表示的受领人因为自己的过错而误解表意人的真意。

案例 7-1 在马克思的故乡特里尔小镇有一个惯常的商业习惯——在酒吧拍卖葡萄酒。有一天，路易斯照常去酒吧喝酒，此时酒商伊万卡正在拍卖葡萄酒。突然这时路易斯久未谋面的老友比利也来到了这家酒吧，路易斯看到之后急忙招手表示问候，伊万卡见状将他的拍卖锤掷地有声地敲了下去。拍卖结束后伊万卡准备将葡萄酒交给路易斯，并要求路易斯支付相应的葡萄酒拍卖价款，而此时的路易斯觉得不可思议，声明自己从未表示要买伊万卡的葡萄酒，拒绝受领的同时表示不支付这个自己根本不知道的葡萄酒货款。

---

① 魏振瀛主编：《民法》（第六版），北京大学出版社，2016，第 150 页。

② 《民法典》第 147 条规定：基于重大误解实施的民事法律行为，行为人有权请求人民法院或者仲裁机构予以撤销。

最后伊万卡把路易斯告上了法庭。

采主观主义的学者认为，应当探究表意人的内心真实意思，路易斯不应当支付价款；采客观主义的学者则认为，相对人的信赖利益需要保护，拍卖商基于当地习惯，有充分理由相信路易斯的招手行为就是作出购买葡萄酒的意思表示，双方成立买卖合同，路易斯应当支付价款。

采温和表示主义的观点认为：如果伊万卡知道路易斯是在向其老友比利打招呼，或者伊万卡未尽到合理注意义务而不知，我们应当优先保护路易斯的意思自治；如果伊万卡不知情或者尽到了一个理性人应尽的注意义务，那么我们应当优先保护伊万卡的合理信赖利益。这个时候虽然认定买卖葡萄酒合同成立，但是路易斯仍然可以重大误解为由撤销该合同，并为此承担相应的缔约过失责任。

思政园地

以诚信行天下——诚信是为人之本社会之基

课程思政思路一：涵养诚信的种子，做诚实信用的青年。在古汉语中，诚与信是两个独立的字：诚者，真心实意也；信者，信用不欺也。从字面来看二者并无本质的区别，都指向了一个字：真。但从二者的排序来看，二者的内涵应有所区别，即诚是信的基础，而信是诚的升华，所谓有诚才有信，先有真心而后才谈得上信任不欺不怀疑。到了现代，由于诚和信都有真实、不欺、可靠和可信的含义，人们为了加重语言表达的色彩，才发展出“诚信”这个词。即诚信就是守承诺、讲信用。通俗地讲，诚信是说老实话，办老实事，做老实人。

课程思政思路二：付出你的真情，共建诚信社会。首先，诚信是中华民族的光荣传统和我国传统道德的基础和根本。随着文明社会的进步，诚信的优良品格和道德传统不仅不能丢，而且还应该不断发扬光大。中外历史反复证明，一个不讲诚信和没有诚信传统的国家和民族，终究会走向衰落或消亡。当今，我们进入全面建设社会主义现代化强国的新时代，更应该弘扬中华民族的传统美德，汲取传统道德中诚信素养的精华，大力开展公民道德建设，重塑诚信，建立与当代经济社会相适应的诚信体系。其次，诚信是发展社会主义市场经济的客观要求。社会主义市场经济既是法治经济，也是信用经济。社会主义市场经济要求各市场主体既要重视经济效益，更要看重同行评价和信誉指数。唯有如此，各市场主体才能相互信任，彼此提携，才能放心交易，共创商业未来。如果市场主体失去道德约束一味追逐市场利润，一味实现利益最大化，不按规则出牌，整个市场将不可避免地陷入无序状态，其结果将是大家共同毁灭。所以不以诚信为基础的市场经济，一定是秩序混乱、背信弃义多于合作共赢的市场经济，这必将导致交易成本增加，守信者受损，失信者获利。其最终的结果是整个信用体系的崩溃，市场经济的崩盘。优化市场环境，保持市场经济健康和可持续发展，如果离开了市场信用体系，一切都是空谈。最后，诚信是实现全面依法治国的客观要求。全面依法治国是中国共产党治国理政的基本方略，但任何治国方略的实施必须要靠诚信来做保障。诚信是法治社会的前提条件，没有诚信就没有法治。依法治国，建设法治社会必须加强诚信建设。总之，诚信是立国之本、立业之本，一个健全的社会一刻也离不开诚信。人无信不立，商无信不昌，国无信不兴。

第三节　民事法律行为的成立与生效

课程思政路向设计

本节讲述民事法律行为的成立和生效。有民事法律行为的成立和生效，就有民事法律行为的不成立和不生效。因此，本节课程思政的挖掘应从遵守法律和公序良俗的角度切入。

遵守法律是每个公民、社会组织和国家机关的义务和责任。法律是社会运行的基本规则，它规定了公民的权利和义务，以及社会组织和国家机关的权力和职责。遵守法律意味着按照法律行使权利和履行义务，这是将法律应用于自身行为的体现。任何违反宪法和法律的行为都应受到追究，没有任何组织或个人可以拥有超越宪法和法律的特权。在社会主义国家，一切组织和个人都是守法的主体。我国宪法明确规定，所有国家机关和武装力量、各政党、各社会团体、各企业事业组织都必须遵守宪法和法律。这意味着从最高权力机关到普通公民，每个人都必须在法律框架内行事。研习法学的大学生，是未来的法律职业者，承担着维护法律权威、保障社会公正的职责，因此从学生时代起就应该自觉增强法律意识，养成严格遵守法律法规的习惯，确保自己的行为符合法律规定。遵守法律法规对于个人和社会都有着重要的意义。对个人而言，遵守法律法规可以保护其合法权益，提高社会信任度，并维护社会秩序。在社会层面上，遵守法律法规能够促进公平正义，维护社会稳定，推动经济发展。

公序良俗是公共秩序与善良风俗的简称，指国家社会存在及其发展所必需的一般秩序和所必需的一般道德，包括社会公德、职业道德、个人品德、商业道德和社会良好风尚。公序良俗也是社会主义核心价值观的重要内容。遵守公序良俗是每个民事主体必须坚守的社会底线之一。在中国的法律体系中，公序良俗原则得到了明确的体现。例如《民法典》第8条规定，民事主体从事民事活动，不得违反法律，不得违背公序良俗；在司法实践中，公序良俗原则被广泛应用于民事审判中。法院在审理案件时，会根据公序良俗的原则来判断法律行为的有效性。如果一个行为违反了公序良俗，那么该行为就可能被认定为无效。

青年学生作为未来社会的建设者，不仅要遵守法律的规定，还要遵守社会公德和良好的道德风尚，以身作则，引领社会风尚。遵守公序良俗不仅是法律的要求，更是每个公民和党员干部应当自觉遵守的社会责任。通过遵守公序良俗，我们可以共同维护一个和谐、有序的社会环境，促进社会主义核心价值观的落实。

框架·内容

一、民事法律行为的成立

民事法律行为的成立，通常是指民事法律行为在客观上已经存在，且对表意人具备形式上的约束力，即表意人不得随意否定或变更业已成立的民事法律行为的效力。民事法律行为的成立需要具备一定的要件，该要件分为一般要件和特殊要件。民事法律行为成立的一般要件是指民事法律行为依法成立所需要的共同条件或必备条件，具体包括三方面的内容：一是需要当事人具备民事法律行为所需要的民事权利能力和民事行为能力。民事权利能力是民事主体享有民事权利和承担民事义务的资格，民事行为能力是指民事主体通过意思表示实施民事法律行为的能力。由此可见，无民事权利能力和民事行为能力，当无民事法律行为之存在。二是需要当事人作出意思表示。意思表示是民事法律行为的核心和灵魂。单方民事法律行为只需一方当事人的意思表示，双方民事法律行为需要双方意思表示对应一致，多方民事法律行为需要多数或全部意思表示平行（同向）一致。三是需要具备民事法律行为成立的具体内容。民事法律行为成立需要有明确的权利义务内容。

另外，某些民事法律行为的成立，除了具备民事法律行为成立所需要的一般条件外，还需要一些特别的条件，即基于法律或行政法规的特别规定，需要经过审批或备案才能成立的民事法律行为，自审批或备案之日起才能成立。

二、民事法律行为的生效

民事法律行为的生效，通常是指民事法律行为成立后，因其符合法律关于民事法律行为的生效要件，因而产生了法律上的约束力。① 本书认为民事法律行为的生效是指民事法律行为成立后，因其符合法律关于民事法律行为的生效要件，按照意思表示解释规则所确定的内容产生实质性的法律拘束力。为什么是按照意思表示解释规则所确定的内容产生法律拘束力？因为民事法律行为是否生效、以什么样的内容生效，本质上是最终解释的结果。实质约束力相对于形式约束力，更具法律上的刚性，它表明民事法律行为的当事人不仅可以享有由此而产生的法律上的权利，还要承担由此而产生的法律上的义务，承担由此而产生的法律上的风险。

原则上，民事法律行为的成立与生效具有同时性，但附条件的民事法律行为、附期限的民事法律行为、效力待定的民事法律行为和无效的民事法律行为，虽然民事法律行为已经成立，但尚未依法生效。另外，某些特殊的民事法律行为，虽已成立，但还需要一些特别的生效要件：一是遗嘱。遗嘱除完成意思表示外，还需要依照《民法典》第 1134 条至 1159 条的规定依次完成相应的形式（共六种形式）。二是实践性民事法律行为。实践性民事法律行为又称要物性民事法律行为，除当事人意思表示一致外，尚需要完成现实的交付才能生效。实践中有实践合同、民间借贷合同、借用合同、保管合同（可约定为诺成性合同）。

关于民事法律行为的生效，《民法典》第 143 条对其作出了一般性规定。《民法典》第 143 条规定，具备下列条件的民事法律行为有效：一是行为人具有相应的民事行为能力；二是意思表示真实；三是不违反法律、行政法规的强制性规定，不违背公序良俗（注：此处的强制性规定为效力性强制性规定）。需要特别注意的是《民法典》第 502 条第 2 款的规定：依照法律、行政法规的规定，合同应当办理批准等手续的，依照其规定。未办理批准等手续

① 《民法学》编写组：《民法学》（第二版），高等教育出版社，2022，第 91 页。

影响合同生效的，不影响合同中履行报批等义务条款以及相关条款的效力。应当办理申请批准等手续的当事人未履行义务的，对方可以请求其承担违反该义务的责任。此规定为报批条款独立生效规则。

三、意思表示不真实的民事法律行为

意思表示不真实的民事法律行为分为“有意不真实的民事法律行为”和“无意不真实的民事法律行为”。意思表示不真实的民事法律行为，是有瑕疵的民事法律行为，其效力状况各不相同。

（一）无意不真实的民事法律行为

所谓无意不真实是指表意人在进行意思表示时，不知道其表示出来的意思与其内心的真实意思不一致。因无意不真实所实施的民事法律行为最典型的就是因重大误解而实施的民事法律行为。

（二）有意不真实的民事法律行为

所谓有意不真实是指表意人在进行意思表示时，知道其表示出来的意思与其内心的真实意思不一致。因有意不真实表示而实施的民事法律行为有四种情形：真意保留、戏谑行为、双方虚假行为和隐藏行为。

真意保留，又称单独虚伪表示（单方虚假行为），是指行为人隐瞒其内心的真实意思，故意进行与其内心真实意思不同之意思的意思表示。《民法典》对真意保留没有作出具体规定。通说认为，成立真意保留需要具备三个构成要件：一是须有意思表示；二是外在意思表示与内心真实意思不一致；三是表意人在实施意思表示时需明知其意思表示与真实意思不相符。关于真意保留的效力，通说认为因真意保留所实施的民事法律行为原则上有效，但表意人之真意保留在以下情形下无效：一是该真意保留为相对人所明知时，该真意保留下所实施的民事法律行为无效（但该情形不适用结婚）；二是该无效不得对抗善意第三人（所谓不得对抗善意第三人是指第三人可以选择该民事法律行为有效，或者选择该民事法律行为无效）。

戏谑行为是真意保留的变种，指表意人虽为真意保留，但表意人却期待受领人明了自己的内心真意，不至于产生误会。在实践中表现为开玩笑、吹牛皮或曰王婆卖瓜自卖自夸。其构成要件通说有二：一是表意人的意思表示属于真意保留；二是表意人有理由相信自己的内心真意能够为受领人所理解。

关于戏谑行为的效力问题，通说认为戏谑行为是无效民事法律行为，无论意思表示的受领人是否知道表意人的真实意思。需要强调的是如果意思表示的受领人对此产生了误解（信以为真），意思表示的表意人有义务进行澄清，否则意思表示的表意人要为意思表示的受领人因此遭受的信赖利益损失承担法律责任。

双方虚假行为，又称“通谋虚假表示”或“双方虚伪行为”，指意思表示的表意人与意思表示的受领人通谋而进行虚假的意思表示。关于双方虚假行为的构成要件通说有二：一是需有双方的意思表示，这是双方虚假的前提；二是双方意思表示所成立的民事法律行为在双方不产生拘束力达成了共识（通谋）。关于双方虚假的民事法律行为的效力，我国现行民事立法明确规定为无效（双方无法效意思）。《民法典》第 146 条规定“行为人与相对人以虚假的意思表示实施的民事法律行为无效”。双方虚假行为涉及第三人的，通说认为不得对抗善意第三人，具体说就是善意第三人可以根据自己的利益状况选择主张该民事法律行为对自己“无效”或“有效”（注：可适用于婚姻领域）。《民法典》第 763 条规定“应收账款债权人与债务人虚构应收账款作为转让标的，与保理人订立保理合同的，应收账款债务人不得以应收账款不存在为由对抗保理人，但是保理人明知虚构的除外”。

隐藏行为，通常是指隐藏于双方虚假表示之下的真实意思表示。成立隐藏行为需要具备二个构成要件：一是双方当事人具有真实的意思表示；二是双方真实的意思表示被双方虚假表示行为所隐藏。关于隐藏行为的效力问题，首先虚假表示行为因无效果意思而无效，其次被隐藏的意思表示真实的民事法律行为其效力依照有关法律规定处理。《民法典》第 146 条规定“行为人与相对人以虚假的意思表示实施的民事法律行为无效。以虚假的意思表示隐藏的民事法律行为的效力，依照有关法律规定处理”。

在许霆案①中，法院将许霆的行为分为两部分：第一次取款构成不当得利，之后的取款则构成侵权行为，而且构成犯罪。法院审理认为：许霆第一次取款 1 000 元后，许霆多占银行的 999 元是民法上的不当得利，银行可以通过民事救济途径要求其返还。但是，其后的再次取款则是一种恶意侵犯他人

① 2006 年 4 月 21 日，许霆、郭安山两人在广州市天河区黄埔大道利用某银行 ATM 机故障漏洞取款，许霆取出 17.5 万元，郭安山取出 1.8 万元。事发后，郭安山自首，被判处有期徒刑一年，而许霆潜逃一年后落网。2007 年 11 月，广州市中级人民法院一审以盗窃罪判处许霆无期徒刑。该案经媒体报道后引起社会广泛关注。许霆提起上诉，2008 年 1 月广东省高级人民法院将该案发回广州市中级人民法院重新审理。2008 年 3 月，广州市中级人民法院改判许霆有期徒刑 5 年。

财产权益的侵权行为，当该侵权行为触犯刑律时就构成了犯罪。因此，许霆严重侵犯银行财产权益的行为不属于民法上的不当得利。

认为许霆不构成犯罪的理由：许霆案反映的只是公民的个人道德问题，只应该承担民事责任。许霆的行为在我们日常生活中也是经常遇见的，面对银行 ATM 机的故障而使自己能额外取到更多的钱，对于这天降的“大馅饼”一般人也是难以抵御的，而且这也是银行出现的过错，让许霆面对这一巨大的诱惑，刑法也必须考虑到人性的自私和脆弱。因此法院认为在当时的情况下，许霆作出这种行为仅能说明其道德并不高尚，并非“拾金不昧”之人。即便要对许霆进行处罚也仅应追究其民事责任，许霆的行为也仅构成民事上的不当得利，许霆应当将多取的钱返还给银行以及对银行造成的损失进行赔偿，尚不需要用追究其刑事责任，更不至于承担无期徒刑这么严重的结果。

许霆是否盗窃金融机构：支持者认为盗窃金融机构不是对金融机构这个单位本身，而是对该金融机构所控制和支配的财产进行盗窃的行为。反对者认为 ATM 机实质是银行对外设定的一个便民工具。ATM 机受理业务系统依设定好的指令进行，与银行营业厅及金库存在质的区别。盗窃 ATM 机内的钱款与盗窃自动售货机内的物品除了机器所有者不同之外并无区别。

思政园地

民事法律行为应在法律和道德的轨道上运行

民事法律行为是指民事主体通过意思表示设立、变更、终止法律关系的行为。民事法律行为应当是在法律和道德允许的范围内进行的，也就是说，民事法律行为应当在法律和道德的轨道上运行。

民事法律行为的有效性需要满足以下几个条件：首先，行为人具有相应的民事行为能力；其次，行为人意思表示真实；最后，不得违反法律、行政法规的强制性规定，不得违背公序良俗。这里需要指出的是，“不得违反法律、行政法规的强制性规定”中的“强制性”只限于“效力性”强制性规定。之所以规定民事法律行为的有效性需要满足以上条件，是因为只有满足以上条件才能确保民事法律行为不会侵犯他人的合法权益，也不会破坏社会公共秩序。

课程思政思路一：民事法律行为不仅受到法律的约束，还受到道德的指导。道德作为社会共同的生活准则，对民事法律行为有着重要的影响。民事法律行为应当符合社会的公序良俗，即应当符合社会的道德要求。如果一个民事法律行为即便欺诈、胁迫或者恶意损害他人权亦能在法律上被确定为有效，整个社会的道德风尚就会沦陷，当民众不再相信道德时，人们就会变得更加自私和贪婪，整个社会必然会陷入混乱。

课程思政思路二：法律和道德在民事法律行为的运行中发挥双保险作用。法律为民事法律行为提供了规范和约束，确保行为的合法性。而道德则是法律的基础和补充，它指导人们的行为符合社会的普遍价值观。法律通过规定权利和义务来规范民事主体的行为。民事主体在进行民事法律行为时，必须遵守法律规定，尊重他人的权利，履行自己的义务。法律规定了民事行为的边界，防止民事主体的行为超出法律允许的范围，从而保护社会秩序和公共利益。道德通过社会舆论和内心信念来引导民事主体的行为。道德规范了人们在民事活动中应当遵守的行为准则，如诚实信用、公平交易等。这些道德规范虽然没有强制力，但可以通过人们的内心认同来引导人们自觉遵守，从而促进了良好的民事法律行为习惯的形成。综上，民事法律行为应当在法律和道德的轨道上运行。民事主体在进行民事法律行为时，不仅要遵守法律规定，还要符合社会道德要求。这样才能确保民事法律行为既符合法律规定，又符合社会公共秩序和善良风俗的要求。

第四节　民事法律行为的效力瑕疵

课程思政路向设计

本节内容涉及无效民事法律行为，可撤销民事法律行为，效力待定民事法律行为，附条件与附期限的民事法律行为。以上民事法律行为的制度设计可以分为两个层面：无效和可撤销民事法律行为的制度设计旨在对当事人意识自治的限制和修正，实质是对法秩序的恢复；效力待定和附条件与附期限民事法律行为的制度设计旨在对当事人意识自治的保护和尊重。综合起来，本节课程思政可以从“法律与自由”的关系切入。

法律与自由的关系是一个复杂且多维度的主题，它涉及哲学、政治、社会等多个层面。法律与自由既相互依存，又相互制约。法律旨在保障社会秩序和维护公民权利，自由则是人类追求幸福和自我实现的前提条件，二者共存的目的旨在实现社会的和谐稳定和个人的自由发展。法律的价值一是维护社会秩序。法律一方面通过规定社会行为规范的方式来解决社会冲突，保护公民权利和财产，另一方面通过自己的可预测性确保了社会成员能够预见自己的行为后果，从而避免不必要的冲突和混乱。二是实现社会公平正义。公平正义是法律的核心原则之一，它要求人们在法律面前人人平等，无论身份地位如何，其基本权利都应受到法律同等的维护和保护；无论身份地位如何，其基本人权都应受到法律同等的尊重和保护。

自由往往被人们视为人类社会的最高价值，所谓“不自由，毋宁死”。自由所蕴含的社会价值主要体现在两个方面：一是自由是人类追求自主性和自我发展的基础。只有允许个人根据自己的意愿做出选择，参与社会生活和社会实践活动，才能最大程度地激发出个人的潜能。二是自由是推动社会发展的动力。在一个自由的环境中，人们才能自由探索、自由创造，才能为社会带来不断的变革和活力。

法律与自由是对立统一的关系。法律既是对自由的限制，也是对自由的保护。没有自由的法律是暴政，没有法律的自由是堕落。尽管法律和自由各具社会价值，但它们之间必须保持一种平衡的关系：法律虽然必要，但也不应该过度限制自由，否则可能会阻碍个体的创新，并最终阻碍社会的进步和发展。但是，我们必须明白：个人在行使自由权利时，必须遵守国家的法律法规，不得违反社会公序良俗、损害他人合法权益。总之，只有在遵守法律法规和公序良俗的前提下，个人才能享有真正的自由，否则就会受到相应的惩罚。

框架·内容

一、无效民事法律行为

（一）无效民事法律行为的概念

无效民事法律行为属于自始、当然、确定无效的民事法律行为。所谓自始无效是指无效民事法律行为从成立时起就没有法律效力；所谓当然无效是指无效民事法律行为的无效无需通过特点的程序就可发生无效的法律效果；所谓确定无效是指无效民事法律行为的无效是不可“治愈”的。总之，所谓无效民事法律行为是指不能按照当事人实施民事法律行为时的意愿发生其所追求的法律效果，而是依照法律的规定发生“法定”法律效果的民事法律行为。《民法典》第155条规定：无效的或者被撤销的民事法律行为自始没有法律约束力。

（二）无效民事法律行为的类型

1. 违反强制性规范和公序良俗的民事法律行为

《民法典》第153条规定：违反法律、行政法规的强制性规定的民事法律行为无效。但是，该强制性规定不导致该民事法律行为无效的除外。关于“例外”，根据《最高人民法院关于适用〈中华人民共和国民法典〉合同编通则若干问题的解释》第16条第1款规定有五种情形：①强制性规定虽然旨在维护社会公共秩序，但是合同的实际履行对社会公共秩序造成的影响显著轻微，认定合同无效将导致案件处理结果有失公平公正；②强制性规定旨在维护政府的税收、土地出让金等国家利益或者其他民事主体的合法利益而非合同当事人的民事权益，认定合同有效不会影响该规范目的的实现（例如房屋买卖中的阴阳合同）；③强制性规定旨在要求当事人一方加强风险控制、内部管理等，对方无能力或者无义务审查合同是否违反强制性规定，认定合同无效将使其承担不利后果（例如甲银行贷款给乙公司违反了银行资本充足率和流动性资产余额与流动性负债余额比例的）；④当事人一方虽然在订立合同时违反强制性规定，但是在合同订立后其已经具备补正违反强制性规定的条件却违背诚信原则不予补正（例如甲未取得建设用地和建设规划许可证而将工程发包给乙，现甲能够办理而故意不办理）；⑤法律、司法解释规定的其他情形。《最高人民法院关于适用〈中华人民共和国民法典〉合同编通则若干问题的解释》第16条第2款规定了一种情形：法律、行政法规的强制性规定旨在规制合同订立后的履行行为，当事人以合同违反强制性规定为由请求认定合同无效的，人民法院不予支持。但是，合同履行必然导致违反强制性规定或者法律、司法解释另有规定的除外（例如甲委托乙运输货物，乙违反《中华人民共和国道路交通安全法》严重超载，当事人主张合同无效的不予支持；但如果甲在订立合同时知道或者应该知道乙必须已超载的方式才能完成合同的履行，或合同约定甲有权请求乙以严重超载的方式履行合同义务的，可以认定合同无效）。

违背公序良俗，即“损害公共利益”与“违背善良风俗”。经由判例和学说类型化，“损害公共利益”主要包括以下几个方面：①损害治安秩序；②损害舆论秩序；③损害选举秩序；④损害司法秩序；⑤损害管理秩序（如办理假身份证）。经由判例和学说类型化，“违背善良风俗”主要包括以下几个方面：性道德，如换妻合同、借腹生子、包二奶协议等，但分手协议例外；婚姻伦理，如妨碍婚姻自由协议、预立离婚协议，但忠诚协议例外。

2. 双方恶意串通损害第三人的利益

《民法典》第154条规定：行为人与相对人恶意串通，损害他人合法权益的民事法律行为无效。此处的“他人”包括国家、集体和第三人。民事法律行为中的恶意串通系违背善良风俗的一种特例，其构成需要满足三个条件：一是民事法律行为客观上损害了他人的合法权益；二是当事人主观上有意思联络的故意；三是双方有损害他人利益的故意（仅有观念主义的恶意，即能意识到给他人造成损害是不够的，需要达到意思主义的恶意，即主观上希望、追求损害他人的利益）。

3. 民事法律行为的部分无效

《民法典》第156条规定：民事法律行为部分无效，不影响其他部分效力的，其他部分仍然有效。民事法律行为要构成部分无效，需要满足三个条件：一是无效民事法律行为与有效民事法律行为是一个整体；二是法律行为的一部分具有法定的无效事由；三是无效部分具有与有效部分具有“可分性”，即将无效部分去除不影响剩余部分构成一个完整的民事法律行为。如果将无效部分去除剩下的部分不构成一个完整的民事法律行为，则该民事法律行为应认定为全部无效。部分无效典型的例子就是抵押合同、质押合同、让与担保合同中的流质条款。《民法典》第506条所规定的“合同中的下列免责条款无效：（一）造成对方人身损害的；（二）因故意或者重大过失造成对方财产损失的”属于典型的立法规定。

二、可撤销民事法律行为

（一）可撤销民事法律行为的概念

关于什么是可撤销民事法律行为，有学者将其定义为“已经成立生效，因为意思表示不真实或者其他法定原因，行为人有撤销权的民事法律行为”。[①]也有学者将其定义为“因意思表示不真实，法律允许撤销权人通过行使撤销权而使该已经生效的民事法律行为归于无效”。[②] 以上关于可撤销民事法律行为的定义均将可撤销民事法律行为确定为“意思表示不真实”“已经生效”，但以上关于民事法律行为的定义均有不明确之处：一是“意思表示不真实”是双方不真实还是单方不真实；二是“撤销权人”是指双方当事人还是单方

① 魏振瀛主编：《民法》（第六版），北京大学出版社，2016，第168页。

② 《民法学》编写组：《民法学》（第二版），高等教育出版社，2022，第98页。

当事人。笔者认为，以上的“意思表示不真实”在重大误解的情况下可以是双方当事人，但在显失公平、欺诈和胁迫的情况下意思表示不真实的主体只限于一方当事人；“撤销权人”是指民事法律行为成立时意思表示不真实的一方当事人。因此，可撤销的民事法律行为应定义为：已经成立并生效的民事法律行为，因意思表示不真实，意思表示不真实的当事人有权依法予以撤销的民事法律行为。

（二）可撤销民事法律行为的类型

1. 因重大误解所实施的民事法律行为

重大误解是指表意人为意思表示时，对意思表示的内容发生了具有交易上重要性的“认识错误”或“表示错误”，因而使意思表示错误方产生了合理信赖利益的损失。关于重大误解的“认识错误”包括三个方面：一是对民事法律行为的性质认识错误。如将买卖要约当成赠与要约予以承诺。二是对民事法律行为主体的认识错误。该主体不仅包括民事法律行为本身的主体，也包括与民事法律行为有关的主体。三是对标的物的性质，如品种、质量、规格和标的物数量的认识错误。通常认为，成立重大误解中的“重要”需要具备主观上的重要性和客观上的重要性。所谓主观上的重要性，就是表意人如果知道实情就不会作出该意思表示；所谓客观上的重要性，就是“按照通常理解如果不发生该错误认识，行为人就不会作出相应的意思表示”①。下列情形不构成重大误解：

（1）记载错误。《最高人民法院关于适用〈中华人民共和国民法典〉合同编通则若干问题的解释》第 1 条第 2 款规定：有证据证明当事人之间对合同条款有不同于词句的通常含义的其他共同理解，一方主张按照词句的通常含义理解合同条款的，人民法院不予支持。此规定被称为“误载无害真意”，典型的案例为“鲨鱼肉案”。

（2）动机错误。重大误解需为对民事法律行为内容发生错误认识，换言之，重大误解系对民事法律行为所形成之法律关系要素产生错误，即对法律关系的主体、内容和客体发生错误。动机不属于民事法律行为的内容，如果意思表示的内容并无错误，仅仅是作出意思表示的内心起因（动机）发生错误（狭义的动机错误），不构成重大误解。

（3）典型风险。典型风险优先于重大误解。典型风险属于当事人自冒风

① 《最高人民法院关于适用〈中华人民共和国民法典〉总则编若干问题的解释》第 19 条第 1 款。

险，当事人通过合意对交易中的风险自主地作出了安排，视为自主地排除了重大误解的适用。

2. 显失公平的民事法律行为

所谓显失公平的民事法律行为，是指一方在从事某种民事法律行为时因情况紧急或缺乏经验作出了明显对自己有重大不利的行为。显失公平的民事法律行为其构成需要具备以下要件：一是需为有偿的民事法律行为；二是双方的权利义务明显不对等，有违当事人的主观等价有偿；三是显失公平发生在民事法律行为成立之时；四是显失公平发生的原因是一方利用了另一方缺乏经验、轻率、生活窘迫等不利因素。

下列民事法律行为不构成显失公平：射幸行为（保险合同、赌石合同、摸奖合同）；无偿合同。

3. 欺诈

欺诈的构成需要满足四个要件：一是具有双重故意。第一层故意是故意告知虚假事实，故意隐瞒真实事实（在负有告知、说明义务的情况下）；第二层故意是希望或放任受欺诈者作出错误的意思表示（故意告知虚假事实属于积极欺诈，故意隐瞒真实事实属于消极欺诈）。二是当事人因欺诈而陷入错误认识。三是当事人因错误认识而作出意思表示（换言之，欺诈与作出意思表示之间具有因果关系）。四是欺诈者的欺诈具有不正当性。

许霆案为什么不定侵占罪？侵占罪在法律上有着明确的定义，指的是以非法占有为目的，将他人的交给自己保管的财物、遗忘物或者埋藏物非法占为己有，数额较大，拒不交还的行为。根据这个定义，我们可以看到许霆的行为并不符合侵占罪的构成要件。

许霆案为什么不定信用卡诈骗罪？根据刑法规定，信用卡诈骗罪是指以非法占有为目的，利用信用卡进行诈骗活动的行为。该罪侵犯的客体是信用卡管理制度和公私财产所有权，客观方面表现为采用虚构事实或者隐瞒真相的方法，利用信用卡骗取公私财物的行为。在许霆的案件中，他使用的是自己合法有效的银行卡，并且在银行柜员机上进行操作，他的身份信息对于银行来说是公开的，因此，不属于秘密窃取。

在民事领域下列情形不构成欺诈：一是对无需告知的事实作虚假陈述不够成欺诈；二是对法律的虚假陈述不构成欺诈（任何人不得主张自己不知法而受到保护）；三是因过失而作虚假称述不构成欺诈；四是明知欺诈而作出欺

诈者所希望的意思表示不构成欺诈①；五是因欺诈而作出的意思表示不仅仅因为欺诈，还因为自己缺乏常识；六是评论性的欺诈；七是夸张性表达。

关于重大误解与欺诈的竞合问题是一个容易疏忽的问题。原则上重大误解与欺诈之间不发生竞合，原因有二：一是错误的类型不同。重大误解的错误是自发的错误，欺诈的错误是被动的错误。二是动机错误的法律效果不同。动机错误不构成重大误解，因欺诈而陷入动机错误可以构成民法上的欺诈。但是，在消极欺诈的情况下，二者可以成立竞合。

欺诈多数情况下来自民事法律行为的相对人，但在特殊情况下也可以来自第三人。因第三人欺诈而实施的民事法律行为是否可以撤销不能一概而论：《民法典》第149条规定：第三人实施欺诈行为，使一方在违背真实意思的情况下实施的民事法律行为，对方知道或者应当知道该欺诈行为的，受欺诈方有权请求人民法院或者仲裁机构予以撤销。

4. 胁迫

所谓因胁迫而实施的民事法律行为，是指一方或者第三人以胁迫手段，使对方在违背真实意思的情况下实施的民事法律行为。构成因胁迫而实施的民事法律行为需要具备以下条件：一是威胁者基于胁迫的双重故意对相对人故意预告实施危害。所谓双重故意是指威胁者不仅对相对人故意实施预告危害，而且希望受胁迫者因害怕而实施意思表示；二是受胁迫者因胁迫而陷入恐惧；三是受胁迫者因胁迫而作出意思表示；四是该胁迫不具有正当性。不正当包括：手段不正当；目的不正当；手段与目的的结合不正当（例如，租房子、检举揭发都具有正当性，但如果威胁不租房子给自己，就检举揭发贪污，此时手段与目的的结合就不正当了）。

判断胁迫是否能带来恐惧，有主观标准和客观标准，通说认为对于胁迫能否带来恐惧优先采主观标准，因此，对于采封建迷信威胁他人的，不能因手段是封建迷信而将其排除于胁迫之外。

关于来自第三人的胁迫如何处理，《民法典》第150条作了以下规定：一方或者第三人以胁迫手段，使对方在违背真实意思的情况下实施的民事法律行为，受胁迫方有权请求人民法院或者仲裁机构予以撤销。从现行立法来看，对于胁迫我们采取的是绝对的撤销路向。

① 2013年12月23日公布的《最高人民法院关于审理食品药品纠纷若干问题的解释规定》第3条规定了一个“例外”，虽然消费者知假买假，但仍然按照《中华人民共和国消费者权益保护法》第55条的规定主张惩罚性赔偿。

（三）可撤销民事法律行为的撤销

关于可撤销民事法律行为的撤销，能行使撤销权的主体是民事法律行为成立时的“受害者”。该撤销权在民事权利的分类中属于形成权范畴，因该撤销权的行使需要通过法院或仲裁机关，因此又称为形成诉权。可撤销民事法律行为中的撤销权受双重除斥期间的限制，即短期除斥期间和最长除斥期间。《民法典》第 152 条对此作出了具体规定：当事人自知道或者应当知道撤销事由之日起一年内、重大误解的当事人自知道或者应当知道撤销事由之日起九十日内没有行使撤销权的，撤销权消灭；当事人受胁迫，自胁迫行为终止之日起一年内没有行使撤销权，撤销权消灭；当事人知道撤销事由后明确表示或者以自己的行为表明放弃撤销权，撤销权消灭；当事人自民事法律行为发生之日起五年内没有行使撤销权的，撤销权消灭。

（四）可撤销民事法律行为撤销的后果

可撤销民事法律行为在被撤销前是有效的民事法律行为，可撤销民事法律行为被撤销后，将发生以下法律后果：一是该民事法律行为将自始无效。二是民事法律行为被撤销后，行为人因该行为取得的财产，应当予以返还；不能返还或者没有必要返还的，应当折价补偿。有过错的一方应当赔偿对方由此所受到的损失；各方都有过错的，应当各自承担相应的责任。法律另有规定的，依照其规定。

三、效力待定民事法律行为

（一）效力待定民事法律行为的概念

效力待定民事法律行为，是指民事法律行为成立之后，是否发生法律效力尚不能确定，需要等待其他行为或事实确定的民事法律行为。效力待定民事法律行为，概括起来有以下几个方面的特征：效力待定民事法律行为既非无效，亦非有效；效力待定民事法律行为其效力的确定取决于有形成权的第三人是否追认；效力待定民事法律行为确定其有效时，溯及既往生效，效力待定民事法律行为确定其无效时，自始无效。

（二）效力待定民事法律行为的类型

1. 限制行为能力人实施的行为

《民法典》第145条规定，限制民事行为能力人实施的纯获利益的民事法律行为或者与其年龄、智力、精神健康状况相适应的民事法律行为有效；实施的其他民事法律行为经法定代理人同意或者追认后有效。相对人可以催告法定代理人自收到通知之日起30日内予以追认。法定代理人未作表示的，视为拒绝追认。民事法律行为被追认前，善意相对人有撤销的权利。撤销应当以通知的方式作出。

通说认为，法定代理人向被代理人追认的，效力待定民事法律行为生效（《民法典》第137条规定：以对话方式作出的意思表示，相对人知道其内容时生效）；相对人不知情而为催告的，法定代理人向被代理人的追认失效，原民事法律行为再次回到效力待定的状态。《民法典》第503条规定了履行追认规则：无权代理人以被代理人的名义订立合同，被代理人已经开始履行合同义务或者接受相对人履行的，视为对合同的追认。

下列情况下效力待定民事法律行为确定不生效：法定代理人明确表示拒绝的；法定代理人收到催告后30日未作表示的视为拒绝追认。

2. 欠缺代理权的代理行为

《民法典》第171条规定，行为人没有代理权、超越代理权或者代理权终止后，仍然实施代理行为，未经被代理人追认的，对被代理人不发生效力。相对人可以催告被代理人自收到通知之日起三十日内予以追认。被代理人未作表示的，视为拒绝追认。行为人实施的行为被追认前，善意相对人有撤销的权利。撤销应当以通知的方式作出。行为人实施的行为未被追认的，善意相对人有权请求行为人履行债务或者就其受到的损害请求行为人赔偿。但是，赔偿的范围不得超过被代理人追认时相对人所能获得的利益。相对人知道或者应当知道行为人无权代理的，相对人和行为人按照各自的过错承担责任。

（三）效力待定民事法律行为下的权利体系

1. 催告权

相对人无论是恶意的还是善意的，均具有催告权。相对人行使催告权将产生以下效力：催告前被代理人已经向无权代理人作出了追认或拒绝追认的意思表示的，相对人知情的，该追认或拒绝追认的意思表示“终局确定生效”；若相对人对此不知情而催告的，此前已经生效的追认或拒绝追认的意思表示丧失效力，合同重新回到效力待定的状态，此种情况，被代理人只能向相对人作出追认或拒绝的意思表示。

2. 追认权

追认权是形成权，追认权行使的主体是被代理人或法定代理人。关于追认权要注意三点：一是追认权是形成权；二是追认行为是有相对人的单方行为。追认的生效根据有相对人民事法律行为的生效规则处理；三是追认是辅助性民事法律行为，对“辅助性”的正确理解是弥补相关民事法律行为所欠缺的有效条件，而非基础民事法律行为的内容补充。

3. 撤销权

撤销权只限于善意的相对人享有，恶意的相对人不享有撤销权。撤销权的行使有两种方式：一是诉讼的方式；二是采用书面、口头通知等形式。撤销权必须在追认权行使之前行使，一旦被代理人或法定代理人行使追认权，相对人的撤销权消灭。可撤销民事法律行为中的撤销权与效力待定民事法律行为中的撤销权具有不同的特点：首先，可撤销民事法律行为中的撤销权的行使期间有1年普通期间、90日短期期间和5年长期期间；效力待定民事法律行为中的撤销权，其行使期间由相对人的追认来确定——民事法律行为成立之后，追认权人追认生效之前。其次，可撤销民事法律行为中的撤销权的行使方式只限于诉讼或仲裁；效力待定民事法律行为中的撤销权既可以通过诉讼或仲裁行使，也可以通过书面或口头通知的方式行使。

四、附条件与附期限的民事法律行为

（一）附条件的民事法律行为

1. 附条件民事法律行为的概念

所谓附条件的民事法律行为，通常是指当事人在民事法律行为中约定一定的条件，并以条件的是否成就来决定法律行为生效或失效的民事法律行为。

2. 附条件民事法律行为的特征

“条件”是指未来不确定的、决定民事法律行为效力产生和消灭的客观事实。民事法律行为中所附的条件具有以下特征：一是条件必须是指将来有可能发生的客观事实；二是条件必须是由当事人意定而不是法定的客观事实；三是当事人意定的条件必须合法；四是条件不得与民事法律行为的主要内容相矛盾（以矛盾条件为附条件，表明行为人不欲作出该民事法律行为，无效果意思，法律行为确定不生效。例如，甲乙约定，如果乙拒绝接受，则甲与乙之间的借款合同生效）。

3. 附条件的民事法律行为的类型

一是生效条件（又称停止条件或延缓条件），条件成就时法律行为生效；二是解除条件（又称消灭条件或失效条件），条件成就时法律行为失效；三是积极条件，以不确定的事实的发生作为条件的成就；四是消极条件，以不确定的事实不发生作为条件的成就；五是偶成条件，条件成就与否，无关当事人的意思，取决于偶然事实；六是随意条件，条件成就与否，全凭当事人的意思（如甲对乙说赠A车给乙，不要时还给他）；七是真正条件，以发生与否不确定的未来事实为内容的条件；八是不真正条件，指徒有其形、不具条件实质者（如法定条件、既成条件、不能条件和不法条件等）。

下列情形不得附条件：身份行为不得附条件（否则有违公序良俗），行使形成权不得附条件（否则有违法律关系的稳定性），登记行为不得附条件（否则有违登记的公信力），票据行为不得附条件。

在“条件”领域，需要特别注意的一个法律问题是条件与负担的区别。条件只对民事法律行为的效力发生作用，不是民事法律行为的义务；负担对民事法律行为的效力不发生作用，它属于民事法律行为的义务。

（二）附期限的民事法律行为

1. 附期限的民事法律行为的概念

附期限的民事法律行为，是指当事人以将来确定发生的事实作为限制法律行为效力之附款的民事法律行为。《民法典》第160条规定：民事法律行为可以附期限，但是根据其性质不得附期限的除外。附生效期限的民事法律行为，自期限届至时生效。附终止期限的民事法律行为，自期限届满时失效。根据性质不得附条件的民事法律行为如行使形成权的单方民事法律行为，原则上不得附条件。民事法律行为的期限要满足两个条件：一是民事法律行为所附期限是将来确定要发生的事实；二是民事法律行为所附期限是当事人约定的，而非法定的。

2. 附期限的民事法律行为的类型

（1）始期与终期。始期（又称生效的期限）是指期限届至时民事法律行为开始生效。例如，甲乙约定双方的协议2024年10月1日生效。终期（又称失效期限）是指期限届满时法律行为失效的期限。例如，甲乙约定，如果丙死亡则甲乙之间的房屋租赁合同失效。

（2）确定期限与不确定期限。所谓确定期限是指作为期限内容的将来事实不仅必定发生，而且发生的时间亦属确定的期限。例如，明年5月1日甲送乙一部最新款的手机。不确定期限是指作为期限内容的将来事实虽然必定发生，唯何时发生并不确定的期限。例如，如果以后放学再下雨，甲一定送乙一把伞。

（三）附条件与附期限的民事法律行为的区别

附条件与附期限的民事法律行为是民事法律行为中的两种特殊类型，它们都在法律行为中加入了一定的限制，但两者之间存在一些基本的区别：

一是所附条件发生的不确定性和所附期限发生的确定性。附条件的民事法律行为中的条件发生与否是不确定的，附期限的民事法律行为是必然要发生的。

二是所附条件内容的确定性与所附期限的不确定性。附条件的民事法律行为所附条件的内容必须由双方当事人共同约定，且必须是合法的、将来可能发生也可能不发生的确定事实；相对而言，附期限的民事法律行为所附的期限可以是确定的期限，也可以是不确定的期限。

三是法律效力具有不同的触发方式。附条件的民事法律行为，其效力的发生或终止取决于所附条件的成就或不成就；而附期限的民事法律行为，其效力则取决于期限的到来或届满。换言之，附条件的法律行为的效果依赖于未来不确定的事实的发生，而附期限的法律行为的效果则依赖于未来确定的时间点的到来。由于附条件的民事法律行为所附条件有成就或不成就之分，因此其触发方式有人为的触发方式和自然的发生方式。

综上所述，附条件与附期限的民事法律行为的主要区别在于附条件的民事法律行为条件的成就与否具有不确定性，而附期限的民事法律行为中的期限发生（到来）则具有确定性。此外，附条件的民事法律行为之“条件”的内容是确定的，附期限的民事法律行为之“期限”的内容可以不确定。

思政园地

法律与自由

法律与自由的关系是一个复杂而深刻的议题，它涉及人类社会的基本价值和制度安排。法律既是限制自由的因素，又是保障和扩大自由的手段。

课程思政思路一：法律的价值。法律的价值是法律存在的正当性依据，它是一定社会法律制度、法律文化和法律职业精神形成和发展的核心成分。法律价值的变迁必将引起法律制度、法律文化和法律职业精神的重构和重塑。法律的价值主要体现在法律能够指引人们的行为、评价他人的行为、预测相互间的行为、强制违法犯罪者的行为以及教育一般人的行为。法律的这些价值表明法律在构建社会秩序中起着主导作用：法律的形成保证着人类的和谐生存繁衍，保证着社会的持续稳定健康发展。在现代社会，国家意志在秩序形成中具有重大作用，而国家意志总是通过法律的手段进行传导，并在社会群体中获得理性的确信。

课程思政思路二：意思自治的价值。意思自治原则在民法中具有重要的价值，它不仅体现了个体的自由和尊严，更有助于维护社会公平正义、提高资源配置的效率、保障私权在法律允许的范围内实现有序扩张和合理延伸。因此，在民事活动中充分尊重和保障意思自治原则，对于建设一个公正、高效、和谐的社会具有重要意义。

课程思政思路三：法律与意思自治的关系。意思自治是现代民法领域中的一个重要概念，它指的是民事主体在民事活动中拥有独立的意志，可以根据自己的意愿自由行使权利和自由，参与各种民事活动，而不受他人的非法干涉。具体来说，就是民事主体在没有非法的外力强迫的情况下，完全根据自己的主观判断来决定民事法律关系的设立、变更和终止。意思自治原则在私法领域具有广泛的适用性。它不仅适用于合同关系，还适用于物权、婚姻家庭、继承等民商事领域。

尽管意思自治原则是民法的基本原则，但它并不能无限制地发挥，它必须遵从法的理性，必须接受法的规制。为了防止私权过度扩张和意思自治过度发展给社会结构与体系带来不利冲击，立法不仅给意思自治画下了红线，而且在道德层面给意思自治设定了底线：人们在从事民商事活动时，不仅要坚守人类的一般良知，还需要坚守交易行为中的诚实信用、合乎公序良俗与禁止权利滥用等民法由来已久的一般性基本原则。

第八章　代　理

第一节　代理概述

课程思政路向设计

本节的主要内容有代理的概念、特征和分类。从代理的概念和特征可以得出：代理民事法律关系的构建与普通民事法律关系的构建相比，除了要满足民事法律行为生效的基本条件外，还蕴含伦理道德上“受人之托，忠人之事”的价值诉求。因此，代理制度既是对道德的理性表达，也是对“法律是成文道德”的深刻阐释。

习近平法治思想深刻阐释了法律和道德的关系，丰富和发展了中国特色社会主义法治理论。习近平法治思想在总结人类历史经验和把握治国理政规律的基础上，深刻阐释了法治与德治的辩证关系，强调要坚持依法治国和以德治国相结合，将社会主义核心价值观融入法治建设，努力开创依法治国和以德治国相辅相成、相得益彰的良好局面。习近平法治思想关于正确处理依法治国和以德治国的重要论述，丰富和拓展了中国特色社会主义法治道路和实践内涵，深化和创新了中国特色社会主义法治的基本理论。

法律与道德作为社会调控的两种重要手段，它们之间存在着密切且复杂的互动关系。法律与道德根本目的相同。法律和道德都有保障社会的和谐、稳定发展的目标指向。法律与道德相互促进。在社会的发展中，法律与道德在维护社会稳定方面均发挥着至关重要的作用。但需要指出的是，和谐稳定的社会关系需要法律和道德的共同支撑。因此，只有将法律和道德两者进行有机融合，才能更好地促进社会的和谐、稳定发展。法律是传播道德的有效手段。道德可以分为两个层面：一是社会有序化要求的道德，即维系社会正常秩序必不可少的“最低限度的道德”；二是有助于提高生活品质和满足人类精神需要的高阶位道德，如博爱、天下为公。以此，法律的实施过程就是推行道德的过程，法律的实施过程就是弘扬道德价值的过程。反过来，道德的教化和默化为法律的顺利实施提供了坚实而广泛的群众基础。道德对法有补充作用。社会的广泛性和复杂性必将产生一些不宜由法律调整的领域，法律的滞后性也给道德调整提供了发挥作用的空间。道德与法律在某些情况下会相互转化。随着社会的发展，道德的调整场域可能变为由法律调整；反之，某些原本为法律所调整的场域可能变为由道德调整。

框架·内容

一、代理的概念与特征

（一）代理的概念

《民法典》第161条第1款规定，民事主体可以通过代理人实施民事法律行为。那么，何谓代理？通常认为，代理是指代理人实施的，其法律效果直接归属于被代理人的民事法律行为。① 又谓代理是指代理人依据代理权，以被代理人的名义与第三人实施民事法律行为，直接对被代理人发生法律效力。② 笔者认为，所谓代理，就是代理人通过民事法律行为独立创设民事权利和民事义务，并将其最终归属于被代理人承受的制度。将代理人通过民事法律行为独立创设的民事权利和民事义务直接归属于被代理人承受的称为直接代理；将代理人通过民事法律行为独立创设的民事权利和民事义务先归属于代理人承受，然后基于代理人与被代理人之间的委托合同而将代理的结果转归被代理人承受的代理称为间接代理。关于代理，无论从何种角度下定义，其核心要义是代为“民事法律行为”。例如，甲要出国故委托好友乙代为照看房子和甲要出国故委托好友乙代为出售房子，虽然“照看”和“出售”只有两字只差，但其所蕴含的法律性质和法律效果是不同的：前者属于事实行为，对于受托人无民事法律行为能力（意思能力）上的特别要求，双方基于“照看”产生委托关系；后者为民事法律行为，对于受托人有民事法律行为能力（意思能力）上的特别要求，双方基于“出售”产生代理关系。

综上，我们可以将代理简单地表述为：代理是代理人替代被代理人为一定民事法律行为，并将该民事法律行为所发生的法律效果归属于被代理人的民事法律制度。

---

① 《民法学》编写组：《民法学》（第二版），高等教育出版社，2022，第104页。
② 魏振瀛主编：《民法》（第六版），北京大学出版社，2016，第174页。

（二）代理的特征

1. 代理需独立为自己意思表示

代理不同于传达，传达人自己不为意思表示。传达是指传达人将表意人已确定的意思表示准确、完整地传递给受意人的行为。因代理需独立为自己意思表示，因此代理人需有行为能力（意思能力），据此可推知代理人因自己的过错给被代理人造成损失的，通常由代理人承担民事责任。

2. 代理人需以被代理人名义实施代理行为

代理人以被代理人名义实施代理行为是代理的显著表征，代理人不以被代理人名义实施代理行为其代理的结果通常应归代理人承担。当然，如果当事人有特别约定或根据交易习惯以自己名义实施的代理行为同样归被代理人承担。

3. 代理结果通常直接对被代理人发生效力

代理人在代理权限内以被代理人名义实施的民事法律行为，相当于被代理人以自己的行为实施相同的民事法律行为，产生与被代理人自己实施相同民事法律行为一样的法律效果。因此，被代理人不仅享有因代理行为产生的民事权利，还应该承担代理行为产生的民事义务，甚至还应该承担因代理行为产生的民事责任。

4. 代理不同于代表

代表的存在只限于组织，而代理不仅仅有组织式的代理，也有自然人式的代理；代理人与被代理人是两个独立的民事主体，它们之间的关系是一种外部关系。代表人与相应组织之间不是两个独立的主体，代表人在履行职务过程中被其所代表的组织吸收而丧失其独立性，代表人与其所代表的组织之间是一种内部关系。

5. 代理不同于行纪

代理与行纪均有接受委托之义，但代理通常是代理人以被代理人的名义从事民事法律行为，而行纪是行纪人以自己的名义从事民事法律行为。行纪的后果直接归属于行纪人，然后由行纪人转移于委托人，而代理的后果则直接归属于被代理人。行纪必为有偿行为，代理分有偿代理和无偿代理。代理是代理人为民事法律行为，属于民事法律制度的范畴；行纪是一种合同关系，属于债的组成部分，被债法所调整。

6. 代理不同于居间

居间不为民事法律行为，居间只为受委托人提供订立合同的服务或信息，性质上属于媒介行为；代理为民事法律行为，直接参与诸如合同等民事法律行为，在隐名代理中甚至成为民事法律行为一方的当事人。

（三）代理的分类

1. 意定代理与法定代理

根据代理权的来源，代理可以分为委托代理与法定代理。委托代理是指基于被代理人的委托授权而产生代理权的代理。在委托代理中，代理人所享有的代理权是由被代理人授予的，因此，委托代理又称为授权代理。职务代理属于授权代理的重要表现形式，《民法典》第170条规定：执行法人或者非法人组织工作任务的人员，就其职权范围内的事项，以法人或者非法人组织的名义实施的民事法律行为，对法人或者非法人组织发生效力。由于委托授权行为是基于被代理人的意思表示进行的，被代理人的意思表示是发生委托代理的前提条件，所以，委托代理又称为意定代理。依据《民法典》第163条第2款的规定：委托代理人按照被代理人的委托行使代理权。在委托代理中，代理人按照被代理人的委托行使代理权，委托代理合同关系是代理权赖以产生的基础关系。除委托代理合同之外，基于职务关系、劳动合同关系、劳务合同关系等也可以产生委托代理关系。

法定代理是指依据法律的直接规定而产生代理权的代理。由于法定代理人基于法律的直接规定而享有代理权，而不是根据代理权授予行为享有代理权，因此，代理人只能在法律规定的权限范围内行使代理权。法定代理权的产生不需要依赖于被代理人的任何授权行为，而直接源于法律的直接规定。取得法定代理权不需要当事人作出意思表示，一般也不需要取得被代理人的同意。

2. 直接代理与间接代理

直接代理又称为显名代理，是指代理人以被代理人的名义在授权范围内实施民事法律行为，代理人因代理而产生的法律效果直接由被代理人承担。间接代理又称为隐名代理，是指代理人在授权范围内以自己的名义从事民事法律行为，并符合《民法典》合同编关于间接代理构成要件的代理。

直接代理和间接代理存在一定的区别：一是从事民事法律行为的名义不同。直接代理是指代理人以被代理人的名义并为了被代理人的利益同第三人为民事法律行为，以此直接代理在学理上又称为显名代理。间接代理是代理人以自己的名义从事民事法律行为。二是代理的效果是否能直接对被代理人产生效力不同。在直接代理的情况下，代理人从事代理行为的法律效果直接归属于被代理人。而在间接代理的情况下，只有在符合《民法典》合同编规定的间接代理的条件时，因本人行使介入权和第三人行使选择权，被代理人才可能承受代理行为的效果。三是法律依据不同。《民法典》对直接代理的一般规则作出了规定，而对间接代理，《民法典》合同编中作出了具体规定。《民法典》第925条规定：受托人以自己的名义，在委托人的授权范围内与第三人订立的合同，第三人在订立合同时知道受托人与委托人之间的代理关系的，该合同直接约束委托人和第三人；但是，有确切证据证明该合同只约束受托人和第三人的除外。《民法典》第926条规定：受托人以自己的名义与第三人订立合同时，第三人不知道受托人与委托人之间的代理关系的，受托人因第三人的原因对委托人不履行义务，受托人应当向委托人披露第三人，委托人因此可以行使受托人对第三人的权利。但是，第三人与受托人订立合同时如果知道该委托人就不会订立合同的除外。受托人因委托人的原因对第三人不履行义务，受托人应当向第三人披露委托人，第三人因此可以选择受托人或者委托人作为相对人主张其权利，但是第三人不得变更选定的相对人。委托人行使受托人对第三人的权利的，第三人可以向委托人主张其对受托人的抗辩。第三人选定委托人作为其相对人的，委托人可以向第三人主张其对受托人的抗辩以及受托人对第三人的抗辩。

3. 本代理和复代理

本代理是指由被代理人选任代理人或者直接依据法律规定而产生代理人的代理，一般意义上的代理都是本代理。复代理又称再代理，是相对于本代理而言的，是指代理人为了实施其代理权限内的行为，以自己（代理人）的名义选定他人担任被代理人的代理人的代理。

本代理和复代理的区别主要表现在由谁来选定代理人。在本代理中，代理人由本人选定故而称为本代理；而在复代理中，接任代理人的次代理人是由代理人选定的。同时两者的代理人人数不同：在本代理中代理人只有一人，而在复代理中存在代理人和复代理人两个代理人。

4. 单独代理与共同代理

单独代理是指代理权归属于一人的代理（此“一人”非单独指单一的自然人），共同代理是指代理权由数人共同行使的代理。在法定代理中，父母的代理权原则上应由父母共同行使。《民法典》第166条规定：“数人为同一代理事项的代理人，应当共同行使代理权，但是当事人另有约定的除外”。《最高人民法院关于适用〈中华人民共和国民法典〉总则编若干问题的解释》第25条规定：数个委托代理人共同行使代理权，其中一人或者数人未与其他委托代理人协商，擅自行使代理权的，依据民法典第一百七十一条、第一百七十二条等规定处理。

共同代理和单独代理的区别主要表现在以下几个方面：一是共同代理的代理权作为一个整体由数人共同享有，单独代理的代理权仅由一人享有。二是在共同代理的情形下必须由数个代理人共同行使代理权，在单独代理的情形下只能由一人行使代理权。三是在共同代理的情况下，因代理事项违法给被代理人造成损害的，共同代理人应当对造成的损害后果承担连带责任；而在单独代理的情况下则不涉及连带责任这一问题。

对于法定代理中的共同代理，代理权的行使规则现行法没有具体规定。依照通说观点，为了避免各法定代理人意见不统一而损害被代理人利益，共同法定代理权的行使规则应当类推适用现行法关于共同委托代理权的规定。

5. 有权代理与无权代理

根据代理权的有无可以将代理分为有权代理和无权代理。有权代理是指代理人在代理权限内所实施的代理；无权代理是指无代理权或超越代理权而实施的代理，包括狭义的无权代理（效力待定）和表见代理。

二、不适用代理的民事法律行为

《民法典》第161条第2款规定：依照法律规定、当事人约定或者民事法律行为的性质，应当由本人亲自实施的民事法律行为，不得代理。根据现行法和相关司法解释，下列民事法律行为不得代理。

（一）有关身份的民事法律行为不得代理

1. 有关婚姻的民事法律行为不得代理

《民法典》第1049条规定：要求结婚的男女双方应当亲自到婚姻登记机关申请结婚登记。符合本法规定的，予以登记，发给结婚证。完成结婚登记，即确立婚姻关系。未办理结婚登记的，应当补办登记。其次，离婚的民事法律行为不得代理。《民法典》第1076条规定：夫妻双方自愿离婚的，应当签订书面离婚协议，并亲自到婚姻登记机关申请离婚登记。离婚的民事法律行为不得代理有一例外，《最高人民法院关于适用〈中华人民共和国民法典〉婚姻家庭编的解释（一）》第62条规定：无民事行为能力人的配偶有民法典第三十六条第一款规定行为，其他有监护资格的人可以要求撤销其监护资格，并依法指定新的监护人；变更后的监护人代理无民事行为能力一方提起离婚诉讼的，人民法院应予受理。

2. 有关收养的民事法律行为不得代理

《民法典》第1105条规定：收养应当向县级以上人民政府民政部门登记。收养关系自登记之日起成立。收养查找不到生父母的未成年人的，办理登记的民政部门应当在登记前予以公告。收养关系当事人愿意签订收养协议的，可以签订收养协议。收养关系当事人各方或者一方要求办理收养公证的，应当办理收养公证。县级以上人民政府民政部门应当依法进行收养评估。

（二）依据行为性质需要由当事人直接实施的民事法律行为

1. 订立遗嘱的民事法律行为不得代理

《民法典》第1137条规定：以录音录像形式立的遗嘱，应当有两个以上见证人在场见证。遗嘱人和见证人应当在录音录像中记录其姓名或者肖像，以及年、月、日。《民法典》第1138条规定：遗嘱人在危急情况下，可以立口头遗嘱。口头遗嘱应当有两个以上见证人在场见证。危急情况消除后，遗嘱人能够以书面或者录音录像形式立遗嘱的，所立的口头遗嘱无效。《民法典》第1139条规定：公证遗嘱由遗嘱人经公证机构办理。需要指出的是，代书遗嘱中的代书人并非遗嘱人的代理人，而是遗嘱人的使者。

2. 订立协议监护的民事法律行为不得代理

协议监护是在未成年人父母死亡或丧失民事行为能力人的情况下实施的一种监护模式。协议监护的订立将会引起监护人与被监护人之间身份关系的变化。所谓协议监护是指在依法具有监护资格的人，在尊重被监护人真实意愿的条件下以协议方式设定的监护。[①]协议监护既可以是双方民事法律行为，也可以是多方民事法律行为。《民法典》第30条规定：依法具有监护资格的人之间可以协议确定监护人。协议确定监护人应当尊重被监护人的真实意愿。

3. 订立涉及人格权益协议的民事法律行为不得代理

《民法典》第1006条规定：完全民事行为能力人有权依法自主决定无偿捐献其人体细胞、人体组织、人体器官、遗体。任何组织或者个人不得强迫、欺骗、利诱其捐献。完全民事行为能力人依据前款规定同意捐献的，应当采用书面形式，也可以订立遗嘱。自然人生前未表示不同意捐献的，该自然人死亡后，其配偶、成年子女、父母可以共同决定捐献，决定捐献应当采用书面形式。自然人活体器官或尸体器官的捐献是与人格权或人格利益有关的民事法律行为，故需要当事人亲自实施。《民法典》第1008条规定：为研制新药、医疗器械或者发展新的预防和治疗方法，需要进行临床试验的，应当依法经相关主管部门批准并经伦理委员会审查同意，向受试者或者受试者的监护人告知试验目的、用途和可能产生的风险等详细情况，并经其书面同意。

需要特别注意的是，不能代理的民事法律行为代理人所实施的代理行为不产生当事人预期的法律效果。也不能通过被代理人的追认而归属于被代理人，只能由被代理人亲自实施。

思政园地

尊重法律与信守道德

法律是由国家制定或认可的，具有强制性和普适性的社会规范及其体系。它是维护社会秩序的工具，也是国家治理的重要手段。道德是人们在社会生活实践中形成的以善恶为评价形式，依靠社会舆论、传统习俗和内心信念，用以调节人际关系的心理意识、原则规范和行为活动的总和。法律侧重于对人们外部行为的调整，道德侧重于对人们内心确信的影响和塑造。二者都是评价民事主体行为的规则体系，都是调整社会关系的规范体系，都是实现国家意志的手段和工具。

课程思政思路一：青年学生应该成为遵纪守法的表率。尊重法律是每个民事主体应具备的基本素质，它体现了对法律的敬畏和遵守。法律是社会秩序的基石，是维护公民权益、保障社会公正的有力武器。尊重法律不仅意味着遵守法律，不违法乱纪，更包括在内心深处对法律的认同和尊崇。青年学生是国家和社会的未来建设者和接班人，具备坚定的法律信仰，是青年学生成为合格建设者和接班人的必备要素。青年学生要成为遵纪守法的表率，可以从以下几个方面入手：通过学习法律来增强对法律的理解和认识，进而达到法律意识的提高；在日常生活中严格遵守法律法规，绝不违法乱纪，以实现对法律尊严的维护；不挑战法律的权威，以法律为准绳，在法律允许的范围内活动，绝不以身试法，以实现对法律权威的维护；积极参与法治实践活动，为推动全社会形成尊法学法守法用法的良好氛围作出自己应有的贡献。

课程思政思路二：青年大学生应该成为遵守社会道德的楷模。道德是社会规范的重要组成部分，它通过约束人们的行为来维护社会稳定与和谐。道德规范在法律无法触及的领域发挥作用，遵守道德规范有利于在全社会形成良好的社会风气的道德风尚。青年大学生要成为遵守社会道德的楷模，应该努力从以下几个方面着手：一是学会尊重他人。大学同学来自五湖四海，有各自的个性特点和风俗习惯，大家要彼此尊重他人的风俗习惯，彼此包容他人的个性特点。二是做到诚实守信。诚实和守信是道德规范的重要内容，诚实不欺是做人的基本准则，也是社会交往的基本法则；守信是代理制度的应有之义，也是衡量一个人私德和人品的基本指标。三是学会关爱他人。在一个集体里要破除以自我为中心的思想意识，要学会关心人、爱护人、帮助人和成就人。

第二节　代理权

课程思政路向设计

代理权之产生，或基于授权，或基于法律的直接规定，无论产生于何种方式，都属于被代理人权利的让渡。被代理人之所以让渡权其权利，无非是为了更好地维护自身的利益。以诚实守信和勤勉无我的责任操守实现当事人利益最大化，是构建代理制度的初心和使命。本节以代理制度实现当事人利益最大化为切入点，引导学生认真学习和深刻领会人民代表大会制度的深刻内涵。

我国人民代表大会制度的建立有着深刻的历史背景。中国革命的艰巨性和中国社会的复杂性决定了中国革命胜利后建立的政权，既不可能是资产阶级的专政，也不可能是无产阶级一个阶级的专政，而只能是实行各革命阶级的联合专政，即人民民主专政。与此相适应的政权组织形式，既不可能采用旧民主主义的议会制，也不可能照搬俄国十月革命后的苏维埃制，而只能吸收革命统一战线内各革命阶级、各方面代表共同参加的人民代表大会制度。

中国共产党自成立起就肩负起实现人民解放和人民当家作主的历史重任，把马克思主义基本原理同中国具体实际相结合，对人民民主政权和国家根本政治制度进行了长期探索和实践。从大革命时期的协会制，到土地革命战争时期的苏维制，再到抗日战争“三三制”，中国共产党不断探索和创新，最终形成了人民代表大会制度。人民代表大会制度是中国共产党领导人民在国家政权组织形式上的伟大创举，是对马克思主义关于政权组织形式的继承和发展。

1954 年，第一届全国人民代表大会第一次会议在北京胜利召开，通过了新中国成立第一部宪法，确立我国实行人民代表大会制度。自 1954 年宪法制定以来，人民代表大会制度经历了多次改革和完善。1989 年七届全国人大二次会议通过的选举法明确提出县级以上地方各级人民代表大会设立常务委员会，把直接选举人大代表的范围扩大到县，人大代表选举实行差额选举。1982 年，五届全国人大五次会议通过的组织法，进一步赋予地方人大一定的立法权，健全了地方各级人大的组织体系。总之，人民代表大会制度是中国人民在中国共产党领导下长期探索和实践的产物，是中国特色社会主义制度的重要组成部分。它的由来和发展体现了中国人民对国家政权组织形式的深刻理解和不断探索，展现了中国人民当家作主的精神追求和社会主义民主政治的特点和优势。

框架·内容

一、代理权的产生与消灭

（一）法定代理权的产生与消灭

1. 法定代理权的产生

法定代理权的产生依据法律的直接规定而产生。例如《民法典》第 23 条规定：无民事行为能力人、限制民事行为能力人的监护人是其法定代理人。与此相适应，法定代理权的内容亦由法律所直接规定。《民法典》第 163 条第 2 款规定：法定代理人依照法律的规定行使代理权。

2. 法定代理权的消灭

关于法定代理权的消灭，《民法典》第 175 条明确规定下列情形下法定代理终止：被代理人取得或者恢复完全民事行为能力；代理人丧失民事行为能力；代理人或者被代理人死亡；法律规定的其他情形。

（二）委托（职务）代理权的产生与消灭

1. 委托（职务）代理权的产生

委托（职务）代理权来源于被代理人的授权行为。被代理人的授权行为具有单方性、独立性和无因性，其授权的形式包括明示和默示的两种方式：明示的方式属于不要式行为，既可以是书面的，也可以是口头的；默示的方式是指根据被代理人的特定行为来推知被代理人的授权表示。委托（职务）代理权的授予行为系被代理人实施的有相对人的单方民事法律行为。以非对话方式作出的，被代理人的授权意思表示到达相对人时生效；以对话方式作出的，授权意思表示被受领人了解时生效。授权意思表示的受领人可以是代理人（内部授权），也可以是与被代理人交易的相对人（外部授权）。

委托（职务）代理权并非来源于基础关系（委托合同、雇佣合同、合伙关系、夫妻关系）本身，而是来源于独立于基础关系之外的授权行为。授权行为的效力不受基础关系的影响，基础关系不成立、未生效、无效、被撤销的，授权行为的效力不因此受到影响。

基础关系于代理权的产生不发挥作用，那么基础关系在代理权的产生中有什么意义呢？其意义就在于：如果没有基础法律关系，代理人即便有了代理权，也可以不负担实施代理义务，且无被追究法律责任之虞。反之，如果有了基础法律关系的存在，代理人如果不实施被代理人授权之下的民事法律行为，代理人就有被追求法律责任之法律风险。

2. 委托（职务）代理权的消灭

《民法典》第 173 条规定，有下列情形之一的，委托代理终止：代理期限届满或者代理事务完成；被代理人取消委托或者代理人辞去委托；代理人丧失民事行为能力；代理人或者被代理人死亡；作为代理人或者被代理人的法人、非法人组织终止。根据《民法典》第 174 条第 1 款的规定，在下列情形下，即便被代理人死亡亦不影响代理权所生之效力：代理人不知道且不应当知道被代理人死亡；被代理人的继承人予以承认；授权中明确代理权在代理事务完成时终止；被代理人死亡前已经实施，为了被代理人的继承人的利益继续代理。作为被代理人的法人、非法人组织终止的，参照适用前款规定。

二、代理权的滥用

（一）自己代理

《民法典》第 168 条第 1 款规定，代理人不得以被代理人的名义与自己实施民事法律行为，但是被代理人同意或者追认的除外。根据《民法典》第 168 条第 1 款的规定，自己代理原则上属于无效的民事法律行为，但是经被代理人同意或者追认的除外。除此之外，根据我国现行的立法，下列情形下所为的自己代理仍然为有效的自己代理：一是根据《民法典》第 956 条的规定，行纪人卖出或者买入具有市场定价的商品，除委托人有相反的意思表示外，行纪人自己可以作为买受人或者出卖人；二是法定代理人实施的使被代理人纯获利益的代理行为；三是自己代理的内容仅限于对被代理人债务的履行。

（二）双方代理

双方代理俗称“一手托两家”。《民法典》第168条第2款规定：代理人不得以被代理人的名义与自己同时代理的其他人实施民事法律行为，但是被代理的双方同意或者追认的除外。双方代理是代理滥用的表现形式，其代理的效果原则上不发生预期的法律效力。双方代理特别要注意的是：其生效的条件是“双方被代理人”事前同意或事后追认才能发生有效的代理效果，即仅有一方被代理人的事前同意或事后追认均不能产生预期的法律效果。

（三）代理人与相对人恶意串通损害被代理人利益

代理人与相对人恶意串通损害被代理人利益所实施的民事法律行为原则上不发生法律效力，并且由此而造成被代理人损害的，代理人与相对人要承担连带损害赔偿责任。《民法典》第164条第2款规定：代理人和相对人恶意串通，损害被代理人合法权益的，代理人和相对人应当承担连带责任。根据民事法律行为的效力规则，此种情况下的无效当属当然、自始、绝对无效的情形，但需要注意的是，如果被代理人追认，代理人与相对人恶意串通所实施的民事法律行为仍然可以对被代理人发生法律效力（此情形下的无效可以通过被代理人的追认而被治愈）。

三、表见代理

所谓表见代理，通常是指代理人在实施代理活动时属于无权代理的状态，但由于其所为之代理具备“有权代理”的外观，为保护善意相对人的合理信赖利益，善意相对人有权主张其为有效代理的法律制度。《民法典》第172条规定：行为人没有代理权、超越代理权或者代理权终止后，仍然实施代理行为，相对人有理由相信行为人有代理权的，代理行为有效。表见代理的构成需要具备以下四个方面的条件：第一，代理人在实施代理活动的过程中处于无权代理的状态；第二，代理人具有有权代理的权利外观；第三，相对人不知道或者不应该知道代理人没有代理权；第四，代理人具有有权代理的权利外观具有可归责于被代理人的情形（以下情形不可归责于被代理人：伪造公章等权利外观；公章等权利外观被盗或遗失后在合理的期间在合适的媒体作出了被盗或遗失公章无效的声明）。

四、冒名行为

冒名行为是指冒用他人名义实施民事法律行为之情形。冒名行为不同于无权代理行为：无权代理的特点是“代理人以被代理人的名义实施民事法律行为（显名）”，不存在身份欺诈的问题，因而在被代理人、代理人和相对人之间形成三方关系（三方结构）；冒名行为的特点是“冒名顶替”，存在身份欺诈的问题，因而形成的是冒名者与相对人之间的双方关系（双方结构）。

关于冒名行为，我国现行立法未作具体规定，按照通说观点，冒名行为之法律效果因相对人对被冒名者的身份重视程度不同而有所不同：如果相对人对被冒名者的身份不关心（名称不具有区别的意义），被冒名实施的民事法律行为在冒名行为人与相对人之间发生法律效力。例如，在农贸市场所进行的即时清结的买卖。如果相对人对被冒名者的身份有特别要求的（名称具有区别的意义），则冒名行为人与相对人之间所实施的民事法律行为是否发生法律效力，可以类推适用《民法典》第171条关于无权代理的规定。《民法典》第171条规定：行为人没有代理权、超越代理权或者代理权终止后，仍然实施代理行为，未经被代理人追认的，对被代理人不发生效力。相对人可以催告被代理人自收到通知之日起30日内予以追认。被代理人未作表示的，视为拒绝追认。行为人实施的行为被追认前，善意相对人有撤销的权利。撤销应当以通知的方式作出。行为人实施的行为未被追认的，善意相对人有权请求行为人履行债务或者就其受到的损害请求行为人赔偿。但是，赔偿的范围不得超过被代理人追认时相对人所能获得的利益。相对人知道或者应当知道行为人无权代理的，相对人和行为人按照各自的过错承担责任。例如，甲乙是双胞胎，甲是富翁，乙是穷人，乙冒甲之名于某4S店分期付款购买豪车，后被某4S店发现。此案例当属相对人对被冒名者的身份有特别要求之典型例子。

与冒名代理相关的概念是冒名诉讼。关于冒名诉讼，我国现行的立法和司法解释均未作具体规定。鉴于此，通说认为应作出以下处理：一是以冒名诉讼者不具有“诉的利益”为由类推适用《民事诉讼法》第122条[①]的规定，裁定不予受理，已经受理的裁定驳回起诉；二是以冒名诉讼者“有碍诉讼”

① 《民事诉讼法》第122条：起诉必须符合下列条件：原告是与本案有直接利害关系的公民、法人和其他组织；有明确的被告；有具体的诉讼请求和事实、理由；属于人民法院受理民事诉讼的范围和受诉人民法院管辖。

为由类推适用《民事诉讼法》第 114 条①的规定，给予罚款、拘留等司法强制措施。

思政园地

坚定人民立场，驰而不息为民尽责为民谋利

人民立场是中国共产党的根本政治立场。习近平总书记强调，党的最大政治优势是密切联系群众，党执政后的最大危险是脱离群众，要始终把人民放在心中最高位置，站稳人民立场，厚植为民情怀。这一立场不仅是党的根本，也是贯彻落实人民代表大会制度的根本遵循。

课程思政思路一：人大代表要驰而不息为民尽责为民谋利。人大代表是中国政治体制中的重要组成部分，他们代表着人民的利益和意志，参与国家事务的管理。人大代表的职责不仅仅是荣誉，更是一种神圣的使命。人大代表必须高质量地履行代表职责，确保人民代表大会制度的高效运行，使人民真正成为国家的主人。为此，人大代表首先要做到从人民中来到人民中去。人大代表由人民选举产生，肩负着人民的重托，反映人民的意愿，代表人民的利益和意志。因此，人大代表要履行好自己的职责，实践好为民尽责为民谋利的职责，就必须在履职过程中深入基层进行深入调研，广泛听取人民群众的意见，了解和掌握人民群众的真实需求和合理诉求，将人民群众的意见和办法集中起来形成正确的决策。并将这些决策带回人民群众中进行宣传解释，使决策化为人民群众的行动，并在人民群众的实践中检验这些决策的正确性。其次人大代表要努力提高自身的履职能力。人大代表代表人民行使管理国家的职责，责任重大，使命光荣。因此人大代表要自觉加强学习，了解党和国家的大政方针，了解国家的法律法规，熟悉人大代表的业务知识，努力提高自身素质，增强驰而不息为民尽责为民谋利的本领。

---

① 《民事诉讼法》第 114 条：诉讼参与人或者其他人有下列行为之一的，人民法院可以根据情节轻重予以罚款、拘留；构成犯罪的，依法追究刑事责任：伪造、毁灭重要证据，妨碍人民法院审理案件的；以暴力、威胁、贿买方法阻止证人作证或者指使、贿买、胁迫他人作伪证的；隐藏、转移、变卖、毁损已被查封、扣押的财产，或者已被清点并责令其保管的财产，转移已被冻结的财产的；对司法工作人员、诉讼参加人、证人、翻译人员、鉴定人、勘验人、协助执行的人，进行侮辱、诽谤、诬陷、殴打或者打击报复的；以暴力、威胁或者其他方法阻碍司法工作人员执行职务的；拒不履行人民法院已经发生法律效力的判决、裁定的。人民法院对有前款规定的行为之一的单位，可以对其主要负责人或者直接责任人员予以罚款、拘留；构成犯罪的，依法追究刑事责任。

课程思政思路二：做全过程人民民主的践行者把人民期盼变现实。2021年10月，习近平总书记在中央人大工作会议上发表重要讲话时强调，我国全过程人民民主不仅有完整的制度程序，而且有完整的参与实践。我国全过程人民民主实现了过程民主和成果民主、程序民主和实质民主、直接民主和间接民主、人民民主和国家意志相统一，是全链条、全方位、全覆盖的民主，是最广泛、最真实、最管用的社会主义民主。全过程人民民主是真正实现人民当家作主的民主，发展全过程人民民主是保障人民当家作主的必然要求。人大代表是我国全过程人民民主的直接践行者和推动者，对落实人民群众的民主决策、民主协商、民主管理、民主监督责无旁贷。

第九章　诉讼时效与期间

第一节　诉讼时效概述

课程思政路向设计

诉讼时效本质上是为债务人拒绝履行债务给予一个合理的理由。这与“欠债还钱，天经地义”的朴素道德观念是相矛盾的。但诉讼时效制度在维护社会经济秩序稳定、禁止权利滥用等方面发挥了特殊的作用。为此，本节课程思政的切入点可以从“禁止权利滥用”入手。

《民法典》第132条新增了禁止权利滥用原则的规定，明确规定民事主体不得滥用民事权利损害国家利益、社会公共利益或者他人合法权益。这一规定弥补了我国以往民事立法的不足。它的目的是通过对权利滥用的禁止或制裁来保护国家利益、社会公共利益或他人利益。关于禁止权利滥用的法律性质，存在不同的理论学说。有观点认为它是诚实信用原则的下位原则；有的学者则认为它是公序良俗原则的一部分；还有学者认为禁止权利滥用是诚实信用原则所派生出来的具体规则，属于义务范畴。贯彻落实禁止权利滥用对于正确处理个人与国家、个人与社会、个人与个人之间的关系有着重要的现实意义。

首先，禁止权利滥用有助于实现个体利益与社会公共利益的平衡。在课程思政的过程中，教师可以引导学生认识到，虽然每一个民事主体的权利都需要得到法律的保障，但社会是一个整体，个人权利的行使不能以牺牲社会公共利益或他人合法权益为代价。例如，营利法人的出资人不得滥用出资人权利损害法人或者其他出资人的利益，也不得滥用法人独立地位和出资人有限责任损害法人的债权人利益，这体现了在商业活动等领域对公平正义的维护，防止因一方的权利滥用而导致利益失衡。

其次，禁止权利滥用有助于民事主体本着善良平等对待他人权利。每个人的权利都应当受到法律平等的保护，同时每个民事主体都应当本着善良对待他人权利。禁止权利滥用就是防止某些人利用自己的权利优势去侵害他人的权利或妨碍他人权利的正常行使。例如在相邻关系中，不动产的相邻权利人应当按照有利生产、方便生活、团结互助、公平合理的原则处理相邻关系，任何一方都不能滥用自己的不动产权利去妨碍他人的正常生活，这体现了对他人权利的平等尊重，有助于构建平等和谐的社会关系。

框架·内容

一、诉讼时效的概念

诉讼时效最早见于1964年的《苏俄民法典》，在此之前称为“起诉时效”（详见1922年的《苏俄民法典》）。诉讼时效的功能曾一度被误解为时效期满即可阻却当事人提起诉讼。然学理和司法实践均认为诉讼时效届满并不能阻却当事人提起诉讼，仅起阻却当事人胜诉之功效。

关于诉讼时效的概念，有学者将其表述为权利人在法定期间不行使权利即丧失请求人民法院依法保护其民事权利的法律制度，这一表述为法官依职权主动援用诉讼时效留下了空间。随着有关诉讼时效学术研究的深入，目前学术界普遍认为诉讼时效的概念应表述为：权利人在法定期间内不行使权利，义务人便享有抗辩权，从而导致权利人无法胜诉的法律制度。即诉讼时效经过以后，既不消灭当事人的实体权利，也不消灭当事人的诉讼权利，诉讼时效的经过只在原来请求权的对面产生了一个与之对应的抗辩权，权利人向人民法院提起诉讼，人民法院应予受理。当事人在诉讼中未提出诉讼时效抗辩，人民法院不应对诉讼时效问题进行释明及主动适用诉讼时效的规定进行裁判。①

二、诉讼时效的特征

（一）诉讼时效具有法定性

诉讼时效非由当事人约定而产生，乃基于法律的直接规定而存在，具有

---

① 《民法典》第193条规定：人民法院不得主动适用诉讼时效的规定。《最高人民法院关于审理民事案件适用诉讼时效制度若干问题的规定》第2条规定：当事人未提出诉讼时效抗辩，人民法院不应对诉讼时效问题进行释明。

鲜明的法定性。根据法律的规定，诉讼时效可分为普通诉讼时效、特殊诉讼时效和最长诉讼时效。普通诉讼时效是指由民事基本法规定的普遍适用于一般民事法律关系的时效，如《民法典》第 188 条之规定；[1] 特殊诉讼时效是指民事基本法或民事基本法以外的特殊民事法律规范，基于特定民事法律关系所规定的时效。如《中华人民共和国海商法》第 257 条第 1 款所规定的海上货物运输当事人向承运人请求赔偿的时效为 1 年。最长诉讼时效是指法律规定的最长保护期限。《民法典》第 188 条第 2 款规定最长诉讼时效期间为 20 年。

（二）诉讼时效具有强制性

诉讼时效的强制性表现为诉讼时效的强制适用。诉讼时效的强制性包含四个方面的内容：一是禁止民事法律行为的当事人通过约定排除诉讼时效的适用，或通过约定延长或缩短诉讼时效的期间。二是禁止民事法律行为的当事人通过约定创设新的诉讼时效期间。《民法典》第 197 条规定诉讼时效的期间由法律规定，当事人约定无效。三是禁止当事人就民事诉讼的计算方法作出约定。《民法典》第 197 条规定诉讼时效的计算方法由法律作出规定，当事人的约定无效。四是禁止当事人就民事诉讼的中止和中断事由作出约定。《民法典》第 197 条规定民事诉讼的中止和中断由法律作出规定，当事人的约定无效。

三、诉讼时效的适用对象

（一）诉讼时效仅适用请求权

原则上诉讼时效仅适用于请求权，但并非所有的请求权都适用于诉讼时效，只有债权请求权和基于未登记动产所产生的返还原物请求权才适用诉讼时效。《民法典》第 196 条规定，下列请求权不适用诉讼时效的规定：请求停止侵害、排除妨碍、消除危险；不动产物权和登记的动产物权的权利人请求返还财产；请求支付抚养费、赡养费或者扶养费；依法不适用诉讼时效的其他请求权。

---

① 《民法典》第 188 条第 1 款规定：向人民法院请求保护民事权利的诉讼时效期间为三年。法律另有规定的，依照其规定。

（二）人格权请求权与身份权请求权不适用诉讼时效

人格权请求权不适用诉讼时效。《民法典》第995条明确规定：人格权受到侵害的，受害人有权依照本法和其他法律的规定请求行为人承担民事责任。受害人的停止侵害、排除妨碍、消除危险、消除影响、恢复名誉、赔礼道歉请求权，不适用诉讼时效的规定。

身份权请求权不适用诉讼时效。《民法典》第1001条明确规定：对自然人因婚姻家庭关系等产生的身份权利的保护，适用本法第一编、第五编和其他法律的相关规定；没有规定的，可以根据其性质参照适用本编人格权保护的有关规定。

（三）特殊债权不适用诉讼时效

《最高人民法院关于审理民事案件适用诉讼时效制度若干问题的规定》第1条规定，当事人可以对债权请求权提出诉讼时效抗辩，但对下列债权请求权提出诉讼时效抗辩的，人民法院不予支持：支付存款本金及利息请求权；兑付国债、金融债券以及向不特定对象发行的企业债券本息请求权；基于投资关系产生的缴付出资请求权；其他依法不适用诉讼时效规定的债权请求权。

（四）学理上认为不适用诉讼时效的请求权

占有返还请求权不适用诉讼时效（适用除斥期间①）。占有排除妨碍、消除危险请求权不适用诉讼时效。知识产权保护请求权不适用诉讼时效：知识产权人对特定当事人享有的请求停止侵害、销毁侵权物品、删除盗版复制品等请求权不适用诉讼时效。

四、诉讼时效与除斥期间的区别

诉讼时效不同于除斥期间，诉讼时效只适用于请求权，除斥期间则适用于形成权和部分债权；诉讼时效具有法定性和强制性，除斥期间则具有法定性和约定性；诉讼时效是可变期间，适用于中止、中断和延长，除斥期间是不变期间，不适用中止、中断和延长等规定；诉讼时效与除斥期间的起算点

① 《民法典》第462条规定：占有的不动产或者动产被侵占的，占有人有权请求返还原物；对妨害占有的行为，占有人有权请求排除妨害或者消除危险；因侵占或者妨害造成损害的，占有人有权依法请求损害赔偿。占有人返还原物的请求权，自侵占发生之日起一年内未行使的，该请求权消灭。

不同，普通诉讼时效的起算点是权利人知道或应该知道权利受到损害和义务人之日，最长诉讼时效的起算点是权利人的权利受到损害之日。除斥期间的起算点是相关法律的规定和当事人的约定；诉讼时效的法律功能是维护新成立的法律关系，除斥期间的法律功能是维持原有的法律关系；诉讼时效的经过在请求权对面产生一个永久性抗辩权，用以阻却请求权的实现，除斥期间的经过使权利人的权利消灭。

五、诉讼时效与执行时效

广义的诉讼时效包括实体法中的诉讼时效，也包括程序法中的执行时效。《民事诉讼法》第 250 条规定：申请执行的期间为二年。申请执行时效的中止、中断，适用法律有关诉讼时效中止、中断的规定。前款规定的期间，从法律文书规定履行期间的最后一日起计算；法律文书规定分期履行的，从最后一期履行期限届满之日起计算；法律文书未规定履行期间的，从法律文书生效之日起计算。《中华人民共和国民事强制执行法（草案）》第 15 条规定：执行依据确定的民事权利，向人民法院请求保护的时效适用《中华人民共和国民法典》等法律有关诉讼时效的规定。但是，法律规定诉讼时效期间不满三年的，执行依据作出后重新起算的时效期间为三年。

思政园地

规范权利行使　用权不得任性

诉讼时效制度提醒权利主体，诉讼时效的法定性和强制性要求请求权的行使不仅要及时，而且要规范。请求权的滥用和任性必将使权利主体陷入困顿和尴尬。禁止权利滥用是现代法治社会的重要原则。权利的行使是有边界的，规范、谨慎地行使权利是构建和谐社会的基础，也是培养合格公民的必然要求。

课程思政思路一：规范权利行使，用权不得任性有助于维护社会的公平正义。教师讲解这一思政元素时，要让学生理解权利的滥用往往会破坏社会公平竞争的环境或者损害他人的合法权益，从而违背公平正义的价值理念。在现实的经济活动中，民事主体之间的经济实力、占有资源、生活经验、技术设备等都存在着差距，如果权利行使不规范、滥用自己的权利就会破坏市场公平竞争的环境。遵循公平正义的原则是社会主义核心价值观的重要体现。

课程思政思路二：规范权利行使，用权不得任性有助于形成彼此尊重包容的社会风尚。权利的滥用往往是对他人权利缺乏尊重的表现。在课程中融入这一思政元素时，可以引导学生思考在日常生活中如何尊重他人的权利，在集体生活中培养彼此包容的心态。这样的态度和心态有助于构建和谐的人际关系和平安校园。

课程思政思路三：规范权利行使，用权不得任性有助于增强青年学生的社会责任意识。每个人在社会中都享有一定的权利，同时也承担一定的社会（义务）责任。滥用权利往往表现为对社会责任的逃避，甚至是对社会的危害（例如企业为了追求自身经济利益过度排放污染物）。这样的思政教育，可以让学生认识到自己在社会中的角色不仅仅是权利的享有者，更是社会责任的承担者，从而培养学生的社会责任感和担当精神。

课程思政思路四：规范权利行使，用权不得任性有助于青年学生对传统优秀文化的传承。在我国传统道德文化中，有许多关于自我约束、不逾矩的思想。禁止权利滥用这一原则与传统道德文化中的“己所不欲，勿施于人”等价值理念相契合。在课程思政中，可以向青年学生讲述传统道德故事或者引用古代思想家的言论，如孔子和孟子等古代思想家关于“仁”和“礼”的论述，让学生明白在现代社会中，提倡规范权利行使，用权不得任性，禁止权利滥用，也是对传统优秀道德文化的传承和发展，增强学生对传统文化的认同感和自豪感。

第二节　诉讼时效期间与诉讼时效的变化

课程思政路向设计

《民法典》就有关诉讼时效方面的立法有许多新变化：修改了普通诉讼时效的年限；修改和增设了三种情形下（分期债务诉讼、法定代理人诉讼和性侵害诉讼）的诉讼时效起算点；修改了当事人申请延长时效的条件；修改了诉讼时效中止恢复后的延长期限；修改了诉讼时效中断后重新起算的时间点；明确不适用诉讼时效的请求权范围。本节以《民法典》诉讼时效的修改为切入点，深刻领会习近平法治思想关于科学立法的重要论述。

第一，立法的重要性和目的。立法工作被视为为国家定规矩、为社会定方圆的神圣工作，法律是社会生活、国家治理的准绳。法治是国家治理体系和治理能力的重要依托，法治兴则国兴，法治强则国强。当然，在全面依法治国的过程中，我们必须特别强调科学立法的重要性——立善法于天下，则天下治；立善法于一国，则一国治。

第二，坚持党对立法工作的领导。党的领导是中国特色社会主义最本质的特征和最根本的保证。加强党对立法工作的集中统一领导，推进党的领导入法入规，完善立法工作格局，是确保科学立法的关键。

第三，提高立法的质量与效率。习近平总书记强调，要提高立法质量和效率，使立法工作更好地服务于经济高质量发展、助推社会高效能治理、守护群众高品质生活，努力使每一项立法都符合宪法精神、反映人民意愿、得到人民拥护，更好地适应时代和实践的发展需求，为全面依法治国奠定坚实的基础。

第四，加强重点领域、新兴领域、涉外领域的立法。面对广泛的立法需求，习近平总书记指出要加强重点领域、新兴领域、涉外领域立法。特别要加强国家安全、科技创新、公共卫生、生物安全、生态文明、防范风险、涉外法治等重要领域立法，健全国家治理急需的法律制度、满足人民日益增长的美好生活需要必备的法律制度。

第五，加强立法工作的民主化。科学立法还需要充分发扬民主，贯彻群众路线。习近平总书记强调，要健全人大组织制度和工作制度，优化人大常委会、专委会组成人员知识和年龄结构，丰富人大代表联系人民群众的内容和形式，充分发挥代表作用，使各级人大及其常委会成为全面担负起宪法法律赋予的各项职责的工作机关，成为同人民群众保持密切联系的代表机关。

框架·内容

一、诉讼时效期间

（一）诉讼时效期间的起算

1. 普通诉讼时效期间计算的一般规则

普通诉讼时效期间的计算遵循权利人知道或者应该知道权利受到损害以及义务人之日起计算。《民法典》第 188 条第 2 款规定，诉讼时效期间自权利人知道或者应当知道权利受到损害以及义务人之日起计算。法律另有规定的，依照其规定。《民法典》第 201 条第 1 款规定，按照年、月、日计算期间的，开始的当日不计入，自下一日开始计算。对照《民法典》第 188 条第 2 款和 201 条第 1 款的规定，我们可以清楚地推出普通民事诉讼期间的计算实际上不是从《民法典》第 188 条第 2 款所规定的“之日”起算，而是从《民法典》第 201 条第 1 款所规定的“次日”起算。

2. 普通诉讼时效期间计算的具体规定

（1）人身损害。人身损害伤害明显的，从受伤害且知道义务人之日起算，伤害当时未曾发现的，后经检查确诊并能证明伤害是由侵害引起的，从伤势确诊且知道义务人之日起算。

（2）分期履行。当事人约定同一债务分期履行的，诉讼时效期间自最后一期履行期限届满之日起计算。《民法典》第 189 条规定：当事人约定同一债务分期履行的，诉讼时效期间自最后一期履行期限届满之日起计算。

（3）融资租赁。在融资租赁合同中，出租人请求承租人支付租金的 3 年诉讼时效期间，从租赁期间届满之日起算。《最高人民法院关于审理融资租赁合同纠纷案件适用法律问题的解释》第 25 条规定，当事人因融资租赁合同租金欠付争议向人民法院请求保护其权利的诉讼时效期间，自租赁期限届满之日起计算。

（4）未成年被性侵。未成年人被性侵的，其起诉请求损害赔偿的诉讼时效自其年满 18 周岁时起算。《民法典》第 191 条明确规定，未成年人遭受性侵害的损害赔偿请求权的诉讼时效期间，自受害人年满 18 周岁之日起计算。

（5）未约定履行期限的债务。未约定履行期限的债务，依照《民法典》第 510 条①和第 511 条②可以确定履行期限的，从履行期限届满之日起计算；不能明确履行期限的，可以按照《最高人民法院关于审理民事案件适用诉讼时效制度若干问题的规定》第 4 条的规定处理，即从债权人要求债务人履行义务的宽限期届满起计算，但债务人在债权人第一次向其主张权利之时明确

---

① 《民法典》第 510 条：合同生效后，当事人就质量、价款或者报酬、履行地点等内容没有约定或者约定不明确的，可以协议补充；不能达成补充协议的，按照合同相关条款或者交易习惯确定。

② 《民法典》第 511 条：当事人就有关合同内容约定不明确，依据前条规定仍不能确定的，适用下列规定：（一）质量要求不明确的，按照强制性国家标准履行；没有强制性国家标准的，按照推荐性国家标准履行；没有推荐性国家标准的，按照行业标准履行；没有国家标准、行业标准的，按照通常标准或者符合合同目的的特定标准履行。（二）价款或者报酬不明确的，按照订立合同时履行地的市场价格履行；依法应当执行政府定价或者政府指导价的，依照规定履行。（三）履行地点不明确，给付货币的，在接受货币一方所在地履行；交付不动产的，在不动产所在地履行；其他标的，在履行义务一方所在地履行。（四）履行期限不明确的，债务人可以随时履行，债权人也可以随时请求履行，但是应当给对方必要的准备时间。（五）履行方式不明确的，按照有利于实现合同目的的方式履行。（六）履行费用的负担不明确的，由履行义务一方负担；因债权人原因增加的履行费用，由债权人负担。

表示不履行义务的，从债务人明确表示不履行义务之日起计算。①

（6）被撤销的民事法律行为。可撤销的民事法律行为被撤销后，请求返还不当得利的，承担缔约过失责任的 3 年诉讼时效起算，可以按照《最高人民法院关于审理民事案件适用诉讼时效制度若干问题的规定》第 5 条的规定处理。②

（7）持续性侵权。侵权行为具有持续性的，对于持续性侵权的诉讼时效起算，从侵权行为实施终了之日起算，受害人请求他人不作为的侵权损害赔偿请求权，从义务人违反不作为义务之日起算。

（8）责任保险。对于第三者责任保险的保险金请求权，请求保险人支付保险金的 3 年诉讼时效期间自保险事故发生之日起计算，这里的“保险事故发生之日”有特殊含义，即保险事故发生之日，是指被保险人对第三人的责任性质与责任数额确定之日，而不是损害事故发生之日。

（9）无民事行为能力和限制民事行为能力人对法定代理人以外的人提起的损害赔偿请求权。无民事行为能力和限制民事行为能力人对法定代理人以外的人所享有的 3 年普通诉讼时效期间，自其法定代理人知道或者应该知道无民事行为能力或限制民事行为能力人受到损害之日起计算，但是法律另有规定的除外。③

（二）诉讼时效期间经过的法律效果

诉讼时效的经过分普通诉讼时效的经过、特殊诉讼时效的经过和最长诉讼时效的经过三种情形。普通诉讼时效和特殊诉讼时效的时间经过是指请求权人在普通诉讼时效期间或特殊诉讼时效期间内持续未行使请求权；最长诉讼时效的经过是指自当事人的权利被侵害之日起已满 20 年以上，请求权人才

---

① 《最高人民法院关于审理民事案件适用诉讼时效制度若干问题的规定》第 4 条：未约定履行期限的合同，依照合同法第六十一条、第六十二条的规定，可以确定履行期限的，诉讼时效期间从履行期限届满之日起计算；不能确定履行期限的，诉讼时效期间从债权人要求债务人履行义务的宽限期届满之日起计算，但债务人在债权人第一次向其主张权利之时明确表示不履行义务的，诉讼时效期间从债务人明确表示不履行义务之日起计算。

② 《最高人民法院关于审理民事案件适用诉讼时效制度若干问题的规定》第 5 条：享有撤销权的当事人一方请求撤销合同的，应适用民法典关于除斥期间的规定。对方当事人对撤销合同请求权提出诉讼时效抗辩的，人民法院不予支持。合同被撤销，返还财产、赔偿损失请求权的诉讼时效期间从合同被撤销之日起计算。

③ 《最高人民法院关于适用〈中华人民共和国民法典〉总则编若干问题的解释》第 36 条：无民事行为能力人或者限制民事行为能力人的权利受到损害的，诉讼时效期间自其法定代理人知道或者应当知道权利受到损害以及义务人之日起计算，但是法律另有规定的除外。

第一次对义务人提起诉讼。

1. 诉讼时效期间经过对债权人的效力

诉讼时效期间经过债权人的以下权利不受影响：一是债权本身不消灭，债权存在的客观事实不改变；二是债权人起诉权不受影响，债权人起诉的，人民法院不得裁定不予受理或驳回起诉；三是债权人对债权的处分不受影响，债权人仍然可以转让、质押或抛弃债权；债权人的受领权不消灭，义务人自愿履行的，债权人仍然具有受领的权利。

债权人的债权经过诉讼时效后，对债权人的债权产生以下影响：在债权的对面产生一个抗辩权，债权人提起诉讼时债务人主张时效抗辩的，债权人不能获得胜诉判决；债权人的债权不得作为主动债权主张抵消（但可以作为被动债权抵消）；债权人的代位权和抵消权的权能消灭。① 债权的从权利消灭或者债权从权利的义务人获得抗辩权。②

2. 诉讼时效期间经过对债务人的效力

诉讼时效经过债务人获得对债权人的抗辩权。《民法典》第 192 条第 1 款规定：诉讼时效期间届满的，义务人可以提出不履行义务的抗辩。需要强调的是，债务人行使抗辩权需要注意两点：一是行使的时间。债务人只能在人民法院一审程序中主张诉讼时效抗辩权。当然，基于新的证据债务人可以在二审程序期间主张诉讼时效抗辩权；二是自主行使。债务人的时效抗辩权只能由当事人自主行使，人民法院不应该对诉讼时效抗辩权进行释明（提醒），更不能主动适用诉讼时效抗辩进行裁判。③

需强调的是，债务人有放弃时效利益的权利，即同意履行已过诉讼时效的债务。“同意履行”表现为达成还款协议、订立还款协议、签订债权确认书、另行提供担保、请求延期支付等。需要指出的是债务人仅“承认债务”并非同意履行债务，不构成抛弃时效利益。根据时效具有强制性原理，义务

---

① 《民法典》第 535 条第 1 款：因债务人怠于行使其债权或者与该债权有关的从权利，影响债权人的到期债权实现的，债权人可以向人民法院请求以自己的名义代位行使债务人对相对人的权利，但是该权利专属于债务人自身的除外。《民法典》第 538 条：债务人以放弃其债权、放弃债权担保、无偿转让财产等方式无偿处分财产权益，或者恶意延长其到期债权的履行期限，影响债权人的债权实现的，债权人可以请求人民法院撤销债务人的行为。《民法典》第 539 条：债务人以明显不合理的低价转让财产、以明显不合理的高价受让他人财产或者为他人的债务提供担保，影响债权人的债权实现，债务人的相对人知道或者应当知道该情形的，债权人可以请求人民法院撤销债务人的行为。

② 《民法典》第 419 条：抵押权人应当在主债权诉讼时效期间行使抵押权；未行使的，人民法院不予保护。《民法典》第 701 条：保证人可以主张债务人对债权人的抗辩。债务人放弃抗辩的，保证人仍有权向

③ 《民法典》第 193 条：人民法院不得主动适用诉讼时效的规定。

人不得预先放弃时效利益，只能在诉讼时效期间经过后才能放弃时效利益。债务人放弃时效利益有明示和默示两种形式：诉讼时效期间经过后债务人明示放弃诉讼时效利益的，诉讼时效重新计算（死灰复燃），双方约定有履行期限的，自该约定的期限届满之日起诉讼时效重新起算；没有约定履行期限的，按照《最高人民法院关于审理民事案件适用诉讼时效制度若干问题的规定》第4条[①]的规定处理；诉讼时效期间经过后债务人默示放弃诉讼时效利益的，即不予时效抗辩以自己的行为自愿履行义务，其法律后果是义务人事后不得请求返还。

3. 义务人明示抛弃诉讼时效利益与诉讼时效中断的关系

义务人抛弃诉讼时效利益与诉讼时效中断均可以导致诉讼时效期间重新计算，但二者在三个方面有明显区别：一是发生的时间不同。义务人抛弃诉讼时效利益发生在诉讼时效期间经过后，诉讼时效中断发生在诉讼时效期间经过中。二是发生的条件不同。义务人抛弃诉讼时效利益以义务人自愿履行义务为条件；诉讼时效中断以权利人向义务人提出履行请求；义务人同意履行义务；权利人提起诉讼或者申请仲裁；与提起诉讼或者申请仲裁具有同等效力的其他情形为条件。三是诉讼时效重新计算的起算点不同。义务人抛弃诉讼时效利益诉讼时效重新计算的起算点如前所述，在此不复累赘；诉讼时效中断后诉讼时效期间重新计算的时间点从中断、有关程序终结时起算。[②]

二、诉讼时效的变化

（一）诉讼时效的中止

诉讼时效的中止，是指在诉讼时效进行中最后六个月内，因一定的法定事由发生而使权利人的请求权行使受到阻却，从而暂时停止计算诉讼时效期

① 《最高人民法院关于审理民事案件适用诉讼时效制度若干问题的规定》第4条：未约定履行期限的合同，依照民法典第510条、第511条的规定，可以确定履行期限的，诉讼时效期间从履行期限届满之日起计算；不能确定履行期限的，诉讼时效期间从债权人要求债务人履行义务的宽限期届满之日起计算，但债务人在债权人第一次向其主张权利之时明确表示不履行义务的，诉讼时效期间从债务人明确表示不履行义务之日起计算。

② 《最高人民法院关于审理民事案件适用诉讼时效制度若干问题的规定》第13条：权利人向公安机关、人民检察院、人民法院报案或者控告，请求保护其民事权利的，诉讼时效从其报案或者控告之日起中断。上述机关决定不立案、撤销案件、不起诉的，诉讼时效期间从权利人知道或者应当知道不立案、撤销案件或者不起诉之日起重新计算；刑事案件进入审理阶段，诉讼时效期间从刑事裁判文书生效之日起重新计算。

间。《民法典》第194条规定，在诉讼时效期间的最后六个月内，因下列障碍，不能行使请求权的，诉讼时效中止：不可抗力；无民事行为能力人或者限制民事行为能力人没有法定代理人，或者法定代理人死亡、丧失民事行为能力、丧失代理权；继承开始后未确定继承人或者遗产管理人；权利人被义务人或者其他人控制；其他导致权利人不能行使请求权的障碍。自中止时效的原因消除之日起满六个月，诉讼时效期间届满。

夫妻之间、家庭成员之间因特殊关系的存在阻却请求权行使的，适用诉讼时效中止的规定。《最高人民法院关于适用〈中华人民共和国民法典〉婚姻家庭编的解释（一）》第28条第2款规定：夫妻一方擅自处分共同所有的房屋造成另一方损失，离婚时另一方请求赔偿损失的，人民法院应予支持。

（二）诉讼时效的中断

诉讼时效的中断，是指诉讼时效进行中因法定事由的发生而使已经经过的诉讼时效期间归于无效，诉讼时效重新起算。关于中断后的诉讼时效重新计算问题，以下问题需要引起注意：一是重新计算的起算点是从中断的事由消除之日，而非从中断之日起算；二是重新计算意味着要恢复原来长度的诉讼时效期间；三是权利人对同一债权中的部分债权主张权利的，诉讼时效中断的效力及于剩余的债权，但债权人明确表示放弃剩余债权的情形除外；四是连带债权人或连带债务人中的一人发生诉讼中断的，中断的效力及于全部连带债权人或连带债务人。

《民法典》第195条规定，有下列情形之一的，诉讼时效中断，从中断、有关程序终结时起，诉讼时效期间重新计算：权利人向义务人提出履行请求；义务人同意履行义务；权利人提起诉讼或者申请仲裁；与起诉讼或者申请仲裁具有同等效力的其他情形。实务中权利人向义务人提出履行请求主要表现为以下几种情形：一是当事人直接向对方当事人送达主张权利的文书，对方当事人在文书上签名、盖章、按手印或者虽未签名、盖章、按手印，但能够以其他方式证明该主张权利的文书已送达当事人；二是权利人以发送邮件或数据电文方式主张权利的，信件或数据电文到达或者应当到达当事人的；三是权利人一方为金融机构的，依照法律规定或者当事人的约定从义务人账户中扣除欠款和本息的；四是义务人下落不明，权利人在国家级或下落不明义务人所在地省级有影响的媒体上刊登具有主张权利内容的公告的，但法律或司法解释另有规定的从其规定。义务人同意履行如前文所述，包括达成还款协议、订立还款协议、签订债权确认书、另行提供担保、请求延期支付等。

义务人同意履行的，自义务人同意履行之日起诉讼时效中断，债务权与债务人约定有履行期限的，诉讼时效期间从履行期限届满之日重新计算。权利人提起诉讼或者申请仲裁包括权利人提起本诉、反诉或刑事附带民事均可导致诉讼时效中断，中断从权利人提交诉状或提出口头诉讼时起算，需要指出的是如果权利人撤回诉状或仲裁申请，视为未提起诉讼或申请仲裁，不发生诉讼时效中断的法律效果。另外，债权人提起代位权诉讼的，应当认定对债权人的债权和义务人的债权均发生诉讼时效中断的效力。[①]

（三）诉讼时效的延长

诉讼时效的延长，是指在诉讼时效期间届满以后，权利人基于某种正当的理由要求人民法院根据具体情况，以职权决定是否予以延长时效期间的诉讼制度。《民法典》第188条第2款规定：诉讼时效期间自权利人知道或者应当知道权利受到损害以及义务人之日起计算。法律另有规定的，依照其规定。但是，自权利受到损害之日起超过二十年的，人民法院不予保护，有特殊情况的，人民法院可以根据权利人的申请决定延长。

根据《民法典》第188条第2款的规定，诉讼时效的延长需要具备以下条件：一是有法律规定的特殊情况出现；二是有当事人的申请（即便有法律规定的特殊事由出现，如果当事人不主动提出申请，人民法院不能以职权主动延长当事人的诉讼时效期间）；三是是否延长诉讼时效最终由法院决定，即诉讼时效是否延长、延长的期限长短均由法院依职权决定。

思政园地

良法善治乃民之所盼民之所向

良法是善治的前提，它反映了最广大人民群众的意志和利益，符合公平正义的要求，能够促进人与社会的共同发展；善治是良法追求的目标。良法善治体现了法治的温度和人文关怀，反映人民的意志和愿望，它不仅是社会进步和社会文明的基石，也是人民群众的期盼和向往。

课程思政思路一：良法善治的重要性。良法善治意味着法律应当符合社会主义核心价值观，应当保障社会的基本秩序和公平正义。在实践中，良法

① 《最高人民法院关于审理民事案件适用诉讼时效制度若干问题的规定》第16条：债权人提起代位权诉讼的，应当认定对债权人的债权和债务人的债权均发生诉讼时效中断的效力。

善治需要通过一系列具体的法律制度、司法执法和提高公民素质来实现。良法善治对于维护社会秩序、促进社会发展具有重要作用。它不仅为人们提供了行为规范，保障了公民权利，还通过公正的司法体系维护了公平正义。公正的司法是法治的生命线，是人民群众感知法治建设的晴雨表。公正的司法不仅关系到人民的切身利益，也关系到社会的和谐稳定。

课程思政思路二：良法善治乃民之所盼。良法善治是中国法治建设的重要目标。它体现了民主精神、公平正义，符合宪法精神和社会发展规律，维护了公民的基本权利，促进了人与社会的共同发展，人与自然的和谐发展。实现良法善治需要全社会的共同努力。立法机关应关注和回应人民群众的需求，应当在每一宗立法中让人民群众感受到公平正义；人民法院应当加强人权法治保障，维护社会公平正义，让人民群众在每一个司法案件中感受到公平正义；执法机关应当规范执法、人性化执法，让人民群众在每一个执法决定中感受到公平正义。总之，良法善治是民之所盼，也是国家治理现代化的必然要求。只有坚持以人民为中心的法治思想，不断完善法律体系，加强法治建设，才能真正实现良法善治，保障人民群众的权益，推动社会和谐稳定发展。

课程思政思路三：良法善治乃民之所向。良法善治是法治国家的基本特征，反映了人民的愿望和对美好生活的向往。在全面依法治国的背景下，良法善治之所以是民之所向，是因为在良法善治下的法是反映人民意志、尊重保障人权、维护公平正义、促进和谐稳定、保障改革发展、引领社会风尚的法律，是体现民意民智、符合客观规律、便于遵守和执行的法律。良法善治下的法治包括高效、廉洁的执法，公正、廉洁、便民的司法，为民所想、为民所谋的立法。

参考文献

［1］《民法学》编写组．民法学［M］．2 版．北京：高等教育出版社，2022.

［2］习近平．论坚持全面依法治国［M］．北京：中央文献出版社，2020：278.

［3］魏振瀛．民法［M］．6 版．北京：北京大学出版社，2000.

［4］朱庆育．民法总论［M］．2 版．北京：北京大学出版社，2016.

［5］李国强．时代变迁与物权客体的重新界定［J］．北京师范大学学报（社会科学版），2011（1）：125-132.

［6］盖斯旦，古博．法国民法总论［M］．陈鹏，张丽娟，石佳友，等译．北京：法律出版社，2004：204.

［7］梁慧星．民法总论［M］．4 版．北京：法律出版社，2011：65.

［8］马俊驹，余延满．民法原论［M］．4 版．北京：法律出版社，2010：88.

［9］王利明．民法总论［M］．2 版．北京：中国人民大学出版社，2015：134.

［10］杨立新．死者人格利益保护请求权的法理依据与适用规则：《民法典》第 994 条的关键词评注［J］．杭州师范大学学报（社会科学版），2023（5）：94-109.

［11］尹田．民事主体理论与立法研究［M］．北京：法律出版社，2003：154.

［12］彭梵得．罗马法教科书［M］．黄风，译．北京：中国政法大学出版社，1992：50-54.

［13］范健，蒋大兴．公司法论：上卷［M］．南京：南京大学出版社，1997：8-11.

［14］史尚宽．亲属法论［M］．北京：中国政法大学出版社，2000：658，695.

［15］尹田．民事主体理论与立法研究［M］．北京：法律出版社，

2003：154.

［16］梅仲协．民法要义［M］．北京：中国政法大学出版社，1998：32.

［17］巫昌祯．婚姻家庭法新论：比较研究与展望［M］．北京：中国政法大学出版社，2002：231.

［18］杨大文．亲属法［M］.4版．北京：法律出版社，2004：214.

［19］扈纪华．民法总则起草历程［M］．北京：法律出版社，2017：201.

［20］史尚宽．民法总论［M］．北京：中国政法大学出版社，2000：138-139.